개미는 왜
실패에도 불구하고
계속 투자하는가?

개미는 왜?

손해를 불구하고 계속 투자하는가?

김수현 지음

민음사

2020년대 한국 사회를 자연지형으로 형상화하면, 사방으로 낭떠러지가 있는 고원 지대 아닐까 생각한다. 한번 밖으로 굴러 떨어지면 크게 다쳐서 다시 위로 올라오기 어려운. 늘 추락을 염려하며 살아야 하는. 우리는 이미 '치킨집'이라는 유명한 비탈을 안다.

이제 이 책은 더 위험하고 가파르지만 잘 보이지 않아 얘기되지 않았던 또 다른 급경사 지대를 소개한다. 한 용감한 인류학 연구자가 몸으로 부딪혀 그곳을 탐사하고 근사한 보고서를 들고 돌아왔다. 개인전업투자자. 50대 대졸 인문계 출신 남성이 주로 희생되는 지형이다.

책을 읽으며 여러 번 놀랐다. 그 현실에 놀랐고, 꼼꼼한 취재에 놀랐다. 매매방이라는 작은 공간과 대한민국 전체를 연결하는 사유의 박력과 정밀함에 놀랐다. 한국 사회를 드리운 불길함의 모양과 방향을 포착하는 감각에 놀랐다. 20년 뒤에도 읽힐 르포르타주이고, 내게는 단연 올해의 저자다. —**장강명**(소설가)

사회과학서를 이렇게 몰입해서 읽게 되는 경험은 흔치 않다. 저자 자신의 위치와 입장, 관점이 툭툭 드러나는 부분은 매우 솔직하게 쓰여 연구자의 시선과 변화를 따라가며 읽는 묘미가 있다. 금융투자가 젊은 세대와 엮이는 세대주의 담론이 팽배한 시기에, 40~50대 투자자를 다각도에서 관찰하여 이 문제를 역사화하면서도, 최근의 청년 투자자 이슈에 대해서도 설득력 있는 관찰을 제공한다.

인간의 욕심은 끝이 없고 같은 실수를 반복한다. 이 민족지는 자신의 능력과 운에 대한 과신, 나아가 나 아닌 것들에 대한 구별짓기가 일상화된 세계관에 균열을 일으킨다. 각자의 한계 및 구조의 제약과 다양하게 협상하고 실패하면서도 투자를 계속하는 연구참여자들은 정말이지 '지극히 인간적'이다. 섣부르게 평가하려 하기보다는 동료 인간으로서의 애정을 놓지 않으려는 연구자의 자세는 이 책의 가장 특별한 점이다. 책을 읽으며 연구 대상을 향하는 시선을 자신에게 돌려보는 순간, 아마도 인간 존재에 대한 겸허한 마음을 함께 경험하게 될 것이다. —**김선기**(『청년팔이 사회』 저자)

"아니, 수현아, 개미들은 네 말처럼 절대로 그렇게 많이 벌 수 없다니까?"

2017년 봄, 신자유주의를 주제로 공부하던 정치인류학 세미나 시간이었다. 주식과 해외선물투자로 100억 벌어 편하게 공부하며 사는 게 꿈이라는 나의 말에 교수님은 황당하다는 표정으로 말씀하셨다. 나는 해외선물투자를 갓 시작한 초보 개인투자자였고, 그 어느 때보다 부자가 되겠다는 열망과 할 수 있다는 자신감에 가득 차 있었다. 그런 나에게 개인투자로는 절대로 돈을 벌 수 없다는 교수님의 단언은 충격적이고 거북했다. 도대체 왜 교수님은 주식을 해 보지도 않았다면서, 개인투자자는 벌지 못한다고 말하는 걸까?

나는 금융이란 그야말로 현대사회를 살아가는 인간의 기

본 소양이라 여기는 집안 분위기에서 자랐다. 나의 아버지는 30년 경력의 직장인 개인투자자다. 어릴 때부터 경제적으로 독립하기 위한 수단으로 금융 투자의 중요성을 강조하셨다. 자식들에게 직접 주식과 파생상품투자도 가르치셨다. 그 영향으로 오빠는 대학생연합투자동아리 회장을 거쳐 펀드매니저가 되어 금융계에 입성했다. 하지만 나는 캐나다 교환학생 시절 접한 인류학의 매력에 푹 빠져, 인류학과 석사과정에 진학했다. 그리고 그곳에서 난생처음 사회과학을 공부하며 금융자본주의에 대한 구조적, 체계적 비판을 접했다. 혼란스러웠다. 학과를 통틀어 금융이라는, 자본주의사회가 허용한 '경제 신분 상승의 사다리'를 옹호하는 사람은 나 하나뿐인 듯 느껴졌다. (교수님은 내가 사회과학대학이 아닌 경영대학에 가야 했다고 말씀하셨다.) 학과 내 유일한 '신자유주의 추종자'로 유명세를 타기도 했다. 세미나 시간마다 교수님과 나머지 학생들을 상대로 열띤 토론을 펼쳤지만 초짜 신입생이었던 나는 지식, 논리, 말발 등 모든 면에서 뒤떨어졌다.

　개미는 절대로 부자가 될 수 없다는 교수님의 콧방귀와 수업시간마다 반복되는 패배감에 아버지가 심어 준 미래에 대한 희망은 부정당했고, 믿었던 사다리가 걷어차인 것 같은 불안감마저 엄습했다. 그래서 다짐했다. 개인투자자로서의 성공과 경제적 자유를 향한 꿈이 정말 불가능한 것인지 직접 연구를 통해 확인해 보기로. 학과 사무실에 제출해야 하는 연구 계획서에는 이렇게 적었다. "(인류학의 방법론인) 현지조사를 통해 개인투자자를 참여관찰하고 면담하여, 금융에 대한 나의 가치관을 확립하는 기회로 삼겠다." 그러나 속마음은 달랐다. 우리는 21세기 첨단 금융시장 경제사회에서 살고 있지 않은가. 아직도 부자(자본가)를 혐오하고, 금융을 사회악이라 여기며, 개미투자자를 '신자유주의 이데올로기'를 내면화한 '멍청이'로 여기는, 참으로 시대에 뒤떨어진 사회과학대학에 기필코 증명하리라! 개인투자자가 얼마나 열심이고, 똑똑하며, 합리적인 경제 인간인지를! 하여 이들이 어떻게 '경제적 자유'를 얻게 되는지 보여 주겠다는 심산이었다.

하지만 2018년 여름, 사전 조사를 하면서 알게 된 충격적인 사실은 분연했던 내 마음에 찬물을 끼얹었다. 개인전업투자자 사무실인 로얄매매방의 운영자가 교수님과 똑같은 말을 하는 게 아닌가? 그는 비록 자신의 투자는 실패했을지라도 누구든 마음 깊은 곳에 '금융투자란 하면 안 되는 것'이라는 생각을 새겨 줄 수 있다는 점에서 자신은 승리한 것이기도 하다고 힘주어 말했다. 또한 지난 10여 년 동안 로얄매매방에 입실한 200여 명 중 절대다수가 돈을 잃고 퇴실하는 것을 지켜봤으며 현재까지 남아 있는 사람은 단 두 명에 불과하다고도 했다. '어, 이상하다, 이러면 안 되는데?' 개인전업투자자를 10년 넘게 그 누구보다 가까이에서 관찰한 분이 이런 말을 하다니 혼란스러웠다. 투자 성공에 대한 나의 믿음과 자신감에 제동이 걸린 순간이었다. 더 자세히 알아보기 위해 로알매매방에 자릿세를 내고 한 자리를 얻었다. 그곳에서 인류학 논문을 위한 현지조사를 하며 어느 곳에서도 알려 주지 않았던 개인전업투자자의 안타까운 민낯을 직접 보고 느낄 수 있었다. 투자자들이 추구하는 '투자 성공'은 마치, 멀리서 보면 선명하지만 그 실체를 손에 쥘 순 없는 무지개 같았다. 사회과학대학을 향한 통쾌한 반격을 위한 나의 연구 가설은 냉정한 현실 앞에 맥없이 무너졌다.

논문을 접어야 하나 고민하던 찰나 한 가지 질문이 머리를 스쳤다. 그렇다면 이들은 반복된 손실을 경험하면서도 왜 돈이 바닥날 때까지 투자를 그만두지 않을까? 입실자들의 평균 입실 기간은 2~3년 정도로, 가져온 씨드머니를 야금야금 잃은 뒤에야 퇴실한다고 했다. 하지만 손실을 반복적으로 경험하여 씨드머니가 줄어드는 과정에서도 자신은 돈을 '벌고 있다'고 인식하거나 '(앞으로는) 벌 것이다'라는 의지와 자신감을 드러냈다. 이들 중 대다수가 투자로 돈 벌기란 '매우 어려우며' 투자 성공은 '아주 드물다'고 인식하고 있었음에도 말이다. 참 모순적인 태도라고 생각했지만, 돌이켜보니 나 자신도 이들과 별반 다르지 않았다. 100억이란 액수로 표상된 '경제적 자유'를 향한 나의 집착적인 믿음과 희망은 어떻게 생겨난 것이었을까?

하물며 매일 투자 공부하고, 하루 종일 HTS(홈 트레이딩 시스템) 차트만 보고, 투자 생각만 하는 매매방 사람들도 투자해서 돈 벌기란 이렇게 어렵다는 것을 내 두 눈으로 확인했는데, 나는 여전히 속으로 '그래도 내 투자는 다를 거야.'라고 우기고 있었다. 당시 내 계좌의 수익률은 마이너스였음에도 말이다. 나 자신의 이중 잣대를 알아차리게 된 후, 본격적으로 이 문제를 연구해 보기로 결심했다. 개인투자자들은 왜 실패에도 불구하고 계속 투자를 할까? 그러자 단독의 개인투자자가 아닌, 이들이 처한 사회경제적 구조와 문화적 맥락이 눈에 들어왔다.

서두부터 구구절절 이런 이야기를 꺼내는 이유는 나도 누구보다 욕심 있는 개인투자자임을 밝히기 위함이다. 이 책은 작게는 로알매매방 개인전업투자자의 이야기이지만, 넓게는 2021년 대한민국 동학개미인 우리 모두의 이야기인 동시에 나 자신의 이야기다. 때문에 개인투자자의 성패에 관해 회의적인 이야기를 들으면 독자들이 얼마나 거부감이 들지 그 마음을 어느 정도 이해할 수 있다. 논문이 인터넷상에 알려진 뒤, "글쓴이 입맛에만 맞는 사례를 모아 편향적으로 썼다."라는 댓글을 읽었는데 사실 내 입맛은 그와는 정반대 맛이다. 나 역시 '생각보다 많은 수의 개인투자자가 돈을 잃는다.'라는 쓴 진실을 삼키고 소화하기까지 참 힘이 들었다.

그러나 개인투자자들이 알고 싶어 하지 않는 쓰디쓴 투자의 이면에 대해서는 아무도 말하지 않는 게 현실이다. 급격히 확대되는 개인투자 흐름 속에서 우리 사회에는 '누구나 공부하고 노력하면 주식투자로 성공할 수 있다.'라는 명제가 아무 검증 없이 공리로 통용되고 있다. 책, 신문, 방송, 유튜브, SNS 등 미디어는 앞다투어 주식과 재테크에 관한 구체적인 방법론을 발굴하여 보도한다. 그러면 남녀노소 할 것 없이 (구)독자는 그것을 익히고 체화하는 데 열심이다. 매매방에서 현지조사를 할 때만 하더라도 5060 중장년 계층이 그 중심에 있었다면, 불과 1~2년 새 2030 청년층에게까지 그 흐름이 확장됐다. 투자는 더는 재테크의 영역에만 머물러 있지 않고, 현대인의 낙(樂)이자 필수적인 자기 계발과 수련의 영역으로 자리매김하고 있다.

주식투자가 이유 불문 '열심히 해야만 하는 무언가'가 되어 버린 마당에 그 위험은 '당연히 감수해야만 하는 것'으로 탈바꿈한다는 게 얼마나 위험천만한 일인가! 위험은 위험 그 자체로 이해되지 않고 더 큰 이익을 불러올 수 있는 '기회'의 또 다른 이름으로 변주된다. 돈을 잃을 가능성은 물론 이론상 존재하긴 하지만 '내 일이 되진 않을 것이다.' 오늘날 주식을 비롯한 재테크 담론엔 더 많은 투자자를 모으고, 더 많은 돈을 유입하기 위한, 프로모션뿐이라는 사실이 아찔하다. 이는 주식시장을 과도하게 양성화하며 투자자에게 장밋빛 미래에 대한 희망을 불어넣고 있다. 담론의 균형은 깨져 버렸다.

특히나 2020년 코로나19 이후 많은 개인투자자가 단기간에 큰돈을 벌게 되자 그간 우리 사회에 남아 있던 금융투자에 대해 부정적인 인식은 거대한 전환을 맞이했다. 주식 안 하면 바보이거나 기회를 잡지 않는 게으름뱅이로 치부된다. 투자의 위험성과 중독성을 경고하는 목소리는 소수설에 그칠 뿐이다. 그러나 주식가 격언이 시사하듯 이 시장엔 영원한 상승장도 하락장도 없으며 영원한 승자도 패자도 없다. 지금 종합지수가 그러하듯 산의 정상이 높을수록 골짜기는 더 깊은 법이다. '해야 한다' 그리고 '벌 수 있다'는 목소리로만 이뤄진 '주식 권하는 사회'의 달콤하고도 위험한 언설의 품에서 깨어나야 한다. 투자의 위험에 대해 '당연한 것'으로만 여기는 사회 분위기 전반을 비판적으로 성찰할 필요도 있다. 손실과 실패의 책임은 결국 '권하는 이'가 아닌, 열심히 투자를 공부하고 배운 것을 실천한 개인투자자 자신의 몫으로 돌아오기 때문이다.

이런 마음에 내 부끄러운 석사 논문을 책으로 만들게 되었다. 석사 졸업논문은 대개 첫 논문인 만큼 부족하고 어설픈 부분이 많다. 그래서 대학원생들 사이에선 우스갯소리로 '제발 아무도 읽지 않길 간절히 기도하는 글'로 통한다. 나 역시 그랬다. 그러나 예상치 못한 주식 열풍에 힘입어 내 논문이 온라인상에서 제법 공감을 얻게 되자 신문, 방송, 유튜브 등 다양한 언론에서 인터뷰 요청이 들어왔다. 내 논문에 담긴 주장이 실은 개인전업투자자가 처한 사회 문화적 구조에 주목해야 한다는 것임에도 불구하고, 대다수의 매체는 본문 첫 장에 언급한 '개미의 실패 3단계'에 기반해 '그럼 실패를 줄이기 위해 어떻게 투자해야 하는가'에 대한 답을 얻기를 원했다. '실패 3단계'에서 지적한 심리적 편향의 "반대로만 투자하면 된다."는 어느 블로거의 리뷰도 전해 들었다. 독자들은 개인 수준에서 당장 실천할 수 있는 방법론적 제언에 여전히 관심이 많구나 싶었다. 아쉽게도 이 책엔 '이렇게 하면 투자에 성공할 수 있다.'라는 답은 들어 있지 않다. 나는 금융 전공자도, 투자 전문가도 아니기에 그 답을 알지 못한다. 나는 그저 주식하는 사람들을 부지런히 만나 그들의 이야기를 들은 1인일 뿐이다. 이 책은 주식에 관한 책이긴 하지만 엄밀히 말하면 주식하는 '사람들' 나아가 그 사람들이 살고 있는 우리 사회를 탐구하는 책이다.

　나는 이 책을 통해 독자들이 '재테크 인사이트'를 구하기보단 '재테크 인사이트'를 계속해서 구하도록 하는, 우리 사회의 보이지 않는 공기를 알아차리는 기회가 될 수 있길 바란다. 경주마로 하여금 오로지 결승선만을 바라보며 숨 가쁘게 달리게 하는 눈가리개를 본 적이 있는가? 이 사회의 분위기가 지금 그렇다. 투자 인류로서 당신이 '경제적 자유'라는 목표만을 바라보게 하고, 더 높은 수익률을 향해, 더 나은 투자방법론을 찾아 끊임없이 질주하게 하는 눈가리개를 잠시 벗어 던지자. 그리고 당신이 발 딛고 있는 이 커다란 경기장을 바라보자. 이 책에서 소개하는 로얄매매방의 전업투자자들을 바라봄으로써 지금까지 오로지 나의 선택, 나의 책임으로만 여겼던 주식투자가 사회구조와 문화의 산물이기도 하다는 점을 깨닫는 계기가 되길 바란다. 수익과 욕망에 온 신경이 매몰되어 투자에 몰입했던 내가 매매방에서 전업투자자들을 참여관찰하며 나의 소망과 생각, 계획과 실천이 이 사회에 깃든 것임을 발견하게 되었듯이 말이다. 하여 '당신은 왜 투자를 하는가?'라는 질문에 대해 개인 차원의 수익적 관점에서 더 나아가 사회 문화적 관점에서도 그 답을 고민하는 기회가 되길 바란다.

혹시나 이 책이 '개인투자자는 실패한다.'를 입증하기 위함이라거나 '주식투자를 하지 마라.'라는 주장을 관철하려는 단순한 비관론으로 읽히진 않을까 조심스럽다. (혹시라도 그렇다면 모두 나의 미진함 때문이다.) 단타 매매로 생계비를 버는 전업투자자가 많은 매매방의 특성에 기인한 저조한 투자성과를 대한민국 전체 투자자에게 일반화하기 어려움을 안다. 그리고 월급만 따박따박 모아서는 더 이상 집도, 결혼도, 자녀 양육도 답이 안 나오는 현실이 아닌가? 별로 곱게 뵈지 않는 돈벌이 수단으로만 치부하기엔 주식과 투자가 현대인의 삶 속에서 지니는 의미는 훨씬 복잡다단하다. 전체 투자자 중 얼마만큼이 실패했으며, 얼마를 잃었냐는 팩트 체크는 그리 중요한 것 같지 않다. 다만 계속해서 위험을 감수하고 도전하게 만드는 이 시스템을 로알매매방의 투자자들은 어떤 해석과 내러티브로 유지하고 있는가를 통해 자신의 투자를 돌아볼 수 있길 바란다. 그리고 조금 욕심을 부리자면, 투자의 밝은 면과 순기능만 부각하는 온갖 경제 경영서로 넘쳐 나는 서적의 세계에서 이 책이 조금이나마 균형을 맞춰 주는 역할을 할 수 있었으면 좋겠다. 그래서 우리 사회에 만연해 있는, 비정상적으로 균일한 투자관을 환기할 수 있기를. 특히 코로나19 이후 비일상적 증시를 일상으로 느끼며 증권시장에 들어선 젊은 청년 투자자에게 이런 식의 관점이 한 번 더 신중하게 투자를 진행하는 데 도움을 줄 수 있길 바란다. 아울러, 주식이나 파생상품 투자를 개인의 과도한 욕심이나 한탕주의, 도박 중독의 발로로 이해하고 멀리했던 독자들이 있다면 이 책에서 주목했던 로알매매방 입실자의 삶이 놓인 사회경제적 맥락을 통해 주식하는 사람들을 한 뼘 더 넓게 이해해 보는 시간이 되었으면 좋겠다.

논문을 출판하기에 앞서 마지막으로 주요 연구참여자들에게 원고를 확인받았다. 그중 몇몇 전업투자자분들이 내게 각기 다른 방식으로 던져 주셨던 질문이 있다. 이 글에서 개인투자자가 실패한다고 하는데 진짜 그런가? 요즘 시장 상황이 좋다 보니 개인투자자의 실패 이야기가 동떨어지게 느껴졌을 수 있다. 실제 전업으로 개인투자에 임하는 분들이다 보니 실패라는 전제가 불편하게 느껴지셨을 수도 있다. 나 역시 매매방에서 현지조사를 진행할 때 그리고 논문을 작성할 때 '내 글이 너무 치우친 게 아닌가? 사람들이 과연 공감할 수 있을까?' 걱정한 것도 사실이다. (그래서 논문이 온라인에서 엄청난 자조 섞인 공감을 불러일으킨 게 무척 놀라웠던 동시에 약간의 안도감을 느꼈다.) 우리나라 개인투자자 집단의 실제 수익률은 과연 어떨까? 과거 약 40년의 역사 동안 그 결과값이 얼마인지는 현재로선 아무도 알수 없다. 논문을 준비하며 개인투자자의 수익률에 대한 통계와 자료를 찾으려 애썼지만, 금융투자의 종류도 무척 다양할 뿐아니라, 수백만 개인투자자의 몇 건인지도 헤아릴 수 없을 만큼 많은 매매의 결과를 장기간 또는 (유사한 시장 상황에 따라) 단기간에 걸쳐 수집하거나, 그 결과값이 개인투자자 집단 내에서 어떻게 분산되어 있는지 (다시 말해 개인투자자간 수익률의 차이는 어떠한지 대해) 종합적으로 진단한 자료는 현재로선 존재하지 않는다. 답답하긴 하지만 수익률이란 내밀한 사생활의 일부라서 개인 정보를 보호하기 위해 어쩔 수 없는 것일 수도 있고, 기술적 한계 때문일 수도 있고, 내가 미처 알지 못하는 또 다른 이유 때문일지도 모른다.

결국 이 사안에 대해 우리는 나 자신 혹은 주변 개개인의 '카더라'에 의존할 수밖에 없는데, 누군가는 파생상품 투자를 해도 괜찮다고 말하기도 하며, 파생상품 투자는 절대 하면 안 되지만 주식투자는 괜찮다고 말하는 이도 있다. 반면 또 다른 누군가는 "주식투자로 개인들이 정말 돈을 번다는 게 가능하다면, 우리나라에 주식투자를 안 하는 사람이 없을 것"이라고 말하기도 한다. 일단 이러한 투자 성패에 대한 인식의 차이는 각자의 직간접적 경험의 차이 때문일 것이다. 그래서 이 책에 담긴 실패의 이야기도 마찬가지로 대한민국 모든 개인투자자의 사정을 대변한다고 생각하지 않는다. 하지만 이런 혼란을 만들어 내고 유지하는 결정적 원인은 바로 주식과 파생상품 투자의 수익률에 대한 공식 통계의 부재다. 투자자별로 얼마를 벌었는지에 관해 대중이 접근할 수 있는 최선은 언론과 연구기관이 종종 발표하는 '○○○○년도 개인·기관·외국인별 순매수 ○○종목의 수익률'을 집계해 보도하는 자료다. 시장 상황마다 차이는 있었지만 기관과 외국인에 비해 개인투자자의 수익률이 부진하거나 적자인 자료가 압도적으로 많았다. 그러나 이런 정보는 반쪽짜리에 불과하다. 모든 거래가 아닌 대중적인 일부 종목만으로 산출한 데이터기 때문이다. 그리고 매수와 매도를 모두 마친 실제 수익이 아닌 매수 종목의 '수익률'을 바탕으로 작성된 자료다. 동시에 온라인과 서적의 세계에서는 반대로 '주식투자를 하지 않으면 안 된다', '이렇게 투자하면 돈을 벌 수 있다'는 담론과 방법론이 넘쳐난다. 그리고 그들의 콘텐츠는 매우 구체적이고 또 강력하다. 이런 서로 모순된, 양극단의 정보의 홍수와 혼돈 속에서 개인투자자 집단의 수익률이 실제로 어떠한지를 보여 주는 실체적인 데이터가 집계된다면 개인투자자가 좀 더 객관적인 관점을 형성하는 데 도움이 될 것이다. 아울러 투자로 얻을 수 있는 실익과 위험을 좀 더 균형 있는 관점에서 평가해 각자의 상황에서 감당할 만한 투자 위험 수준을 설정하고 투자에 반영할 수 있지 않을까 싶다. 물론 데이터가 발표되었는데 개인투자자 집단의 수익률이 너무 좋아서 이 책에 담긴 문제의식이 모든 의미를 잃게 될 수도 있겠지만.

하지만 사실 의문스럽다. 과연 객관적인 통계가 존재한다고 한들 투자자가 금융에 대해 균형 잡힌 시각을 갖게 되는 데 도움을 줄 수 있을까? 남들의 수익률이 어떤지와는 별개로 '그럼에도 나는 할 수 있다'는 주관적인 믿음이 개인투자자가 시장을 떠나지 않고 버티게 하는 가장 큰 동력이 아니었던가. (개중에는 주식으로 돈을 벌기 때문에 계속 투자를 하는 사람이 있기도 할 테다.) 이런 믿음은 투자자가 계속해서 위험을 감수하고 재도전하게 만든다. 그 결과, 손실을 보고 실패를 한 경우에 그 책임은 오로지 개인에게 환원된다. 그 개인이 발 딛고 살아가는 사회와는 상관없이. 그가 어떠한 현실 속에서 왜 그런 선택을 할 수밖에 없었는지는 간과되며 오로지 파랗게 빛나는 수익률만 주홍글씨로 새겨진다. 수익과 손실의 이분법이 지배하는 청적(靑赤)논리의 사회. 나는 이 점을 말하고 싶었다. 주식과 파생상품 그 자체가 문제라거나, 실패하는 개인투자자의 행태를 비판하려 한 게 아니라, 주식과 재테크에 몰두하는 심리를 갖게 될 수밖에 없고, 숱한 실패의 경험에도 불구하고 개인투자자는 왜 이 시장을 떠날 수 없는지를 통해 이 사회의 구조를 들춰 보이고 고찰하고 싶었다. 개인투자자가 얼마를 벌고 잃었냐는 그리 중요하지 않았다. 그건 양적 연구의 과제이지 인류학 민족지와 같은 질적 연구에 적합한 과제도 아닐 것이다. 개인투자자의 실패는 그 메인 요리를 서빙하기 위한 에피타이저였을 뿐, 부디 이 책이 주변 개인투자자를 향한 무시와 조롱('이 책 봐봐, 너 어차피 망할걸?')에 동원되지 않길 바란다.

개인은 평등하고 노력하면 성공하는 세상이 아니라 계급 간 이동은 점점 더 어려워진다는 게 암암리 드러나고 있음에도 투자시장은 그런 평등과 노력에 따른 성취가 가능하다는 이론적 가능성이 존재하는 공간으로 신자유주의 사회를 살아가는 우리의 희망을 드러내는 마지막 보루로 기능하고 있다. 남녀노소 점점 더 많은 사람이 지금, 여기에 결여된 희망을 미래에서 찾기 위해 주식시장에 들어선다. 이 책은 그 마지막 돌파구의 현장에서 역설적으로 여타 돌파구가 없는 지금 우리 사회를 반추하려 했다.

성공한 투자자를 바라보며 '나도 그렇게 되어야지' 부러워하는 마음은 지극히 당연하고 자연스러운 인간의 욕망일 것이다. (나 역시 그중 하나다.) 그리고 대상이 무엇이든 최선을 다해 노력하고 도전하는 삶의 자세에 담긴 미덕이 여전히 값진 것이라 믿는다. 그런 삶 속에서 재미와 의미를 찾는 동시에 내가 투자로 성공해도 문제는 아직 여기 남아 있다는 걸 돌아볼 수 있는 개인이 살아가는 사회가 되어 가길 진심으로 염원한다.

끝으로, 배움의 기쁨을 알게 해 주신 서울대 인류학과 채수홍 선생님, 비룡소-민음사 문학 전집으로 이어지는 모태민음 덕후에게 영광스러운 출간의 기회를 주신 박혜진, 김세영 편집자님 그리고 자신의 진솔한 이야기를 생면부지 학생에게 아무런 대가 없이 나눠 주신 모든 연구참여자들께 깊은 감사 인사를 전한다.

그리고 특별히 故윤택수(가명) 님께 감사하다. 논문을 구상하며 가장 헤매고 막막했던 무렵, 윤 선생님 덕분에 매매방이라는 흥미로운 공간이 있다는 걸 알게 됐고 이 책의 이야기는 시작될 수 있었다. 한평생 개인전업투자자로 그 누구보다 치열한 삶을 사신 그분의 영전에 이 책을 바친다.

차례

들어가며　7
등장인물 소개　26
이 책에 나오는 용어　32

서론　개인투자자는 왜 실패에도 불구하고 계속 투자하는가?　36

1장　**"작게 여러 번 따서 한 방에 날린다!"**　51
　　: 실패하는 개인투자 3단계

1　첫 판에서 맛보는 달콤한 '돈 맛': 초심자의 행운　56

2　편향이 만든 성공의 신기루와 자금 투입　60
　　"다 잘될 거야": 과신의 편향　61
　　"답은 정해져 있고, 넌 대답만 하면 돼": 확증의 편향　68

3　'존버'의 길에 들어서다: 울며 '물타기'　72
　　"물타기 기법의 함정": 몰입 상승의 편향　72
　　"손절은 남에게 맡겨야 하는 이유": 처분 효과　79

4　심리가 만드는 필패의 구조　84

2장   **생계를 위한 꿈, 주식이라는 희망**   **103**

1   개인전업투자자의 사회경제적 특성   **106**

2   '개인전업투자자' 꿈의 탄생   **113**

우리사주제도와 IMF 외환위기   **113**
개인전업투자 꿈꾸기   **119**
나만의 '투자 철학' 만들기   **132**

3   '문송' 아버지의 유일한 선택지   **144**

4   '경제적 자유'의 신기루   **162**

3장   **개미의 매매방 사용 설명서**   **179**

1   조기 은퇴 중년 남성의 '자기만의 방'   **182**

2   주위의 부정적 이목, 관계의 단절   **188**

3   로알매매방의 흥망성쇠   **199**

등장과 전성기   **199**
쇠퇴의 원인: 장기 박스권과 파생상품시장 규제   **203**

4   일상의 변천   **212**

활발한 소통과 위안의 공간(2007~2014)   **213**
긴장과 갈등의 공간(2015~현재)   **226**

4장 간파와 믿음 245

1 금융시장에 대한 간파 **248**

"10년에 한두 차례 하늘문이 열린다!" **248**

해피엔딩은 없다 **259**

7할의 성공률도 망할 수 있다 **264**

'작전'은 어디에나 있다 **266**

2 개미의 대응 전략 **278**

작전 세력의 역이용 **278**

금욕주의 가치관의 내면화 **284**

매매 원칙의 수립: 마음 다스리기 **288**

3 투자는 마약이다 **293**

실패는 희망의 어머니: 고통을 은폐하는 언어 **294**

투자의 중독성: 황폐화되는 삶 **301**

에필로그 319

부록   개인투자자, 경제인류학을 만나다 **341**

개인전업투자자

 **김성호** | 남, 50대, 전업 13년 차

로알매매방의 가장 오래된 입실자이자 터줏대감. 2008년도 서브프라임 금융위기 때 '기회'를 찾아 전업투자를 시작했다. 잘못된 펀딩 전략으로 당시 투자는 실패했지만, 덕분에 이제는 그 어떤 위기가 찾아와도 별로 두렵지 않다. 오른손잡이임에도 키보드 맨 오른편 숫자 패드로 빠르게 주문을 넣기 위해 왼손으로 마우스 사용을 연마한 투자 고수. 박학다식하며, 또다시 찾아올 '위기회'를 기다리고 있다.

---

1 로알매매방의 명칭과 이 책에 등장하는 모든 인물의 이름은 연구참여자 보호를 위해 가명으로 처리했다. 일부 신상에 관한 정보를 비롯한 세부 사항은 연구참여자의 요청으로 사례의 본질을 왜곡하지 않는 선에서 재가공되었음을 밝혀 둔다.

조민식 | 남, 50대, 전업 13년 차

김성호 씨의 매매방 룸메이트이자 절친. 몹시 내성적인 성격이지만 매매할 땐 누구보다 냉철한, 시스템 매매의 달인. 성호 씨 이외 입실자들과 거의 말을 섞지 않는다.

이용철 | 남, 50대, 전업 4년 차

28년간 재직한 국내 모 대기업 임원으로 은퇴. 공인중개사로 잠시 일하다 적성에 안 맞아 곧 그만두고 로알매매방에 입실했다. 대학 때 배운 가치투자를 굳게 신봉하지만, 올해 들어 매매가 마음처럼 되지 않아 속상하다. 매매방에서의 일과가 끝나면 친구들과 가끔 당구도 치고 노래 부르는 걸 좋아하며 인문 교양서를 즐겨 읽는다.

박동일 | 남, 50대, 전업 13년 차, 로알매매방 운영자 겸 개인투자자

철강회사 대리 시절, 회사의 기술 특허 취득이 발표되기 전 자사주를 대량 사 두는 불법 내부자거래로 금감원에 불려 간 경험이 있다. 설상가상으로 대출받아 산 자사주는 제때 못 팔아 빚만 남겼다. 빚을 갚기 위해 시작

한 사업도 뜻대로 풀리지 않아, 직원 내보낸 자리를 전업투자자에게 임대해 주다 로얄매매방 운영자가 되었다. 요즘 자꾸만 입실자가 줄어들어 매매방 운영에 고민이 깊어진다.

민종학 | 남, 50대, 전업 4년 차

대한민국에서 조물주보다 높은 건물주이자, 소위 '대박'이 난 제약주를 몇 만 주 들고 있어 다른 입실자에 비해 생계 걱정은 덜하다. 다만, 유료 전문가 방송도 듣고 매일 공부하고 있음에도 ELW² 투자가 잘 되지 않아 조금 걱정이다. 독실한 개신교 신자로, 자기가 봐도 전업투자는 '하나님이 기뻐하실 만한 일'은 아닌 것 같다. 전업투자를 한다는 말에 싸늘했던 교회 지인들의 반응 이후 전업투자자라는 신분을 대외적으로 숨기고 있다.

강영수 | 남, 40대, 전업 4년 차

로얄매매방의 막내 투자자. 본인의 투자 이야기는 잘 하지 않지만, 다른 입실자들의 질문이나 가볍게 던지는 말에 늘 웃는 얼굴로 친절하게

---

2   Equity Linked Warrant. 자산을 미리 정한 만기에 미리 정해진 가격에 사거나 팔 수 있는 권리를 나타내는 증권.(주식워런트증권, 시사경제용어사전, 기획재정부, 2017)

대답하는 '리액션 부자'. 2018-4분기 손실이 커지자 끝내 면담을 거절했다.

윤택수 | 남, 50대, 전업 17년 차

'S대' 출신 개인전업투자자. 졸업 후 당시 올림픽 붐으로 선망받던 메이저 증권사에 입사했지만 IMF 구조조정으로 이른 은퇴를 했다. 당시 증시도 호황이라 개인전업투자자로 전향했지만 지금까지 총 세 번의 실패를 맛봤다. 마지막 실패 이후 노가다 판에서 전전했을 때 가장 슬펐던 이유는 "앞으론 옵션매매 할 수 없겠구나." 싶었기 때문이다. 다행히 현재 지인의 투자금을 운용하고, 수익이 나면 수수료를 받는 '부티크' 투자자로 재기했다.

정진석 | 남, 50대, 전업 6년 차

통신사 재직 시절 우리사주와 2000년대 초반 닷컴버블을 통해 주식투자에 관심을 갖게 되었다. 원래 증권사 직원을 통해 간접 투자했으나, 어느 날 갑자기 사라져 버린 직원 때문에 이후 직접 투자에 나섰다. 주식, 파생상품, 채권 등 고루고루 모두 해 봤다. 수익을 계산해 본 적은 없다. 살면서 돈이 부족했던 적도 없고, 손실을 본 적도 있지만, 그보다 상회하는 이익을 본 경험이 있으니 벌었겠거니 한다. 다만, 그렇게 싫었던 회사 생활을 그만둔 뒤 무엇을 새로 시작하기가 어렵다. 그러다 보니 투자가 자연스럽게 주된 일이 되었다.

그 외 등장인물

허종찬 | 남, 50대

친구 김성호 씨의 도움으로 주식의 세계에 입성했다. 천만 영화 「신과 함께」 제작사에 투자해 높은 수익률을 기록했지만, 자금을 늘려 재투자했을 때 어쩐 일인지 더 큰 손실을 보게 됐다. 개인투자자가 흔히 저지르게 되는 실수를 답습하는 초보투자자의 전형.

문가은 | 여, 30대

대형 전자사 주식 담당자로 근무. 도무지 이유를 알 수 없는 자사의 주가 변화를 보며 '나는 절대로 주식투자 하지 않으리라' 다짐했다. 은퇴 후 전업투자를 시작한 아버지를 뜯어말렸으나 결국 '몇 억' 손실을 봤다. 손실을 보고서라도 지금은 투자를 관둔 게 다행이라 생각한다.

임성원 | 남, 50대

정년퇴직을 앞둔 34년 차 직장인 투자자이자 11대 종갓집 차남. 1984년도 입사 후 월급 70만 원 받던 시절 1000만 원 대출을 받아 주식을 시작했는데 호기롭게 '몰빵'한 진흥기업은 감자에 감자를 거쳐 1000만 원이 50만 원이 됐다. 다시는 주식 안 하리라 다짐했건만 형이 다니던 한보그룹이 IMF 위기 직전 파산하자 실직한 형 대신 '종손직'을 물려받았다. 말이 좋아 '종손'이지 부모님과 집안 대소사를 위해 돈 좀 써야 하는 '종손노릇'이다. 월급은 뻔하고 '마나님' 눈치에 몰래 부모님께 자금을 조달할 방법을 몇 달 동안 고민해 봤지만 돈 나올 구멍은 주식뿐이라는 결론에 도달했고 다시 주식을 시작했다.

개미   주식시장에서 기관과 외국인에 비해 정보와 자본금이 상대적으로 적은 개인투자자.

시드머니   'seed money'(종잣돈)의 한국어 표기로, 투자의 밑천이 되는 재테크 초기의 자금.

큰손   주식시장에서 운용하는 자본금 규모가 큰 기관투자자와 외국인투자자.

리딩   'leading'(이끄는, 안내하는)의 한국어 표기로, 주식투자에서 종목을 추천해 주거나, 매수·매도 시점을 권유하는 행위. 매달 몇십~몇백만 원에 이르는 회비를 내면, 전문가가 문자나 SNS를 통해 해당 내용을 발송해 준다.

전문가   온라인 카페나 방송을 통해 회원을 모집하여 회비를 받고 매매를 '리딩'하는 자. 금융위원회에 유사투자자문업 신고를 해야 한다.

존버　　　　존나 버티기. 자신이 투자한 상품의 가격이 하락했을 때 손실을 확정하지 않고, 다시 가격이 회복할 때까지 속이 쓰리고 괴롭더라도 기다린다는 의미다. 비트코인에서 파생된 은어지만 이제는 모든 재테크 영역에서 쓰인다.

작전(세력)　시세 차익을 얻기 위해 투자자가 의도적으로 주가를 올리거나 내리는 비도덕적인 행위. 주가 조작, 시세 조종이라고도 불리며 명백한 불법행위다.

개미털이　　큰손이 작전이나 공매도를 통해 주가를 하락시켜 개인투자자들이 손절매하도록 만드는 것.

마진콜　　　원금(증거금) 이상의 손실이 발생할 (위험이 높을) 때, 증권사에서 증거금을 더 입금하도록 보내는 문자나 전화. 마진콜에 응하지 않으면 거래소는 시장가에 의한 자동적인 반대매매(강제청산)를 통해 원금을 보전한다.

매매방　　　개인전업투자자를 위한 임대 공유 사무실. 트레이딩센터라고도 불린다.

평단가　　　평균 매수 단가. A 주식을 1000원에 10주, 900원에 10주를 매수했다면, A 주식의 1주당 평균 매수 단가는 950원이다. ((10000+9000)÷20=950)

지정가매매　주식을 미리 거래자가 지정한 가격으로 사거나 파는 일. 현재가가 지정가에 못 미치면 거래는 일어나지 않는다. 현재가가 지정가에 미치면 거래는 주문을 넣은 순서대로 진행된다.

현재가매매　수요와 공급에 따라 지금 시장에서 형성된 가격으로 바로 주식을 사거나 파는 일. 시장가매매라고도 부른다.

문송   문괴리서 죄송합니다. 채용 시장에서 이과에 비해 취업의 문턱이 높
은 문과생의 어려움을 나타낸다.

레버리지   'leverage'(지렛대)의 한국어 표기. 지렛대의 원리를 이용하면 적은
힘으로도 훨씬 무거운 물건을 들 수 있게 되는 것처럼, 금융의 세계
에서는 자기자본이 적을 때 대출을 받아 목돈을 만들어 투자하는 것
을 뜻한다. 자기자본만으로 투자할 때보다 훨씬 큰 수익을 낼 수 있
지만, 반대로 주가가 하락할 경우 원금 이상의 손실을 볼 가능성도
포함한다.

우상향   주식 차트의 x축인 시간이 흐를수록 y축인 주가/지수 역시 상승하는
모양.

깨지다   돈을 잃다.
예) 여기서 깨진 거 다른 데서 만회할 수가 없다 이런 생각. 그것 때
문에 못 떠나고, 계속 매달려서 가는 거지.

날아가다   돈을 잃다.
예) 물타기를 하면서 손실이 커지면 그때부터는 다 날아가는 거야.
그러니까 처음 1000만 원에서 다 날려 봤자 1000만 원인데, 1억에
서는 50%만 날려도 5000만 원이잖아.

땡기다   돈을 빌려 오다.
예) 근데 이 사람이라는 게, 나머지 돈을 더 갖고 와. 은행 적금은 기
본이고 카드론, 주택담보대출 다 땡겨서. 그렇게 더 갖고 와서 물타
기를 시작하는 거야.

먹다   돈을 따다.
예) 오늘 같은 날 들어가면 최소 열 배 먹는 날이야. 포기만 안 했으
면 또 그때 잠깐 들어가서 먹고 나올 수가 있거든.

모으다   주식을 다양한 가격대에서 조금씩 계속 사다.

예) 나는 (2008년) 당시 종합지수가 많이 빠져 봤자 한 1200pt로 봤거든. 왜냐하면 2000pt에서 특별한 위기가 없었고, 그 당시에. 1300pt까지 왔으니, 지금까지 사서 모으면 IMF 때처럼 기다리면 가겠다(오르겠다) 싶었던 거지.

물리다   매수한 주식의 가격이 떨어져 손실을 보다.

예) 처음엔 잘 모르니까 자금 있는 것 중에 30%만 갖고 했는데, 추가로 돈이 자꾸 들어가더라고. 물리니까. 나머지 돈을 끌어들이게 되더라고.

박다   돈을 잃다.

예) 누적으로 몇 억 마이너스였어요. 그래도 정말 다행인 게 많이 박기도 박았지만 '고것'만 박고 나온 게 참 다행이다 싶죠. 왜냐면 정말 못 헤어 나오는 사람도 많으니까.

빠지다   주가가 떨어지다.

예) (매매방 사람들이 서로 물어보는 건) 오늘 장이 좋냐 안 좋냐. 지금 중국이 빠지는데 왜 빠지는 거냐 정도. 근데 뭐 별 도움 안 돼요.

죽다   주가가 폭락하다.

예) 50억 갖고 작전 하는 사람도 있어요. 사채업자나 복부인. 그러니까 종목이 안 죽는 거야. 떨어지려고 하면 그 사람들이 막 사 버리니까.

태우다   돈을 쓰다.

예) 이미 주식을 했던 사람들은 야, 지금이 기회야. 아직까진 돈 더 태워도 돼. 내년까진 문제없을 거야. 근데 중요한 건 뺄 때를 잘 알아야 한다는 거.

개인투자자는 왜
실패에도 불구하고 계속 투자하는가?

궁금해서 그러는데 대체 하루 종일 주식만 연구하는 투자회사
들보다 더 잘해서, 잃는 쪽이 아닌 따는 쪽이 될 수 있을 거라는
믿음은 대체 어디서 나오나요? 저는 겁이 많아서 도저히 못 하
겠던데.[3]

주식시장의 거래 주체인 기관, 외국인, 개인투자자 중 정
보와 자본금이 상대적으로 적은 개인투자자는 투자 위험이 높
고, 손실이 크다. 이것은 국내뿐 아니라 전 세계 증권시장에서
일반적으로 통용되는 사실이다. 그래서 개인투자자는 흔히 작
고 힘없지만 성실한 '개미'에 비유되며, 기관과 외국인이 벌

---

3 「이러니까 백전백패⋯개미들 루저일 수밖에 없는 이유」,《중앙일보》페이스
북(2018. 5. 6.)에 달린 최다 추천 댓글.

이는 '작전'에 패배할 수밖에 없는 행위자로 표상된다. '많아야 5%만이 성공하고, 절대다수는 큰손에게 '개미털이'를 당한다.', '개인투자는 패가망신의 지름길이다.'[4]라는 식의 비관적인 담론도 익히 유통된다. 코로나19 이후 개인투자는 우리에게 한층 더 익숙해졌다. 하지만 실제 수익률은 어떨까? 국내 기관·외국인·개인투자자의 정확한 수익률은 발표된 바 없지만, 언론사와 증권사가 발표하는 투자자별 매수 상위 종목들의 수익률 비교 자료를 토대로 대략적인 투자 성패를 유추해 볼 수 있다. 2017년 《조선비즈》는 다음과 같이 보도했다.[5]

주식시장에서 개미(개인투자자)들과 외국인, 기관투자자들은 치열한 수익률 전쟁을 벌인다. 개미들의 성적표는 어떨까? 개인투자자들이 선호하는 30개 종목을 골라서 지난 10년간 지속적으로 투자한 경우를 가정한 시뮬레이션(가상 실험)을 해 보니 수익률이 −74%로 나타났다. 증시는 '개미지옥'이라는 말이 나올 만하다. 반면 같은 기간 같은 방식으로 계산한 외국인 투자자들의 수익률은 78%였다. 연기금·펀드 등 기관 투자가들이 주로 거래한 30개 종목의 수익률은 9%로 집계됐다.

---

4   나무위키 「전업투자자」, 「개미(주식)」 문서를 참조하여 재구성했다. (2018. 9. 1. 섭속)

5   「10년 주식투자 수익… 외국인 78%, 개인 −74%」, 《조선비즈》, 2017. 3. 6.

그렇다면 개인투자자들 간의 수익 격차는 어떨까? 《조선비즈》가 2020년 보도한 바에 따르면 최근 11년간 증권 계좌 수익을 분석한 결과, 개인투자자 10명 중 4명이 손실을, 6명은 수익을 봤다고 한다.[6] 나름 선방이다. 이들은 과연 얼마를 벌었을까?

주식으로 1년 동안 1000만 원 이하의 수익을 낸 투자자는 300만 명가량으로 투자자의 절반이었다. 개인투자자 10명 중 9명은 주식으로 돈을 잃거나 벌더라도 1000만 원 이하의 이익을 낸 셈이다. (……) 다만 1000만 원 넘게 돈을 번 이들은 소수에 불과했다. 1000만 원 초과 2000만 원 이하의 수익을 낸 개인투자자는 전체의 5%인 30만 명이다. 2000만 원 넘게 돈을 벌어 앞으로 과세 대상이 될 이들도 30만 명(전체의 5%)이다.

전체 투자자를 20명으로 환산했을 때, 그중 8명은 손실,(이들의 손실 규모는 보도되지 않았다.) 10명이 0~1000만 원의 이익, 1명이 1000~2000만 원의 이익을 봤다는 얘기다. 국가 차원에서 '너 주식으로 돈 좀 벌었네?'라고 인정해서 2023년부터 양도소득세를 부과하기로 한, 2000만 원 이상의 수익을 확

6 「개인투자자, 10명 중 4명 주식으로 손실… 1명만 연 1000만 원 초과 수익」,《조선비즈》, 2020. 6. 28.

정한 사람은 20명 중 1명, 약 5%가 된다. 여기서 말하는 수익과 손실이란 매도 청산을 통해 확정한 것임을 고려할 때, 계좌 수익률이 마이너스인 상태로 확정하지 못한 채 '존버' 중일 개인투자자가 더 많을 것이라고 예상해 볼 수 있다. 행동재무학계의 연구에 따르면, 인간은 같은 크기의 수익보다는 손실 확정을 더 어려워하는 경향이 있기 때문이다. 자본소득만으로도 먹고살 수 있는 '경제적 자유'를 꿈꾸는 개인투자자에게 연봉 1000만 원은 성에 차지 않을 수 있다. 그럼 가장 최근, '투자하기만 하면 대부분 벌었다'던 2020년 코로나19 이후의 상승장엔 어땠을까? 종합지수 저점(2020년 3월 19일 1457.64pt) 이후 언제까지의 자료가 수집되었는가에 따라 수치는 제각각이다. 다행히도 개인투자자의 수익률은 '동학개미의 승리'를 자축하는 기사 제목들로 유추할 수 있듯이 아주 만족스럽다. 비록 외국인과 기관투자자의 수익률(약 134~137%)에는 미치지 못했지만, 개인투자자는 약 6개월 동안 무려 89%의 수익을 올렸다.[7] 경사가 아닐 수 없다. 《서울경제》는 10년 만에 처음으로 "개인투자자의 순매수 상위 10종목 수익률이 코스피 상승률보다 높았다."라고 보도했다.[8] 하지만 그 기사를 읽다 눈에 들어온 것

---

7 「[기획 특집: 동학개미운동의 빛과 그림자] 개인투자자 수익률 평균 89%…인버스 베팅 여파 커」,《증권일보》, 2020. 10. 6.

8 「10년만에 처음… '개미 픽' 코스피 상승률 넘었다」,《서울경제》, 2020. 8. 12.

은 지난 10년 동안 개인투자자가 가장 많이 산 10개 종목들의 수익률이었다. 적자가 아닌 흑자가 난 해는 2017년, 2020년 단 두 번뿐이었다.

그럼에도 불구하고 국내 개인투자자 인구는 매해 꾸준히 증가하며, 그 속도는 더 빨라지는 추세다. 한국예탁결제원에 따르면 2002년 약 336만 명이었던 국내 개인투자자 수는 2009년 약 400만에 육박했으며, 2017년 500만 명, 2019년 600만 명, 2020년 900만 명을 돌파했다. 주식 또는 선물옵션 같은 파생상품의 매매를 통해 다른 직업 없이 생계를 유지하는 사람들인 개인전업투자자가 전체 개인투자자의 약 20%에 해당할 것이라는 한국거래소의 분석[9]에 따르면, 오늘날 한국의 개인전업투자자는 약 180만 명으로 추정된다. 전체 국민 약 5명 당 1명, 경제활동인구 약 3명 당 1명이 개인투자에 참여하고 있고, 이 중 5분의 1이 개인투자를 전업으로 삼고 있는 거다.

아무리 '외국인과 기관으로부터 한국 증시를 지킨 동학개미', '잃는 투자는 애초에 시작하지 않는다는 스마트개미'가 등장했다 해도, 주식과 파생상품 매매를 '투기성 확률 게임'으로, 개인투자자를 '일확천금을 노리는 무모한 도박쟁이'로 바라보는 시선은 아직 우리 사회에 남아 있다. 하지만 오늘날 개인투

---

9 「[전업투자자 100만 명 시대] 모니터 앞으로 출근… 생계형 개미 바글바글」, 《이투데이》, 2012. 8. 28.

자자는 명백한 우리 사회 주요 집단으로, 동시에 '우리 안의 타자'로 자리매김하는 중이다. 국내 거의 모든 대학에 주식투자를 배우고자 하는 열의로 가득한 대학생주식투자 동아리가 활동하고 있다. 월급만 '따박따박' 모아서는 내 집 마련도, 결혼도 할 수 없다는 2030 청년부터 언제 구조 조정 당할지 몰라 불확실한 노후를 걱정하는 4050 직장인에 이르기까지 재테크는 전 세대의 중산층이 살면서 한 번쯤은 생각해 볼 수밖에 없는 선택지가 되었고 부동산 투자와 함께 증권투자는 한국인이 가장 많이 고려하는 재테크(財tech) 수단으로 자리잡았다. 회사에서 다달이 나오는 '월급'이라는 마약에 중독된 '노예'로서의 삶을 탈피해 '경제적 자유'를 쟁취하겠다는 일념으로 과감하게 사표를 던지고 개인투자를 업으로 삼는 사람들까지 등장하고 있다.

한국의 900만 개인투자자들이 초라한 투자 성적표를 받아 들고도 계속 투자하게 만드는 동력은 무엇일까? 개인투자자들은 반복된 실패에도 불구하고 왜 다시 투자에 뛰어들게 될까? 이 책은 서울에 위치한 로알매매방 개인전업투자자들의 이야기를 통해 그 질문에 대한 답을 구하는 인류학 민족지다. 우리는 본문에서 이 질문에 대한 심리적(1장), 사회구조적(2장), 문화적(3·4장) 차원의 이유를 살펴보게 될 것이다.

먼저 1장에서는 행동경제학의 이론을 바탕으로 로알매매방 개인전업투자자들이 돈을 잃는 과정을 살펴본다. 실패 과정에 대한 로알매매방 개인전업투자자의 인식과 고백은 이들이 그다음 과정인 계속된 손실에도 불구하고 투자를 하게 되는 이유에 대한 중요한 실마리를 제공한다.

2장에서는 로알매매방 개인전업투자자의 사회경제적 배경에 대해 알아봄으로써 그들이 전업투자 생활에 뛰어들게 된 동기와 목적을 이해한다. 그리고 전업투자에 기댈 수밖에 없게 만드는 사회경제적 구조를 검토한다. 개인이 생계를 유지하기 위한 직업을 선택하는 데에는 그가 살아온 배경의 영향을 배제할 수 없어서다. 마찬가지로 개인투자의 불리함을 어느 정도 간파하고 있는 개인이 전업투자의 길로 들어서는 것도 그들의 정치경제적 조건과 상관관계가 있을 것이다.

3장에서는 로알매매방이라는 공간이 전업투자를 지속하는 데 어떤 의미를 주는지 알아본다. 생계비를 벌기 위한 전업투자임에도 다달이 20~30만 원의 입실료를 지불하는 것은 모순적이다. 경제적으로 부담이 될뿐더러 집에서도, 도서관에서도, 어느 장소에서든 MTS(Mobile Trading System)만 있으면 할 수 있기 때문이다. 로알매매방은 주 이용 고객인 '은퇴한 가장'에게 어떤 공간인지 살펴보자. 아울러 주식시장과 정부 정책의 변화에 따른 로알매매방의 흥망성쇠 과정을 통해 입실자들의 일상이 어떻게 변화해 왔으며 각 시기별로 입실자들이 전업투자를 지속하기 위해 어떤 문화와 규범을 동원하는지 알아보자.

4장에서는 로알매매방의 입실자들이 과연 금융시장의 본질을 어떠한 것으로 '간파'하고 있으며, 어떤 대응 전략과 실천으로 투자를 '할 만한 것'으로 내면화하는지 살펴보자. 하여 반복된 손실에도 전업투자가 합리적인 선택으로 탈바꿈하며, 스스로 투자 손실의 고통을 진통(鎭痛)시키는 과정을 낱낱이 살펴본다. 아울러 투자의 중독성으로 인해 입실자들의 삶이 황폐해지는 것을 막고, 주식의 노예가 되지 않기 위해 이들이 어떠한 노력을 기울이는지도 살펴보자.

*

이 책의 주된 무대가 되는 매매방은 개인전업투자자를 위한 임대 공유 사무실이다. 대개 높은 파티션으로 구분 지어 놓은 사무실인데 흡사 독서실 같은 분위기를 풍긴다. 매월 약 15~30만 원가량의 월세를 낸 개인전업투자자는 사무실 내 책상 한자리를 차지한 뒤 국내주식시장의 개장 시간(9시) 이전에 입실하고 폐장(15시 30분) 이후 퇴실하며 개인투자에 매진한다. 다른 입실자와 공동의 사무실 공간을 사용하고 있지만 모두 자기 돈으로, 자기 판단 하에 매매하는 독립적인 투자자다.[10]

---

10 매매방 이외에도 다양한 개인전업투자자의 커뮤니티가 있다. 매매방 입실자는 공동의 공간에서 비대면계좌를 개설해 홀로 직접 매매에 참여하는 데 반해, '부

2018년 여름, 인류학 민족지를 위한 현지조사를 처음 하게 된 나는 "물리적인 필드 공간이 없으면 논문 쓰는 데 헤매기 쉽다"는 선배의 조언에 따라 개인투자자를 지속적으로 관찰할 수 있는 장소를 물색했다. 그러다 매매방이라는 개인전업투자자들만의 공간에 대해 알게 되었다. 사실 처음부터 매매방에서의 현지조사를 계획했던 것은 아니었다. 개인투자자 온라인 커뮤니티인 '팍스넷'의 매매방 입실자 공고 게시판을 통해 서울 시내와 경기도 일대에 있는 여러 매매방을 방문했는데, 입실자의 99%가 40~50대 남성분들이었다. 마치 전산 오류로 남고에 혼자 잘못 전학 온 여학생이 된 듯한 기분이었다. 아무런 접점이 없는 삼촌뻘 입실자들의 마음의 문을 열고, 라포를 잘 쌓을 수 있을까 생각하니 솔직히 가망이 없어 보였다. 내 또래의 학우들이 있고, 인류학과 연구실로부터 5분 거리에 위치한, 교내 투자 동아리에서 편하게 현지조사를 할까 하는 솔깃한 생각도 내 마음을 흔들어 놓았다.

티크'의 투자자는 대개 애널리스트, 펀드매니저 등 증권가 출신으로 오피스텔에서 공동의 투자자금을 불법적으로 운용하는 사설 투자회사에 가깝다. '리딩방'은 '전문가'라 불리는 '투자고수(로 여겨지는 사람)'에게 개인투자자가 회비를 내고 종목이나 매매 시점을 추천받는 유사투자자문업이다. 부티크는 타인의 자본을 개인투자자가 대신 매매하여 수수료를 취하는 방식이고, 리딩방은 자기 자본을 타인의 판단 하에 매매하는 행태다. 매매방의 대다수 입실자는 자기 자본을 오로지 자신의 판단으로 매매한다는 점에서 가장 능동적인 개인투자자의 전형이다.

하지만 매매방의 정적과 긴장이 감도는 분위기에서 쉼 없이 돌아가는 컴퓨터 팬의 소음, 어두침침한 형광등이 내리쬐는 낡은 벽 사이에서 새하얗게 빛나는 모니터 화면, 문을 열면 코끝을 찌르는 쿰쿰한 쩐내가 내 오감을 자극했다. 넓은 홀을 가득 채운 음울한 분위기에서 사생결단의 자세로 투자에 임하는 개인전업투자자의 카리스마가 왠지 모르게 멋져 보이고 존경스러웠던 동시에 그들의 두려움, 불안함, 고독함이 뒤섞인 복잡하고도 불편한 심정이 내게 그대로 전해졌다. 그러면서 정말 제대로 마음먹고 하는 사람들을 연구하면 더 깊고, 풍부하며, 현실과 맞닿은 생생한 이야기를 들을 수 있겠다는 생각이 들었다. 투자를 처음 배우는 학생들보다 아무래도 전업으로 투자를 결행하는 사람들일수록 훨씬 더 진지하고 주체적인 태도로 투자에 임할 것 같았기 때문이다. 그리하여 여러 매매방의 규모와 위치, 역사, 자릿세, 연구에 대한 호의적인 태도 등 여러 조건을 고려해 최종적으로 서울에 있는 로알매매방에서 현지조사를 진행하게 되었다.

2007년 설립된 15년 역사의 로알매매방에는 국내주식과 해외주식, 선물·옵션과 같은 파생상품, 채권 등 다양한 상품을 장단기에 걸쳐 매매하는 개인전업투자자들이 입실해 있었다. 투자 경험과 투자 기간이 다양한 입주자들이 혼재한다는 점에서 개인전업투자자들이 투자에 뛰어든 직후부터 투자를 일정

기간 지속한 이후에 이르기까지 개인투자의 다면을 관찰할 수 있는 장소로 여겨졌다. 또한 그들의 일상과 문화, 관계 맺기 방식을 생생하게 관찰할 수 있는 동시에 지난 10여 년간 국내 거시 경제와 정책에 따른 매매방의 변화를 추적하기 적합한 공간이었다. 자릿세도 달에 20만 원으로 (학교에서 지급받는 연구비로) 지불하기 괜찮은 액수였고, 내가 매일 입·퇴실하기 적당한 거리에 위치해 있었다. 하여 2018년 무더웠던 여름 예비 조사를 마친 뒤 10월 1일부터 2019년 1월 31일까지 나 역시 로알매매방의 정문 맨 앞자리를 얻어 현지조사를 진행했다.

현지조사에서는 인류학의 민족지적 연구 방법론으로 대표되는 참여관찰, 비공식면담, 심층면담을 통해 자료를 수집했다. 개인전업투자자의 일상과 매매 현장을 참여관찰하기 위해 나 역시 개인전업투자자라는 생각으로 평일 아침 지하철과 버스를 타고 매매방으로 향했다. 말도 잘 안 통하고, 날씨도 험하고, 환경도 열악한 해외 오지에서 현장 연구를 하는 다른 인류학과 선배들에 비하면 로알매매방은 여자 화장실이 따로 없다는 점만 빼면 그야말로 '젖과 꿀이 흐르는' 필드였다. 우선 여름에는 에어컨이, 겨울에는 히터가 빵빵하게 가동되어 매우 쾌적했다. 그뿐만 아니라 내 개인 책상과 와이파이가 있지 않은가! 인류학과 연구실의 내 책상을 필드로 옮겨 놓은 것과 다를 바가 없었다. 첫날엔 우선 환영의 의미로 맛있는 김치찌개를 점심으로 사 주신 어느 입실자와 안면을 텄다. 그리고 식사 시간 동안 그분의 가르침을 받잡아 추천받은 한 유명 전문가의 무료 리딩 방송을 가볍게 청취했다. 아버지가 추천한 '와우넷' 유료 증권 강의를 끊어 들으면서 투자 공부도 할 수 있었다. 금융 세계의 기초 언어를 뗀 뒤, 국내주식과 해외선물 거래에 도전해 수익을 내거나 손실을 보는 등 개인투자에 직접 참여하기도 했다. 매일매일 틈틈이 증시가 열리는 동안 그날 보고 듣고 느낀 것을 바로바로 필드노트에 적어 정리했고, 인류학 전공 논문도 읽었다. 그리고 오전 11시~오후 1시경 매매방 입실자들과 인근 식당에 가서 맛있는 점심을 먹으며 그날 주식시장의 이슈에 대해, 각자의 투자에 대해 이야기를 나눴다. 주식시장 폐장 후 저녁 늦게까지 로얄매매방에 남아 있는 날엔 입실자와 편하게 담소를 나누며 비공식면담 시간을 가졌다. 그리고 조금 친해졌다 싶은 입실자에게는 조심스럽게 심층면담을 부탁드렸다. 심층면담은 평일 주식시장이 폐장한 이후 로얄매매방 내 공실이나 5분 거리의 카페에서 일대일로 진행했다. (면담은 1시간~1시간 30분 진행한 경우 2~3회에 나눠 진행했고, 3~4시간에 걸쳐 진행한 경우 1회로 마쳤다.) 심층면담은 주로 입실자가 주식투자를 접하게 된 계기, 전업의 동기, 이전 직장에서의 경험, 매매 방식, 수익률, 일상생활, 가족 관계, 투자에 대한 인식 등에 대해 미리 작성해 전달한 질문지를 바탕으로 진행했다.

로얄매매방에서 한창 현지조사를 하던 2018년 하반기, 유감스럽게도 국내 종합지수는 하락에 하락을 거듭했고 나는 냉혹한 개인전업투자의 단면을 생생히 보고 느낄 수 있었다. 기술주 부진과 미·중 무역 전쟁으로 인한 미국발(發) 증시 침체의 영향이 원인이었다. 공부에 부담 줄까 웬만하면 먼저 연락하지 않던 지도교수님도 '뉴스에 주가 폭락했다던데 너는 괜찮냐'며 안부를 물으셨다. 이런 경제 상황은 당시 내 계좌 수익률에도 악영향을 미쳤음은 물론이지만, 현지조사에 더 큰 아쉬움을 남겼다. 먼저, 로얄매매방의 입실자 수가 현지조사 시작과 함께 대폭 축소됐다. 내가 두 차례 예비 조사를 진행할 때만 하더라도, 로얄매매방의 입실자는 13~15명 수준이었다. 보증금 없이 다달이 월세를 내는 로얄매매방의 특성상 입실자 수는 매월 달라질 수 있다. 하지만 로얄매매방 역사상 입실자 수가 한 자리를 기록한 적은 없었음에도, 내가 입실하기 시작한 10월, 총인원이 7인으로 크게 줄었다. 연구참여자 한 명 한 명의 의미와 가치가 귀중한 질적 연구의 특성상 연구참여자 확보의 기회를 놓쳤다는 점에서 큰 손실이었다. 또한 지수 폭락은 남아 있는 연구참여자의 심층면담 참여 의사를 저해하기도 했다. 2018년 10월 11일 종합지수가 4.44%(98.94pt) 폭락한 이른바 '검은 목요일'을 기점으로 2018년 4/4분기 국내 증권시장은 한 입실자의 말마따나 "개미의 자만심을 깨부순" 장이었다. 설상가상으로 2019년 1월 2일 종합지수가 2년여 만에 2000선이 붕괴하기에 이른다.[11] 물론 적극적인 협조를 끌어내는 것은 전적으로 연구자였던 나의 자질에 달린 문제다. 하지만 전체 시장의 가파른 하락세는 매매방 입실자에게 경제적 손실뿐 아니라 씻을 수 없는 마음의 상처를 안겨 줬다. 때문에 쓰라린 기억을 다시 떠올리고, 치부를 드러내야 할 것만 같은 심층면담을 거절하신 분들의 마음을 끝내 돌리지 못해 못내 아쉬움이 남는다. 이들은 대체로 "이번 달에 너무 많이 (돈을) 잃어서……. 다음 달에 회복해서 그때 기분 좋게 (면담) 할게요."라는 식으로 거절의 사를 밝혔다. 심층면담에 응한 연구참여자들도 이런 점에 대해 공감하며, "장이 안 좋으면 매매방 분위기도 얼어붙는다."라고 전했다. 심지어 2018년은 2007년 로알매매방의 설립 이래 처음으로 송년 모임을 갖지 않은 해이기도 했다. 이는 매매방이 경제적 조건의 변화에 매우 민감하게 반응하는 공간임을 시사한다.[12]

---

11 코로나19로 인한 폭락장의 아찔한 기억이 더 강력하게 와닿는 지금이야 2000pt 붕괴야 별로 큰일이 아니게 느껴질 수 있다. 하지만 당시만 하더라도 적막한 매매방엔 온종일 한숨 소리가 끊이질 않았다.

12 반면 2020년 코로나19로 인해 새로이 증권시장으로 유입된 2030 투자자를 면담하기에 나섰을 때는 상당한 수익을 올려 '계좌가 무르익은' 투자자가 늘어나서인지 면담을 제안받은 대다수의 개인투자자들은 매우 흔쾌히 응했을 뿐 아니라 투자 경험을 털어놓을 때도 비교적 여유롭고 편안한 모습이었다.

로알매매방의 개인전업투자자의 수도 줄어들고, 심층면담을 하지 못한 입실자도 있었던 탓에, 어쩔 수 없이 부족한 면담은 매매방 바깥에서 다른 전업투자자를 통해 보충했다. 나의 지인으로부터 소개를 받았고, 교내 세미나실, 연구참여자의 개인 사무실, 스터디 카페 등 연구참여자가 자유롭게 이야기할 수 있는 공간에서 1인당 1~2회의 심층면담을 진행했다. 그리고 연구참여자 한 분의 요청으로 (이 책의 원글인) 논문의 내용과는 달라진 부분이 있다. 해당 부분은 문헌 자료와 저자의 관찰, 다른 연구참여자의 면담 내용을 통해 보충하거나 대체됐다.

이 책은 이런 우여곡절 속에서 탄생했다. 작가 이름으로 내 이름만 달랑 적혀 있지만, 사실 내가 한 일이라곤 개인투자자 한 분 한 분이 '수업료'를 치르며 겪은 피와 땀, 눈물이 담긴 보석 같은 경험 하나 하나를 종이 위에서 꿰었을 뿐이다. 이분들이 없었다면 이 책은 절대 나오지 못했을 것이다. 중복되는 이야기는 삭제했고, 지면의 한계로 만나 뵙고 이야기 나눈 모든 분의 이야기를 다 담지 못해 아쉽다. 가족에게도 공유하지 않을 만큼 지극히 사적이고, 속도 조금 쓰린 자신의 주식사(史)를 유쾌하고 맛깔나게 들려주신 로알매매방 개인전업투자자들의 이야기를 시작한다.

1장

"작게 여러 번 따서 한 방에 날린다!"
실패하는 개인투자 3단계

김성호 처음에는 확신을 갖고 해요. 할 수 있다, 될 수 있다. 왜? 돈을 벌다 못 벌다 반복이 되니까. 계속 번 것만 기억하고. 점점 그러면서 늪이 되는 거야. (……) 이 발목이 빠지기 전에 빼냈 어야 해. 근데 이미 다 빠져 가지고, 하, 이번엔 내가 도저히 못 빼낼 것 같아. 이럴 바에는 끝까지 그냥 두 발 다 담가 버리자. 그다음에 무릎까지, 허리까지, 그다음에 목까지 와. 숨도 못 쉴 지경이 돼서야 '숨은 쉬어야겠다.' 하고 나가. 마지막엔 목숨만 부지하고 나가는 거야. 이게 개인투자자가 하는 짓이야.

개인투자자는 어떻게 실패를 하게 되는가? 성공을 목표로 하는 투자자는 이 질문에 답할 가치를 못 느낄 수 있다. 하지만 이 책의 목표는 다르다. 우리에게는 왜 매매에서 손실을 보았는지에 대한 개인투자사 자신의 원인 진단이 필요하다. 왜냐하면 그 진단을 토대로, 이들이 또다시 매매를 하게 될 때 어떤 기대를 하는지 실마리를 얻을 수 있기 때문이다. 그래서 여기에서 소개할 '실패하는 개인투자 3단계'는 개인전업투자자가 처한 외부적, 구조적 원인까지 모두 종합적으로 진단한 것이 아니라 개인투자자 자신이 스스로 자신의 손실을 설명하는 방법이다. 대부분의 투자자들이 실패 원인을 자신에게서 찾는데, '내가 마인드 컨트롤을 잘 못해서'라는 공통되고 일관된 반성은 기존 행동경제학[13]에서 지적하는 개인투자자의 심리 편향과 일맥상통한다.

행동경제학이란 인간은 언제나 이성적이고 합리적인 사고를 토대로 가장 효율적인 의사 결정을 내린다는 주류경제학의 가정에 반기를 들며 등장했다. 시장의 비효율성을 인정하는 이들의 대전제는 '시장은 언제나 옳다'고 말하는 기존 경제학계에 매우 큰 충격을 안겼다. 행동경제학에 따르면, 인간 심리 본연에 내재한 심리적 오류와 편향, 감정은 인간의 인생에 걸

---

13 'behavioral economics'를 한국어로 번역하는 과정에서의 논쟁의 여지가 있다. 다수가 '행동경제학(行動經濟學)'으로 번역하지만, 그 경우 인간의 행동 그 자체만을 연구 대상으로 삼는 듯한 인상을 주기 때문에 인간 '행동 방식'을 연구하는 분야라는 뜻인 '행태경제학(行態經濟學)'으로도 불린다. 같은 이유로 행태재무학(行態財務學, behavioral finance) 역시 행동재무학과 혼용되어 사용된다. 이 책에서는 다수설에 따라 행동경제학·행동재무학으로 통일하여 사용하겠다.

친 모든 선택에 영향을 준다. 그리고 그 하위 분과인 행동재무학에서는 저조한 개인투자자의 성과를 설명하기 위한 여러 이론을 내놓으며 인간의 비합리적 매매 행태를 설명하고자 했다. 그중 개인투자자의 거래에서 흔히 관찰되는 것으로는 과신의 편향, 확증의 편향, 몰입 상승의 편향, 처분 효과, 보유 효과가 있다. 이 이론을 토대로 개인투자자 자신의 성공 스토리가 아닌 '실패 스토리'를 추적해 보자.[14]

---

14 1장에 등장하는 심리 편향을 선정하고, 개인투자자의 지정가매매와 단기매매 성향을 설명하는 데에는 투자전문가이자 한국경제TV와우넷 파트너인 박문환(필명 샤프슈터)의 와우넷카페에 게재된 「아들에게 보내는 편지」 중 280~290번째 편지(글 번호 282-292)'와 삼성증권에서 두 차례에 걸쳐 작성된 「개인투자자의 반복된 실패와 교훈 I·II(2006)」 보고서가 큰 도움이 되었음을 밝힌다. 쉬운 양질의 콘텐츠를 온라인에서 무료로 이용할 수 있으니 행동재무학에 관해 더 읽고 싶은 독자는 읽어 보길 추천한다.
「아들에게 보내는 편지」 https://www.wownet.co.kr/PartnerHome/Board/Board-List?proid=P084&bbsid=BBS_037&menu=47854.
「개인투자자의 반복된 실패와 교훈 I·II」
http://www.equity.co.kr/upfile/pro/2008/07/14/1216012773301.pdf.
http://www.equity.co.kr/upfile/pro/2008/07/14/1216012801508.pdf.

1

첫판에서 맛보는 달콤한 '돈맛': 초심자의 행운

화투판에서 가장 어려운 일, 어떻게 호구를 판때기(화투판)에 앉히느냐. (……) 딱 이틀 잃어 줘, 3000(만 원)씩. 6000(만 원) 결제해 주고. 자기는 운전해 줄 때마다 '사장님, 이러시면 안 됩니다. 화투는 재미로 치셔야죠.' 이러고 사발 좀 풀어. 너무 꽉 조이지는 말고, 적당히 살살, 알지? 마음이 좀 딸랑딸랑하게.

— 영화 「타짜」 중 '공사'를 시작하는 정 마담
자료 출처 CJ ENM

어떤 일이든 돈을 갖고 하는 일은 처음에 조심스럽기 마련이다. 고스톱, 경마, 로또 그리고 주식·파생상품도 마찬가지다. 경험해 보지 않았기에 긴가민가하는 마음이 들기 마련이고, 돈을 잃을 수 있다는 위험과 '이 돈을 잃으면 어떡하지' 하는 불안감으로 점철되기 때문이다. 개인투자로 돈을 꽤 벌었다는 지인의 말을 듣고 투자에 입문하는 개인투자자 대부분은 처음에 자본금을 조금만 투입하여 우선 '밑밥'을 던져 본다. 결과는 대개 성공인 경우가 많은데, 이를 '초심자의 행운'이라 부른다.

김성호 모든 투자는 처음은 이제 밑밥만 한번 던져 보는 거야. 사람들 말이 진짜인가. 그래서 조금만 투자를 해 보지. 예를 들어 내가 재산이 1000(만 원)이야. 그러면 거기서 한 100(만 원)만 투자를 해 봐. 10%만. 왜? 그 돈으로 손실 보면 안 되니까. 딱 이렇게 던져 봐. 그랬는데, 어 그게 맞아.(수익을 봐.) 대부분 맞는 경우가 많아. 이상하게. 고스톱도 모르는 사람이 처음 칠 때는, 점 100원 할 때는 잘 맞아.

전문가에 따르면 개인투자자의 성공 확률은 아무리 후하게 쳐도 10%를 넘지 않는다. 성공 확률 10%도 되지 않는 '기울어진 운동장'에서 지식도, 경험도, 실력도 가장 부족한 초보 투자자가 오히려 돈을 따게 되는 마법은 어떻게 가능한 것일까. 초보일수록 스스로 '잘 모른다'라는 무지를 인정함에 따라 자연스럽게 위험을 회피하고 비교적 확실한 투자처에서 입수한 정보만을 바탕으로 안정적으로 자금을 운용하기 때문이다. 더불어 돈을 벌 수 있다는 점에 기본적으로 의심을 품고 있기에 대박을 바라거나 허황한 꿈을 꾸지도 않는다.

개인투자자가 금융상품투자에 뛰어들게 되는 시기의 영향도 한몫을 한다. 대다수의 개인투자자는 장이 좋을 때, 주식 혹은 피생상품 투자를 통해 돈을 벌게 되는 사람이 주위에 많을 때 입문한다. 회식 자리에서, 동창회에서, 계모임에서 "누구는 어떤 종목 투자해서 얼마 벌었대." 하는 이야기가 솔솔 들려오기 때문이다. 이런 시기는 대개 종합지수가 상승에 상승을 거듭하는 시기다. 주가가 오를 확률이 높은 시기이기에 그만큼 투자를 했을 때, 돈을 벌 가능성도 평소보다 크다. 또한 주식을 잘 몰랐던 초보가 입문할 때 가장 먼저 눈길이 갈 종목이 뭘까? 초보도 익히 알 만큼 유명하고 인기가 많은 종목일 것이다. 코로나19로 인한 폭락 후 너도나도 '삼성전자' 혹은 '삼성전자 우선주' 같은 '바겐세일'에 들어간 '1등주'를 외치며 주식시장으로 들어선 것과 마찬가지다. '1등주' 같은 크고 튼튼한 기업은 전체 시장의 악재 영향으로 일시적으로 가격이 내릴 순 있지만 경기가 회복되면 주가도 회복될 가능성이 높다.

개인투자가 실패하는 3단계 중 첫 단계는 모순적이게도 개인투자자가 돈을 버는 단계다. 하지만 이 단계에서 작지만 달콤한 수익을 맛본 짜릿한 기억은 개인투자에 더 많은 자금을 투입하게 할 뿐 아니라 이후 손실을 보고 실패하는 과정에서도 희망을 잃지 않게 해 주는 동력이 된다. 다음은 로알매매방에 13년째[15] 입실하고 있는 개인전업투자자 김성호 씨의 친구, 허종찬 씨의 사례다. 김성호 씨와의 동업 경험이 있는 허종찬 씨

---

15 이 책은 2019년 8월 인준된 학위논문을 바탕으로 한다. 따라서 앞으로 소개될 입실자들의 입실 연차와 매매방의 운영 기간은 모두 2019년을 기준으로 한 것임을 밝힌다.

는 개인전업투자자 친구인 김성호 씨의 도움으로 개인투자의 길에 들어서게 되었다.

김성호 얘(종찬)가 처음엔 한 1000만 원 내에서만 투자를 했어. 「신과 함께」[16]라는 영화 알죠? 그 영화 만든 회사가 주식시장에 상장이 되어 있어요. 얘가 그쪽에 좀 아는 친구들이 많아서, (정보를 듣고) 그 영화 개봉하기 전에, 제작할 때 그 회사 주식을 좀 사 놨어. 1000만 원 정도만. 근데 수익이 잘 나오기 시작하는 거야. 처음엔 손실을 봤는데, 한 2~3개월 지나니까 30%, 40% 수익이 올라가기 시작했지.

투자에 대해 관심을 기울이지 않았던 개인투자자가 첫 수익을 볼 경우, 그 기억은 더욱 강렬하게 남는다. 지금껏 투자에 대해 부정적으로 인식했던 과거의 생각이 자신의 무지한 편견에 의한 것으로 여겨진다. 그리고 '이렇게 손쉽게 돈을 벌 수 있는 것을 왜 지금까지 하지 않았을까?' 하는 후회감에 휩싸이며 본격적인 개인투자를 결심한다.

16　주호민 작가의 웹툰을 원작으로 제작된 한국 영화. 1편 「신과 함께 — 죄와벌」 (2017)은 1400만 관객, 2편 「신과 함께 — 인과연」(2018)은 1200만 관객을 동원한 초대박 천만 영화다.

2

편향이 만든 성공의 신기루와 자금 투입

일단 호구를 앉히기만 하면, 판돈 올리기는 아주 쉽다. 먼저 가볍게 호구 돈을 따 준다. 보통 호구들은 자본이 부족해서 돈을 잃는다고 생각한다. 그런 생각이 강하게 들도록 우선 절반만 빌려 준다. 호구는 돈을 잃는다. 그 돈은 다시 나에게 들어오고 나는 그 돈을 다시 호구에게 빌려 준다. 실제로 돈을 딴 사람은 아무도 없다. 돈은 그저 돌고 돌 뿐. 그렇게 여러 번 반복하다 보면 호구의 빚은 산더미처럼 불어난다.

— 영화 「타짜」 중 정 마담이 '판돈'을 올리는 법
자료 출처 CJ ENM

박동일 이거(파생상품)는 악마가 만든 게임이구나. 개인들한테 조금씩 먹게 해 줘요. 되게 쉬워 보여. 근데 이제 큰돈 들어가는 순간 지옥을 보여 주는 거지.

2단계는 개인투자자가 본격적으로 투자를 시작하는, 이른바 '판돈이 올라가는' 단계로, 금융거래에 투입한 총 자금이 불어나기 시작한다. 1단계에서 개인투자자는 투자에 대해 느끼는 생소함과 손실에 대한 두려움으로 최소한의 자금만 투입했다. 하지만 한 번 수익을 '맛본' 개인투자자는 더 큰 돈을 투자할 경우, 그에 비례하여 얻게 되는 수익도 더 커질 것이라는 계산에 점점 자금을 적극적으로 늘려 나가기 시작한다.

김성호 모르는 사람이 처음에 잘돼 대부분. 그러면서 내가 만약에 지금 10%를 투자해서 수익률이 한 30~40% 나왔는데, 이거보다 한 40~50%를 더 투자해서 (수익이) 30~40%가 나오면, 내가 벌어 가는 돈이 얼마야? 막 머릿속으로 계산기를 두드려. 얘(종찬)도 이제 짱구(머리)를 굴리는 거지. 와 씨, 안 되겠다 돈 더 때려 박아야지.

돈을 더 투입한다는 의미는 투자 규모를 키울 경우, 그만큼 1단계에서 맛본 수익 또한 크게 늘어날 것이라는 확신에 차 있다는 뜻이다. 한마디로, 이 투자는 성공하리라는 자신감이 최고조에 이른 것이다. 이를 행동재무학계에서는 '과신의 편향'에 빠진 것으로 설명한다.

"다 잘될 거야"
과신의 편향

더 큰 투자 자금을 투입할 때 투자자의 심리에는 과신의 편향이 작동한다. 과신의 편향을 직역하면 '지나친 믿음으로 치우친 경향'이란 뜻이다. 사람이 자신의 가능성 혹은 능력에 대해 지나치게 낙관적으로 평가하는 성향을 가리킨다. 행동경 제학의 선구자이자 노벨경제학 수상자인 리처드 탈러는 이를 "대다수의 사람이 자신을 평균 이상으로 생각"[17]하는 것이라고 설명한다. 자신의 능력과 지식에 대해서는 실제보다 높게 평가 하고, 위험과 악재가 닥칠 가능성에 대해서는 실제보다 낮게 평가하는 행태인데, 개인투자자의 경우 자신이 투자하면 주가 가 크게 오를 것이며, 적어도 손실을 보지는 않을 것이라는 심 리를 말한다.[18]

과신의 편향을 이해함에 특히 주목할 점은 다른 사람들이 일반적으로 직면하는 실패의 위험에도 불구하고, 자신의 경우 는 그와 다르게 성공적일 것이라는 선민의식에 기반을 둔 기대 감이 저변에 깔려 있다는 것이다. 아무리 '개인투자로 성공하 는 이는 5%도 될까 말까.', '100명 중 한 명이다.'라고 말해 줘 도 귀에 들리지 않는 이유다. 과신의 편향에 깊이 빠진 투자자 일수록 실패하는 95명이 아닌, 성공하는 5명을 바라보게 되며,

---

17　리처드 탈러·캐스 선스타인, 안진환 옮김, 『넛지』(리더스북, 2018), 58쪽.

18　탈러에 따르면 과신의 편향은 개인투자자만 가진 편향이 아니다. "인간의 삶 에 널리 퍼져 있는 광범위한 특징"으로, 학생·교수는 자신의 능력을, 사업가는 성 공 가능성을, 운전자는 자신의 운전 실력을 과대평가하는 경향을 보였고, 흡연자 는 폐암에 걸릴 가능성을, 동성연애자는 에이즈에 감염될 확률을, 결혼할 무렵 부 부는 (재혼의 경우에도) 이혼의 가능성이 희박하다고 평가했다. (위의 책, 58~61쪽)

자신이 5%에 속한다고 믿기 때문이다. 과신의 편향은 초보투자자에게서 흔하게 나타나는 실수로, 개인투자에 '열심히 매진해 봐야겠다.'라는 결단을 하게 할 뿐만 아니라, 직장 혹은 사업과 개인투자를 병행하다 마침내 본격적인 전업투자로 전환하게 하는 동력으로 작동한다.

> **김성호** 처음에 (자본금의) 10%를 갖고 왔다가, 나중에 한 50%까지 땡겨와. 또 투자를 해 봐. 그게 또 맞아. 그럼 그때부터는 뭐 자신감이 넘치는 거지. 아. 이게 내가 가야 할 길이구나. '이걸 내가 진작 했어야 했는데. 내가 왜 맨날 직장 다니면서 쥐꼬리만 벌고 있었을까.' 일단 투자를 제대로 해 보자. 직장은 걸쳐 놓고. 대부분 주식 하는 사람이 그렇게 많이 해요. 그러다가 전업 들어서는 거지.

갓 전업투자로 전향하여 아직 안정적으로 꾸준하게 수익을 내 본 경험이 없는 신입 개인전업투자자도 월 20~30만 원이나 드는 매매방에서 전업투자 생활을 시작하는 이유는 전업투자로 전향을 하더라도 이전처럼 수익을 낼 수 있다는 과신의 편향이 작동한 결과다. 개인파산으로 가진 재산이 거의 없었던 김성호 씨는 그럼에도 불구하고 개인전업투자생활 시작과 동시에 유료 매매방인 로얄매매방에 입실했다. 그는 그런 결정을 내릴 수 있었던 이유가 주식으로 '돈 벌 수 있다'는 자신감 때문이었다고 회상했다.

김성호 (입실료가) 비싸지, 1년에 300(만 원)이나 고정으로 드는 건데. [그런데도 매매방에서 전업을 시작한 이유는 뭐 때문이셨어요?][19] 일단 돈을 벌 수 있을 것 같으니까, 처음에. 그러니까 한 달에 25만 원을 내더라도, 뭐 그냥 여기서 배우면서 벌어 가면 된다고 생각했기 때문에.

로알매매방의 운영자인 박동일 씨는 13년 동안 매매방을 운영하며 2000여 명의 입실 문의자를 상담했다. 그는 입실을 희망하는 사람들의 스펙트럼은 육체노동자부터 수십 억대 자산가까지 다양했지만, 전업을 결심하게 된 이유는 한 가지라고 말했다. 주식과 파생상품 매매로 '돈을 벌기 쉽다'고 생각하는 자신감이었다.

박동일 전업 결심 이유는 자신감. 직장 다니면서 틈틈이 해 보니까 수익이 잘 나고, 적성에도 맞고. 하나같이 자기가 아는 것, 해야 하는 것에 대한 자신감이 충만한 상태야. 한마디로 돈을

---

19 면담 내용 중 [ ] 괄호로 표시된 부분은 저자의 질문이다.

벌 수 있다는 자신감이 있는 거지.

박동일 씨에 따르면 로알매매방 입실을 희망하는 사람 중에는 매매를 시작한 지 얼마 되지 않은 투자자가 많다. 이들은 몇 차례 수익만을 내 보고, 아직 큰 손실을 경험해 보지 않았기 때문에 자신의 투자 능력에 대해 확신이 크다. 하여 앞으로 금융 거래로 '돈을 꾸준하게 많이 벌 수 있다.'라고 믿는다. 그러나 이들의 일시적 성공은 투자자의 투자 실력이 뛰어나서라기보다는 전체 시장이 좋았기 때문일 확률이 더 높다. 그런데도, 마치 '범 무서운 줄 모르는 하룻강아지'처럼, 이들은 과신의 편향을 바탕으로 돈을 버는 것이 쉽다는 섣부른 판단을 내리는 것이다.

나 역시 로알매매방에 입실하기 위해 박동일 씨와 입실 상담을 했다. 입실료를 내고, 내 자리를 정하고 난 뒤, 박동일 씨는 나에게도 "스스로를 과신하지 않을 것"을 재차 당부했다. 자신의 능력을 과대평가하는 오류에 빠진 채 실패하는 개인전업투자자를 반복적으로 목격한 박동일 씨가 늘 새로운 입실자에게 강조하는 말이라고 한다.

박동일 처음 입실하는 분들한테 제가 꼭 하는 말인데 자신을 과신하지 않는 분들이 더 잘하는 것 같더라고요. 여기서 오랫동안 계시려면 살아남아 수익을 내야죠. 그래야 저도 좋은 거이니겠이요? 조심히 하시길 바랍니다.

개인투자에 관심을 갖게 된 투자자는 본격적인 투자에 앞서 시중 서점에서 손쉽게 구할 수 있는 투자 서적 한 번쯤 구매해 보기 마련이다. 하지만 낙관적인 성공 담론을 제공하는 투자 서적들은 과신의 편향을 더욱 강화한다.『나는 하루 1시간 주식투자로 연봉 번다』,『승부사 알바트로스의 돈을 이기는 법』,『평생 사부 최승욱의 주식 이야기 대박 이야기』,『서울대 투자연구회의 성공투자노트』,『선물옵션 잡고 주식투자 성공하기』. 시중 서점의 베스트셀러 서가에 가면 쉽게 찾아볼 수 있는 베스트셀러 투자 서적의 제목이다. 대중적으로 잘 알려진 개미투자자의 성공 신화 경험담을 바탕으로 '비법'을 전수한다는 이 책들은 하나같이 '성공', '이기는', '승부사' 등의 희망적인 단어를 재조합하여 자극적인 제목을 내세우며 유통된다. 이 책을 사서 읽고, 저자가 일러 주는 투자 종목 발굴법과 차트 분석, 매매 기법을 충실히 익혀 갈고닦는다면, 저자 자신이 겪었던 시행착오를 최소화하고 누구나 손쉽게 '성공'에 안착할 수 있다는 것이 대다수 투자 서적의 요지다. 투자에 내재한 위험은 성공을 위해 반드시 거쳐야만 할 자연스러운 과정으로 여겨질 뿐이다.

한번 과신의 편향에 빠지게 되면 자신이 매수한 종목이 오를 것이란 예측에 대해서는 관대하게, 손실의 가능성은 적거나 거의 없다고 측정하게 된다. 그 결과 돈은 그야말로 '술술술' 투자자금으로 유입된다. 「신과 함께 1」 제작사에 처음 1000만 원을 투자한 허종찬 씨는 주가가 자신의 예상대로 오르기 시작하자 총 5000만 원의 자금을 영화가 개봉하기 직전까지 투입하여 총 자금 대비 40%가 넘는 수익을 올렸다. 친구 김성호 씨의 "호재에 팔아야 한다."라는 말에 영화 1편 개봉과 동시에 매도 청산하여 수익을 확정했다. 주가에 호재는 이미 선(先)반영된 결과이기 때문에, 호재가 발표되면 일시적으로 주가가 하락하기도 하기 때문이다. 하여 허종찬 씨는 평균매수단가 6000원대에 매수하여, 1만 1000원대에 매도했다. 한 번 수익 확정을 통해 투자의 '맛'을 보게 되니 자신감도 생겨 낙관적 전망을 바탕으로 더 큰 자금을 투자하기 시작했다.

김성호 근데 얘가 한 번 팔고 났더니, (영화) 2편이 남았잖아. 1편이 1400만 (명)이 들었는데, 2편이 어땠겠어, 기본 1000만 (명)이지. 이러니까 또 욕심이 생기지. (……) 1만 1000원대에 팔고 나서, 다시 그 주식을 8000~9000원대에서부터 사기 시작한 거야. 2편이 개봉하면 한 2만 원까지 갈 거로 생각한 거지, 나름대로 공부를 해서. 왜냐하면 1편 개봉하고 1만 2000원대까지 갔던 게 2편 가면 당연히 돈을 더 벌 거라고 생각하고. 이제 자금이 더 생겼겠다, 한 7000~8000만 원이 생긴 거니까. 다 때려 박았어.

결론은 어떻게 됐을까? 「신과 함께 2」 또한 1200만 명의 관객을 동원하는 연이은 '초대박'을 터트렸다. 그러나 제작사의 주가는 역방향으로 폭락하여 허종찬 씨의 주식은 '반토막'이 났다. 영화 자체는 흥행에 성공했지만 제작사가 별개로 진행하던 사업이 실패해 기업 재무제표는 계속 악화됐기 때문이다. 「신과 함께 2」가 개봉한 뒤 주가는 4000원대까지 떨어졌다. '돈맛'을 본 뒤 '확증의 편향'에 빠진 결과다.

"답은 정해져 있고, 넌 대답만 하면 돼"
확증의 편향

김성호 씨는 종찬 씨의 손실 원인을 '자기가 생각하는 것만 들으려' 하는 확증의 편향에 빠졌기 때문으로 분석했다.

김성호 (1편 투자 성공 후 2편 재투자에 대해) 대부분 긍정적인 말을 해 주는 사람이 있는 반면, (나처럼) 아닌 사람이 있는 거지. 근데 결국은 하게 돼. [왜요?] 돈맛을 봤잖아, 사람이. 돈맛을 보면, 아무리 나쁜 소리를 해도, 좋은 소리만 들려. 원래 사람들은 그래요. 자기가 생각하는 것만 들으려고 해.

확증의 편향은 믿고 싶은 대로 보고 들으며, 그에 부합하는 정보만을 수집하고, 그에 부합하지 않는 정보는 무시하거나 중요성이 낮다고 인식하는 인간의 경향을 가리킨다. 미국의 투자 귀재 워런 버핏은 "사람들이 가장 잘하는 것은 기존에 자신들이 가지고 있던 견해들이 온전하게 유지되도록 새로운 정보를 걸러 내는 일이다."[20]라는 말을 남기며, 개인투자자가 가진 확증의 편향을 꼬집었다. 쉽게 말해 '답정너', 즉 '답은 정해져 있고, 넌 대답만 하면 돼.'에 녹아들어 있는 인간의 심리다.

확증의 편향에 빠진 개인투자자는 자신이 투자한 종목 혹은 전체 시장의 상황을 긍정적으로 평가하거나, 악재의 영향을 최소화해 평가한다. 투자는 성공할 것이란 믿음을 뒷받침할 수 있는 정보만 취사선택하고, 자신이 믿고 싶은 대로 해석하는 것이다. 종찬 씨의 경우, 「신과 함께 2」 투자에 대해 회의적인 정보를 제공했던 김성호 씨의 이야기를 귀담아듣지 않았다. 그 영화가 1편은 성공했을지라도, 그 이후 제작사의 재무제표는 계속 나빠지고 있다는 사실을 알고 있음에도, 중국을 연계한 사업을 많이 벌여 놓은 제작사의 상황상 '사드(THAAD)' 배치 이후로 경색된 한·중 관계의 일시적 영향 때문이라고 판단했고, 곧 해결될 것이라고 평가했다.

김성호 옆에서 내가 볼 때 솔직히 아닌 거 같은데. 왜냐하면, 영

---

20 「[손헌수의 경제 읽기] 원하는 것만 믿는다」, 《한국일보》, 2017. 4. 5.

화는 성공했을시 놀라도 회사 재무제표는 계속 안 좋아졌으니까. (얘는) 사드 영향을 받아서 일시적이다. 이건 해결될 문제고, 영화 2편이 개봉하면 당연히 훨씬 더 돈을 많이 벌 것이다. 계속 좋은 이야기, 좋은 뉴스만 듣고. 보고 싶은 것만 보는 거지. 자기가 자기도 모르게 최면을 거는 거죠. '레드 선'이 걸린 거야.

더 나아가, 확증 편향을 갖게 된 개인투자자는 자신의 믿음을 거스르는 정보에 대해서는 더 이상 객관적으로 고려하지 않으며, 스스로 자신의 믿음을 뒷받침할 정보를 적극적으로 찾아 나선다. 허종찬 씨는 김성호 씨가 자신의 종목에 대해 부정적으로 이야기하면 감정적으로 반응하며 언쟁을 벌였다. 그리고 친구의 말을 반박하기 위해 자신의 종목을 우량한 것으로 판단한 경제지의 기사를 찾아 성호 씨에게 전송했다.

김성호 사람은 자기가 갖고 있는 종목에 대해서 비판을 하면 굉장히 기분 나빠해. 그 당시에는 정말 내가 그 종목에 대해서 약간이라도 비판하면 (……) 정말 많이 싸웠어요. (……) 조금이라도 디스가 들어가면, 웃긴 게 (영화의 흥행과 종목 투자에 대해 호의적인) 기사만 나면 나한테 보내. 나보고 보라고.

투자의 세계에서 과신의 편향이 초보 개인투자자의 특징

이라 한다면, 확증의 편향은 투자 경험이 풍부한 전문가에게서도 빈번하게 관찰된다. 투자전문가 박문환 씨에 따르면 과신 편향의 경우 반성을 통해 어느 정도 개선의 여지가 있지만 자기도 모르게 인지의 함정에 걸려 버리는 확증 편향의 경우 자신이 무엇을 잘못 생각하는지 알아차리기 힘들기에 초보 투자자부터 경험 많은 전문가까지 취약하다고 한다. 오히려 전문적 지식과 경험이 풍부할수록 자신의 믿음을 지지할 근거가 더욱 다양하고 견고하기에 투자전문가도 확증 편향에 빠지기 쉽다. 이는 경험이 풍부하고 시행착오를 자주 경험해도 여전히 손실의 가능성을 떠안게 됨을 의미한다.

시장에서는 경험치가 많아질수록 이런 편향이 오히려 강해지는 경향이 있다는 점이 더욱 문제다. (……) 놀라운 것은, 이런 잘못된 편향에 빠지는 것은 증시에 막 입문한 초보 투자자들보다는 아무래도 뭔가 주워들은 것이 많은 중급 이상 투자자들에게서 더 많이 나타날 수밖에 없다는 점이다. 그래서 초창기 투자에서 제법 수익을 내던 투자자들마저도 시간이 지나면서 수익률이 점차 하락하고, 결국 손실을 보게 되면서 시장에서 퇴출되는데, 그 이유 중 대부분은 뭘 좀 알아 가기 시작하면서 오히려 심각한 편향에 빠지기 때문이다. ― 박문환,『아들에게 보내는 편지4』(행복을여는사람들, 2016), 152쪽.

박문환 전문가의 지적대로 자금이 늘어나고 경험이 쌓일수록 잘못된 투자라는 확신이 든 순간 손실을 확정함으로써 위험을 차단해야 한다. 그러나 이미 판이 커질 대로 커진 뒤라 손실을 제때 확정하기 더욱 힘들어진다. 종찬 씨의 경우에도 초기 투자금인 1000만 원에 머물렀다면 500만 원 손실 보고 말 일이었지만, 이미 총 투자액이 8000만 원 정도까지 불어난 상태로 손실금 역시 8배로 불어난 4000만 원이 되고 말았다. 생돈을 한 번의 청산 거래로 잃는 것은 가슴 아픈 일이기에, 개인투자자는 손실을 최소화하기 위한 목적으로 마지막 수단인 3단계 '물타기'에 들어간다. 그러나 이것은 총 손실을 오히려 증가시키는 불행한 결말의 전조가 된다.

3
'존버'의 길에 들어서다: 울며 '물타기'

"물타기 기법의 함정"
몰입 상승의 편향

김성호 근데 이 사람이라는 게, 나머지 돈을 더 갖고 와. 은행 적금은 기본이고, 카드론, 주택담보대출 다 땡겨서. 그렇게 더 갖고 와서 물타기를 시작하는 거야. '올인'을 하는 거야, 거기에. ……
물타기를 하면서 손실이 커지면 그때부터는 다 날아가는(잃
는) 거야. 그러니까 처음 1000만 원에서 다 날려 봤자 1000만
원인데, 1억에서는 50%만 날려도 5000만 원이잖아. 날려 버리
면, 데미지가 엄청 큰 거지. 그때부터 '멘붕'이 오는 거야.

몰입상승의 편향이란, 선택이나 결정이 잘못된 것임을 알
고 난 뒤에도 중단하거나 바로잡지 않고 계속해 나가는 현상이
다. 경제학계에서는 '매몰비용 효과(sunk cost effect)', 개인투자
자의 세계에서는 흔히 '물타기' 매매 기법으로 불린다. 주가가
떨어진 경우 손절매를 고려하는 게 아니라, 평단가보다 더 낮
은 금액에서 주식을 오히려 추가 매수하는 것을 말한다. 당연
히 개별 종목에 투입한 자금의 규모가 커질수록 손실의 위험도
증가한다. 그럼에도 증가된 위험을 인식하지 못하거나 오히려
위험을 줄이기 위한 방편으로 판단해서 자금을 더 투입하게 되
는 오류를 범하는 것이다. 행동재무학에서 비합리적 편향에 의
한 것으로 지적하는 이 '물타기' 기법은 개인투자자의 생각으
로는 오히려 손절을 하지 않기 위한 합리적인 위기 탈출 전략
으로 행해지고 있다.

개인투자자의 세계에서 '물타기' 매매는 크게 두 가지의
경우에 이뤄진다. 첫째, 매수한 주식의 가격이 하락할 때 종목

의 주가가 미래에 회복되리라는 희망적 기대를 갖고 매수하는 경우다. 대체로 그 종목의 과거 고점에서의 주가를 떠올리며 향후 그에 상응하는 수준으로 상승해 크게 수익을 취할 수 있다는 낙관적 예상을 바탕으로 이런 결정을 한다. 그러나 주가가 하락한 데는 분명한 이유가 존재한다. 기업 재무제표의 변화, 동종 업계에서 경쟁 기업의 출현, 전체 시장의 침체 등 주가에 영향을 줄 수 있는 요인은 다양하다. 무엇이든 불확실한 변수가 나타나면 일반적으로 주가 하락으로 이어질 가능성이 높다. 변화한 사정을 고려하지 않고 특정 주식의 황금기에 주가가 현재 대비 고점이었다는 이유로 곧 다시 그 상태로 회복되리라는 기대가 실현된다는 보장은 어디에도 없다. 더군다나 손실을 버티는 기간 동안 심적인 괴로움을 겪는 개인투자자는 손실이 회복되고 본전을 찾게 되면 더 이상 '마음고생'하고 싶지 않은 마음에 혹은 '본전이라도 건졌다'는 생각에 이익을 더 추구하지 않고 성급히 매도 청산하기도 한다.

김성호 아까 우리 방에 있는 한 분도 어떤 종목을 샀는데, 사자마자 10% 손실을 봤대. 근데 자기는 이 종목이 굉장히 기술력이 좋고, 미래 성장 산업이라 산 거래. 그래서 자기는 물타기 하면서 버틸 거래. 나중에 그래. 본전에 팔았다고. "왜요?" 그랬더니 "아 일단은 본전에 팔아야 할 것 같아서."

둘째, 평단가에 비해 현재가가 크게 하락한 후 반등의 기미를 보이지 않고 오르락내리락 횡보하는 경우다. 이때 투자자는 평단가를 낮추어 본전이라도 취하여, 손실을 보지 않고 청산하기 위해 물타기를 한다. 때때로 이러한 물타기가 매우 성공적으로 이루어지기도 한다. 4년차 개인전업투자자 민종학 씨는 손절을 하지 않고 '존버'해서 본전을 되찾으면 파는 매매 방식의 기회비용을 줄이고자 자신 나름의 물타기 기법 노하우를 개발한 경험을 들려주었다.

민종학 나는 주식투자 스타일이 손절 안 하고 계속 들고 있다가 나중에 반등하면 본전 오면 팔자 식이었는데, 존버 그게 잘못된 거더라고. 기회비용 다 날아가고. 한 1~2년을 기다려야 돼. 그래서 처음엔 그냥 물타기를 하다가 이런 단점을 보완하기 위해서 한 번 물리면 그대로 놔둬요. 그러다가 맨바닥에 왔을 때 왕창 물타기를 하니까 나중에 빠져나가기 쉽더라고요. 물타기 방법도 발전돼서 그렇게 했지.

이처럼 물타기 매매 기법을 통해 투자자들이 항상 손실을 보게 되는 것은 아니다. 오히려 대다수의 투자자는 물타기를 통해 적자 수익률을 흑자로 전환한 경험이 있다. 문제는 물타기 기법이 주가가 영영 폭락할 수도 있는 위험을 고려하지 않은 채, 총 투입 자금을 늘려 손실을 가중하는 결과를 초래할 수 있다는 점이다.

민종학 ETF 레버리지 같은 경우는 (방금 말한 방법으로 물타기를) 그렇게 하다가 개박살 난 적이 있어요. 오늘도 그렇고. 그래서 아…… 이제 물타도 칼손절하자, 그러지. 3% 되면 딱 칼손절하려고는 하는데 잘 못 지키고 있어요. 반드시 해야 하지만.

김성호 씨는 손절매를 철칙으로 삼지 않는 투자자가 결국에는 압도적 투자 손실을 입어 금융시장에서 퇴출된다고 말한다. 대다수의 거래에서 수익을 얻어도 나머지 거래에서 큰 손실을 입기 때문인데, 그 원인은 적재적시에 이행되지 않은 손절매에 있다. 6~7할에 이르는 승률, 즉 1회 진입-청산 거래를 했을 때 10번에 6~7번은 수익을 내는 개인투자자임에도 망하게 되는 이유는 단 한 번의 거래에서 발생하는 손실이 나머지 6~7회 수익을 상회하는, 복구 불가능한 정도의 무서운 손실을 입기 때문이다.

김성호 프로야구 선수가 열 번을 쳤는데, 열 번을 다 놓쳐요. 그러면 아 나는 능력이 없어 하면서 나가야 되잖아요. 근데 웃긴게 주식을 해서 오히려 더 많이 쳐. 근데도 돈은 못 벌어. 승률이 5할이 넘는데도 돈은 못 벌어. [왜요?] 손실 확정을 못해서. 열 번 중에 6~7번 번 거 다 합친 것보다 많은 돈을 한 번에 잃거든. 근데 사람이 내가 어쨌든 성공확률은 많으니까 그래도 벌 수 있는 거 아니냐. 비록 돈은 못 벌었지만, 당장은 돈은 못 벌지만 내가 어쨌든 열 번 중에 다섯 번, 여섯 번을 성공하면 확률적으로 내가 성공할 수 있지 않을까 이런 생각을 하는 거예요. 그러면서 다시 한번 또 해 보자 또 해 보자 하는 거죠. 실패하지만 '아냐 될 수 있어' 그게 계속 반복되는 거예요. 아예 처음부터 하나도 안 됐으면 사람이 포기를 했을 텐데.

파생상품 거래도 마찬가지다. 국내주식거래에 비해 파생상품 거래는 변동성이 훨씬 더 클 뿐만 아니라 손실이 원금을 초과할 위험이 도사리고 있다. 박동일 씨에 따르면 승률이 더 좋은 투자자일수록 '자신의 판단이 옳다'는 자존심을 지키기 위해 손절매를 더 꺼리는 경향이 있어 극단적으로 망하는 경우가 많다.

박동일 (한 번 잃을 때) 1년치를 다 날려요. 막 승률이 좋은 사람들 있잖아요, 70%, 80% 이상이 되는 사람들은 그 손실을 확정을 못해요. 자존심 때문에. (……) 조금 많이 배웠던 사람들, 예를 들어 내가 증권사 출신이었는데, 내가 펀드매니저였는데,

내가 한때 전문가였는데, 내가 명문대 나왔고…… 그럼 안 꺾어요. 또 그게 대부분 맞았으니까. 이게 진짜 위험한 거거든. 한 번 망가지면 아주 끝까지 가.

예컨대 2008년 미국 금융위기의 여파로 한 달 내내 국내 종합지수가 하락한 때, 로얄매매방의 한 입실자는 지수가 오를수록 이익인 '콜옵션(call option)'을 매수했다가 수십억 원 대의 손실을 감당하지 못하고 끝내 자살했다. 그 입실자는 평소 수익률이 좋은 투자자로 통했고 다른 입실자에게 파생상품 매매 기법과 노하우를 전수할 만큼 자신의 매매 전략에 확신을 가진 투자자로 통했다. 하지만 단 한 번의 판단 착오와 손절매 이행의 실패로 복구하지 못할 손실을 입은 채 극단적 선택을 하게 된 것이다.

박동일 2008년도 그 끔찍한 가을에 한 달 내내 (종합지수가) 쫙 빠졌는데. 자살을 했어요. (……) 자기가 공부를 많이 했으니까, '분명히 이거는 속임수고, 버티면 이긴다.'(는 생각을 한 거지.) 과거에도 그랬으니까. 그렇게 해서 버텨서 이기다가, 한 번 잘못되면 이렇게 되는 거예요. 돈을 얼마를 잃었는지 상상이 안 가요. 왜냐면 (옵션은 손실에) 제한이 없잖아요. 가진 돈을 잃는 게 아니라, 열 배를 잃었다 그러면 수십 억이 날아가는 거죠.

개인투자자가 돈을 다 잃고 빈손이 되어 투자시장에서 퇴출되는 이유는 작게 여러 번 따고도 한 번의 큰 손실로 그간 벌어 놓은 이익을 다 날리기 때문이다. 최악의 경우 원금은 물론, 그 이상까지도 잃는다. 단 한 번의 큰 실수를 그것이 작은 실수였을 때 미리 대처하지 못한 이유는 손절매에 약한 인간의 심리와 관련되어 있다.

"손절은 남에게 맡겨야 하는 이유"
처분 효과

윤택수 옛날에 '파생 10계명'(이라고) 해 가지고 코팅해서 붙여 놓고 그랬거든. 제일 첫 번째가 "손절매는 나와 내 가족을 구하는 마지막 생명선."

입실자 대부분은 매매 원칙을 소개해 달라는 질문에 가장 중요한 것으로 손절매를 꼽았다. 이처럼 손절매의 중요성은 개인투자자 사이에 익히 통용된다. 동시에 이들은 가장 지키기 어려운 것으로도 손절매를 꼽았다. 이는 손절매가 성공적인 투자를 위해 필수적임을 알면서도 실천하기 힘든 인간의 심리가 있음을 시사한다.

윤택수 손절 조건이 되면, 손절해야 된다고. 근데 미련이 남고 또 생돈이잖아. 내가 그 돈 갖고 어디 가서 밥 사 먹은 것도 아니고, 논 것도 아니고 단지 주식에 넣은 것뿐인데. 그러면 아까워. 막 그러면 손절을 안 한다고. 그러면 거기서 더 빠지잖아. 이런 게 개인투자자들이 가장 흔하게 겪는 거지.

투자자들은 초반에는 세금이 아까워 손절매를 꺼린다. 매수와 매도 2회를 기준으로 코스피 종목은 0.3%, 코스닥 종목은 0.6% 국가에 증권거래세를 내야 한다. 증권사마다 사정이 다르지만, 거래 수수료도 있다. 늘 시장의, 종목의 방향성을 옳게 예측할 수는 없기에, 자신의 예측이 빗나간 경우 빠른 인정과 함께 매도 청산을 해야 하지만 개인투자자는 가장 먼저 '세금이라도, 수수료라도 벌고 나오자.'라는 심정으로 버티기 시작한다. 그러다 그 손실이 나중에는 10%, 20%, 30%로 점점 커지게 된다.

김성호 손실이 나는 걸 사람들은 굉장히 싫어해요. 누구나 마찬가지죠. 길바닥에서 단돈 1000원이라도 내 주머니에서 흘리면 찾고 싶은 게 사람이지, 그냥 가고 싶은 사람 없잖아. 나는 분명 가만히 있었는데, 내 주머니에서 갑자기 손실이 나 봐요.

당사자가 아닌 사람은 손절매가 왜 그리 힘든 것인가에 대한 의문을 제기할 수 있다. 종목에 대한 투자자의 판단이 틀렸다는 것을 알아차렸을 때, 최대한 빨리 손절하는 것은 그간 벌어 둔 수익을 지키고 더 큰 위험으로부터 자산을 보호하는 행위이기 때문이다. 단순히 '아까움'이라는 감정에 휩싸인 채로 이미 '틀려 버린' 주식을 들고 있는 것은 미련해 보이기까지 한다. 이는 행동재무학에서 '처분 효과(disposition effect),' '평균 회귀(mean reversion),' '전망 이론(prospect theory)' 등의 이론으로 설명하는, 손실 확정에 어려움을 겪는 인간 심리와 연관된다.

처분 효과란 '이익에 대한 실현을 손실에 대한 처분보다 선호하는 현상'을 의미한다. 쉽게 말해 손실을 내고 있는 종목보다 이익을 안겨 주는 종목에 대한 실현을 더 빨리하는 개인투자자의 행태를 집어 말하는 것이다. 처분 효과는 전망 이론과 평균 회귀를 통해 뒷받침할 수 있다. 전망 이론에 따르면 손실을 실현할 때의 고통이 같은 양의 수익을 실현할 때의 기쁨보다 약 두 배 정도 크다. 때문에 인간은 같은 크기의 수익과 손실에 대해서도, 손실의 확정은 회피하고 수익의 확정은 선호한다. 내가 산 주식이 오르는 걸 볼 때보다, 내가 방금 판 주식이 바로 내리는 것을 볼 때 더 짜릿하다는 주식가의 격언 역시 처분 효과와 전망 이론을 통해 설명할 수 있다.

평균 회귀 역시 주가의 과거 추이를 참고한 개인투자자

기 기격이 오른 주식은 곧 떨어지게 될 것이란 두려움을, 반대로 내린 주식은 곧 오를 것이라는 기대감을 갖는 성향을 지적한다. 때문에 개인투자자는 상승 추세의 시장에서는 주가가 곧 떨어지게 될 것이라는 두려움에 수익을 빠르게 실현하여 극대화하지 못하고, 하락장의 경우 떨어진 주식도 곧 오르게 될 것이라는 기대감에 손실 확정의 시기를 지연하여 손실을 키우는 결과를 초래한다.

> **임성원** 손절매한다는 게 내가 손실을 보고 나온다는 뜻이잖아. 근데 손실을 봤다는 뜻은 어느 정도 자기가 생각했던 목표가가 있었는데 주가가 그거보다 한참 밑으로 내려와 있는 상태잖아. 그럼 앞으로 이게 더 올라갈 가능성이 되게 많아 보여. 내려오면 내려올수록 더 올라갈 가능성은 많아져 보이거든. 그렇기 때문에 손절매를 하는 게…… 나도 참 손절 조건되면 하려고 노력은 하는데 그게 참 어려워.

삼성증권이 2006년 발표한 「개인투자자의 반복된 실패와 교훈」 문서는 이런 행태를 치킨집 장사에 비유했다. 여러 점포를 운영하며 장사를 할 때 적자를 내는 점포는 정리하는 것이 합리적 선택이지만, 주식을 포함한 금융투자상품 매매의 경우에서만 유독 인간은 적자 점포는 유지하고 오히려 흑자가 나는 점포를 더 빨리 정리하는 모순을 저지른다는 것이다. 이는 개인투자자가 평단가보다 하락한 주식을 손실을 입은 채 청산하는 '손절매'를 가장 강조하면서도, 정작 지키지 못해 '존버'하는 모순적 행태를 설명한다.

> **김성호** 그런 말도 있어요, 손절은 본인이 못 하니까 자식에게 시켜라. 뭣도 모르는 자식한테 '야, 가서 그냥 키보드 눌러. 따지지 말고 키보드 누르고 와.' 못 하니까 본인이. (……) 나는 (13년이나 전업투자를 했지만) 아직까지도 잘 못 하는 게, 솔직히 아직도 손절을 잘 못 해. 굉장히 어려워. 진짜 손절은 누가 그래요. 여기다가 칼 올려놓고(칼을 손목 바로 위에 줄로 매달아 놓고), 손절 못하면 줄 끊으라고.

반면, 기관투자자의 경우, 엄밀한 손절매 한도가 존재한다. 정도의 차이는 있지만 대략 10~20% 정도 매입 평단가보다 주가가 하락한 경우 손절매 원칙을 강제하여 의무적으로 매도 청산하여 손실을 확정한다. 자기 자본으로 직접 투자하여 자율적으로 투자 판단을 내리는 개인투자자와 대별되는 특징이다. 어쩌면 자신과 가족의 생사가 달린, 엄밀한 의미의 자기 돈이 아니기에 비교적 수월하게 손절매를 하게 되는 걸지도 모르겠다.

'개인투자지의 반복된 실패와 교훈' 보고서를 작성한 정영완, 김성봉 씨는 기관투자와 구분되는 개인투자자의 또 다른 중요한 특징을 언급한다. 바로 지정가매매와 단기매매다. 개인투자자는 바로 지정가매매와 단기매매를 선호하기 때문에 주식시장에서 투자를 주도하지 못하고 늘 외국인과 기관투자자에 이리저리 이끌려 다니는 수동적인 태도를 바꾸지 못한다고 말한다.

4
심리가 만드는 필패의 구조

요즘 유행하는 중고 거래 앱, '당근마켓'에 올린 물건이 팔리지 않는다. 물건을 하루빨리 팔기 위해 가장 먼저 뭘 해야 할까? '당근마켓'에서는 판매 게시글이 올라간 지 5일이 지나도 제품 거래가 성사되지 않을 경우 판매율을 높이기 위한 몇 가지 전략을 유저에게 안내한다. '끌올'을 해서 노출 빈도를 높이거나, 사진을 다시 더 잘 찍어 올리는 방법도 있다. 하지만 이중 가장 '직빵'으로 통하는 방법은 바로 물건 가격을 낮추는 일이다. 애초에 자신의 추억과 손때가 묻은 제품을 제3자보다 더 높이 평가하는 인간의 심리 때문에 당근마켓 내 수요 공급의 법칙에 합당하지 않은 가격을 책정하기 때문이다. 이런 심리를 행동재무학계에서는 '보유 효과'라고 정의한다. 보유 효과란 무엇이든 소유하는 순간부터 그 대상에 정서적 애착이 쌓여 객관적인 가치 이상을 부여하는 인간의 심리다.

주식시장에서도 마찬가지다. 개인투자자는 자기가 가진 주식을 매도할 때는 조금이라도 시장가보다 비싼 가격에 거래하려고 하고, 매수할 때는 현재가보다 한두 호가라도 싼 가격에 지정가매매 주문을 넣는다.

이는 중장기적 관점에서 거래하는 기관투자자와 구별된다. 기관투자자는 조금 이익이 나면 팔아 버리는 게 아니라, 최소 몇 달~몇 년에 걸쳐 이익을 내려 한다. 하여 기관투자자에게는 오늘 하루 현재가보다 조금 더 비싸거나 싸게 거래하는 게 그리 중요하지 않다. '개인투자자의 반복된 실패와 교훈' 보고서에 따르면, 이러한 차이는 기관·외국인투자자가 주식시장의 현재가를 견인하는 구조를 만든다. 현재가가 아닌 지정가에 주문을 걸어 둔 개인투자자의 계약은 결국 기관·외국인 투자자의 시장가 주문에 의해서만 체결될 수 있기 때문이다. 그 결과 기관·외국인투자자가 거래하는 가격이 곧 현재가가 된다고 한다. 그들이 종목을 순매수한 경우 종목의 가격이 상승하고 순매도한 경우, 종목 가격도 하락하는 것이다. 바꿔 말하면, 개인투자자가 산(기관이 판) 종목의 가격은 내리고, 개인투자자가 판(기관이 산) 종목의 가격은 오르는 슬픈 경향이 있다는 설명이다.

개인투자자들도 이 점을 아주 모르지는 않는 것 같다. 로알매매방의 개인전업투자자들은 기관과 외국인 투자자의 '눈치'를 잘 살펴, 이들의 등에 올라타 수익을 도모할 것을 계획하게 된다.

이용철 우리나라 같은 경우 큰 투자 집단이 있어요. 외국인투자자가 하나 있고, 기관투자자라고 해서 연기금이나 펀드운용자, 투자신탁 등이 있어요. 그리고 나머지가 개인 소액투자자들이에요. 우린 이 주식시장의 흐름을 이끌고 가는 사람인 세력. 세력을 잘 파악해야 해요. 특히 외국인투자자와 기관투자자의 동향을 잘 파악해야 해요. 그러면서 걔네 등을 타고 수익을 낼 수밖에 없어요. 그걸 잘해야 해요. 그게 핵심이에요, 핵심. 눈치를 잘 봐야지.

이들의 계획이 성공적으로 실행되는지 여부보다 더 중요한 점은 바로 이런 전략을 세움으로써 개인전업투자자는 정보와 자본, 실력의 측면에서 월등한 기관과 외국인 투자자를 '적'이 아닌, '숙주'로 탈바꿈시킨다는 점이다. 그리고 여전히 기관과 외국인의 등에 올라타지 못한 나머지 어리석은 개인투자자를 상대로 수익을 낼 계획을 세운다. 이로써 개인투자자는 주식시장에서 살아남을 수 있다는 믿음의 이론적 근거를 획득하게 된다. 그리고 이런 믿음은 개인투자자가 몇 차례 손실을 봐도 주식시장이라는 공간에서 희망을 잃지 않는 동력이 된다.

또한 개인투자자는 단기매매를 선호하는 경향이 있다. 단기매매 혹은 단타(短打)는 말 그대로 '짧게 치는 것'으로 하루에도 여러 번 같은 주식을 사고파는 투기적 매매 방식을 뜻한다. 1000만 원이 있는 사람은 10번의 매매를 통해 이론상으로는 마치 1억의 자금이 있는 사람만큼의 수익을 낼 수 있게 된다는 것이다. 식당이나 카페의 테이블 회전율이 높으면 더 많은 손님을 받을 수 있어 영업이익이 올라가지만 주식의 세계에서는 다르다. 오히려 수익 대비 수수료와 세금이 차지하는 비중이 높아져 수익 극대화를 저해한다. 또, 매 거래는 손실의 위험을 수반하는데, 더 많은 거래를 할수록 그 가능성은 커진다. 하지만 로알매매방의 개인전업투자자는 "단타 칠 게 아니라면 매매방에 올 이유가 없기 때문"으로 여기며 단타매매를 합리적 선택으로 받아들이고 있다. 과거 직장을 다니며 병행투자를 할 때는 '시간이 없어' 어쩔 수 없이 중장기 투자를 해야만 했지만 은퇴 이후에는 하루 종일 주식만 보고 연구할 수 있기 때문에 시드머니 회전율을 높여 수익을 극대화하겠다는 계획이다.

이용철 [매매 스타일은 어떠신가요?] 직장 다닐 때는 일을 해야 허니까 이쩔 수 없이 중장기 투자를 했지만, 지금은 내가 주식에 집중할 수 있고, 하루 종일 주식만 보고 연구할 수 있는 시간을 투자할 수 있기 때문에, 단기트레이딩을 하고 있어요.

그러나 단타매매를 즐겨 하는 투자자일수록 투자 손실의 위험이 커지기 마련이다. 그리고 손실이 커짐에 따라 적은 돈으로도 큰돈을 벌 수 있는 '고리스크 고수익' 주식, 일명 코스닥 '자이드롭 주' 혹은 파생상품에 손을 대기 시작한다. 파생상품도 변동성이 그나마 적은 아시아 증시 개장 시간(오전 9시~오후 3시 30분) 때 국내선물옵션을 하다가 더 등락의 폭이 심한 '야간장'(미국장, 서머타임 기간 오후 11시 30분~오전 6시) 시간대의 해외선물옵션으로 옮겨 가게 된다. 이는 '국내주식-국내파생상품-해외파생상품' 순으로 점점 더 리스크가 큰 금융상품 매매를 하며 그 결과 매매방 퇴실의 전철을 밟게 된다는 박동일 씨의 말과 일맥상통한다.

박동일 원래 주식을 하다가, (변동성이 큰) 국선(국내선물)으로 갔다가 (국내선물보다 더 변동성이 큰) 해선(해외선물)으로 가는 게 망가지는 그런 과정이거든요. 근데 (수현 씨는) 국선은 안 했다니까, 운이 좋은 경우고. 그래도 해선으로는 버는 사람이 없다는 건 통계로 나와 있는 거고.

김성호 주식을 하던 사람들이 파생을 하게 되는 이유가, 시장이 안 좋거나 내가 물려 있을 때, 내가 손실보고 있으니까, 돈은 없고. 할 수 있는 게 없는 거야. 근데 그 나머지 시간을 여기서 보내려면 수익을 내야 하는데. 그러니까 파생에 손을 대기 시작하는 거지. 적은 돈을 갖고도 변동성이 크니까. 근데 그거 하다 보면 주식도 망하고, 파생도 망하고. 다 망해.

개인투자자 집단이 선호하는 지정가매매와 단기매매 습관은 이들이 기관과 외국인투자자에 비해 손실을 볼 수밖에 없는 구조를 형성한다. 심리 편향으로 인한 잘못된 매매 방식을 답습한 개인투자자는 주식시장의 주인장 자리를 너무도 쉽게 기관과 외국인에게 내어주는 것이다. 주식시장의 주인이 되지 못한 채 반복적인 손실을 본 입실자는 결국 쓸쓸히 로알매매방에서 퇴출된다.

김성호 [물타기 다음은 뭔가요?] 뭐 돈이 없으면 그만두고 주식 포기해야지. 우리 사무실에 와서 하는 사람들은 대부분 여기를 그만두고 다시 하던 일을 찾든지, 다시 취직 못 하면 어딘가에서 방황을 하는 거지.

박동일 어떤 분은 자기가 쓰던 컴퓨터도 놓고 나가요. 포스트

잇에다기 "소장님 죄송합니다. 제가 상황이 여의치 않아서, 컴퓨터는 알아서 해 주세요. 밀린 임대료를 대신할게요." 아휴 안쓰러워 죽겠어 정말로.

입실자의 투자 수익률을 서로 묻고 답하지 않는다는 불문율이 지배하는 로알매매방의 특성상 역대 입실자들의 투자 성패를 정확하게 파악하는 일은 불가능하기에 언급하기가 조심스럽다. 하지만 이는 로알매매방의 입실자들이 그간 역대 입실자들의 투자 실적에 대해 회의적으로 언급한 것을 바탕으로 조심스럽게 추측해 볼 수 있다. 로알매매방 운영자인 박동일 씨에 따르면 지금까지 200여 명이 넘는 입실자가 매매방을 거쳐 갔으며, 그중 초기부터 지금까지 남아 있는 입실자는 단 두 명에 불과하다. 거의 대체로 원금조차 제대로 건지지 못한 채 매매방을 떠났다고 한다. 하지만 불과 4~5년 전만 하더라도, 로알매매방 입실자 중 약 80% 이상이 주식투자에 비해 훨씬 변동성과 위험이 큰 파생상품을 주로 매매하는 전업투자자였다는 점을 기억해야 할 것이다. 그리고 이들이 생계를 책임져야 하는 가장으로서 매달 투자금의 일부를 생활비로 갖다 주는 사람도 있었을 수 있다는 가능성 또한 고려해야 한다. 하지만 빚까지 진 채 매매방을 떠나는 사람까지도 있었으며, 절대다수가 최소 원금도 보전하지 못한 채 매매방을 떠난다는 게 그의 설명이다. 가끔 가다 슈퍼개미로 성공해 나간 이도 있었지만 5%이내였던 것으로 기억한다. 민종학 씨도 나가는 사람들은 하나같이 '아무런 대책 없이 왔다 간다.'며 전업투자의 민낯에 안타까움을 표했다.

박동일 전업투자를 해서 성공했다고 하는 분들은 손에 꼽아요. 10명도 안 되는 거 같아요. (……) 본전을 까먹고 나가는 사람이 거의 다고요. (……) 본전 까먹기 전에 나갔어야 돼. 그만했어야 돼요. 본전을 다 까먹으면요, 그거 본전 복구하려고, 무리를 해서 대출을 하거나 지인들 돈, 자기 돈 아닌 걸로 갖고 와서 해요. 그럼 그때부터 망가지기 시작하는 거예요 심리가. 그 본전 복구 심리 때문에 정상적인 판단을 못 해요. 악순환이 되는 거죠. 아주 깔끔하게 아무것도 없는 상태에서 냉정하게 판단을 해야 되는 건데. (……) 그러면 한 500 날리고 말 거를 2500, 3000 날리는 거예요. [그런 분들이 있었나요?] 많아요.

민종학 여기저기 사람 많이 있었는데, 하나둘씩 나가더라고. 나가는 이유가 못 버티고 나가는 거더라고. 어떤 사람은 회사 다니다가 짤려서 (……) 아무런 대책이 없어서 (매매방에) 왔는데, 근데 급하게 하다 보니까 또 돈 다 잃었고 어쩔 수 없이 밤에 일하러 다닌다 그러더라고.

로알매매방 초창기 회원인 김성호 씨에 따르면, 입실자가 로알매매방에서 버티는 기간은 대개 '2~3년'이다. 대개 1~3억 원 대의 퇴직금을 '시드머니'로 들고 오는데, 그 정도 돈이면 다 달이 집에 생활비도 어느 정도 갖다 주면서 매매의 손실을 감 내할 수 있는 기간이 2~3년이라는 설명이다. 입실자들은 점점 계좌 잔고가 부족해지면 돈을 융통하기 위한 '별의별' 수단과 방법을 동원하다 도저히 '버틸' 방법이 없을 때 비로소 매매방 에서 퇴실한다.

김성호 여기 있는 사람들 평균적으로 1억에서 3억 정도를 갖 고 와요. 근데 그분들이 버티는 기간이 2년 3년이야. (……) 손 실을 보고, 그만하기 전까지 별의별 방법을 다 쓰죠. 예전에 나 랑 좀 친한 어떤 분도 (……) 돈이 점점 계좌에서 사라지니까. 보험도 깨고 뭐 여러 가지 방법을 다 해 봤겠지. 그분 나가기 한 2주 전에 하는 말이 아 내가 이제 좀 힘들 거 같네. '아 왜요, 잘 버티면 되죠?' (이렇게 물으니까) 이제는 더 이상 방법이 없대.

그렇다면 현재 로알매매방에 입실한 개인전업투자자의 실 제 투자 성과는 어떠한가? 현지조사 기간 동안 로알매매방 입실 자와 지인을 통해 소개받은 개인전업투자자는 총 9인이다. 이 중 (개인전업투자자 한 분의 요청으로) 총 8인과의 면담자료를 바탕으로 투자 성과를 소개한다.

다음 표에서 개인전업투자자의 매매 실적의 총 누계가 흑자인 경우에 +(3명), 적자인 경우 −(1명), 정확히 파악할 수 없는 경우 ?(2명), 밝히는 것을 거절한 경우 ×(2명)로 처리했다. 투자자들은 자신의 '계좌' 혹은 '수익률'과 자본금과 같은 민감한 정보에 대해 밝히는 것을 꺼리는 경향이 있으며, 그와 관련해 질문하는 것을 큰 실례로 여긴다. 따라서 확실한 흑자·적자라고 밝힌 경우가 아닌 경우 두루뭉술하게 답변하거나 답변을 거부했다. 투자 실패에 대해 고백한 사람이 1명에 불과한 것은 아직 '버티면서' 개인전업투자를 계속하는 사람이기 때문일 확률이 높다.

투자자	매매 분야	매매 실적
김성호 50대 전업 13년 차	국내주식	❓ "나도 아예 안 됐으면 포기했겠죠. 근데 어느 정도 나 나름대로 만족하고 있으니까. 만족감과 실제 경제적으로 좀 따라오니까. 아예 안 따라오면 못 하죠."
이용철 50대 전업 4년 차	국내주식	➕ "작년에는 한 20% 정도 수익을 올려서 4000만 원 벌었고, 올해는 (10월 '검은 목요일' 이후로) 2000만 원까먹었어요. 올해는 10% 마이너스고. 작년에는 20% 플러스. '토털' 하면 지금까진 플러스잖아요."
박동일 50대 전업 13년 차	해외선물 해외옵션	➖ "최근 1년 동안 남들 연봉만큼 날렸죠 내가 매매해서. 이거(매매방 관리) 해서는 벌었죠. 매매방 운영 열심히 하는 것도 사실 옵션 더 하고 싶어서예요."

민종학 50대 4년 차	ELW, 국내주식	➕ "총 마이너스면 할 필요가 없죠."
조민식 50대 13년 차	국내주식 (시스템매매)	❌
강영수 40대 4년 차	국내주식	❌
윤택수 50대 17년 차	국내옵션	❓ "그동안 직장 생활하면서 받았던 급여 누적으로 따져 보면 투자 성과는 플러스 아닌 거 같기도 하고. 이게 어떻게 따져야 되나 모르겠어요. 처음에 대학 졸업하고 나왔을 때는 아무것도 없이 시작을 했으니까. 부모님한테 1원 한 장 안 받고 시작해서 여태 자식들 키우고, 먹고살고, 집 한 채 있으니까 그게 뭐 플러스지. 근데 어떻게 그걸 플러스라고 할 수 있나 모르겠다.(웃음) 그동안 실패했던 게 너무 힘들었어서."
정진석 50대 6년 차	국내주식 (배당주)	➕ "사실 저는 그렇게 수익률을 딱딱 계산하면서 매매하진 않았어요. 손실 본 적도 있지만, 그래도 번 기억이 더 많으니까 벌었겠지 싶어요. 어쨌든 자산 규모가 줄진 않았으니 전체적으로 플러스라고 생각해요."

[표1] **개인전업투자자의 매매 분야와 실적**

총 누계가 흑자라고 자신감 있게 밝힌 사람은 이용철 씨, 민종학 씨, 정진석 씨다. 하지만 총 누계가 흑자라고 해서 이들이 지속적으로 일정 수준의 수익을 올리는 '성공적' 투자자라고 보기는 힘들다. 이용철 씨의 경우 작년에는 총 자본금 대비 20%의 수익을 올렸지만, 올해는 10%을 잃어 총 누계상 현재 +10%의 상태다. 전체 시장이 '좋지 못해' 돈을 잃었지만 시장이 회복되면서 다시 벌 것으로 기대하고 있다. 민종학 씨의 경우 ELW와 같은 파생상품 투자를 즐겨 하지만 반복적인 손실을 보고 있다. 그러나 직장에 다니던 시절부터 '모았던' '○○ 제약' 가치주식 투자를 통해 ELW 투자에서의 손실을 모조리 상쇄할 만한 큰 수익을 얻었기 때문에 총 누계 플러스라고 고백했다. 정진석 씨는 중장기 관점에서 가치투자를 하는 개인전업투자자인 점에서 매매방에서 관찰할 수 있는 단타 위주와는 차이가 있다. 그는 지금까지 손실을 본 종목의 경우 파생상품에 기초한 금융상품이지, 직접 투자의 경우 큰 손실을 본 적이 없으며, 손실을 상회하는 이익을 봤기 때문에 총 수익은 '플러스'라고 고백한다. 그는 개인투자자 집단의 투자 성과에 회의적인 저자의 시각에 대해 의문을 표하며 인터넷상에서 지켜본 바로는 정석적으로 투자하는 성공적인 투자자가 많을 것으로 예상한다.

김성호 씨도 주식 투자자의 회의적인 투자 성과는 단타 매매에 집중하는 전업투자자에 한한 이야기이지 장기적인 관점에서 가치투자를 하는 개인투자자의 경우 대다수가 돈을 벌었을 것이라고 예상한다.

김성호 (개인투자자 집단의 10년 수익률이 -70%라는 기사에 대해) 그건 난 아닌 거 같아. 그렇게 따지면 주식하는 개인들 지금 다 그렇게 손해를 봤게? 주식시장이 어쨌든 지금 2000pt인데, 10년 전에는 900pt였어. 그럼 왜 손해를 봐. 대다수가 돈을 벌었지. 아까 말한 건 여기 와서 이런 매매방식을 하는 사람에 한한 거지, 가치투자나 장기로 적금을 넣어서 그냥 사 놓고 버티는 사람이, 손해를 본 사람도 있겠지, 하지만 난 70%는 이익을 봤다고 생각하는데?

김성호 씨는 또한 과거 한국 경제의 고도성장기 시절 '국민주 공모'에 참여한 다수의 투자자가 큰 부를 형성했을 수 있다고 말한다.

김성호 주식은 회사가 살아 있는 한 계속 버티면 되는 거야, 자식에게 물려줘도 되고. 옛날에 부모님 돌아가셔서 계좌 조회해 보면 옛날에 포철 한전 물려준 어르신 얼마나 많았는데. 자식한테 말 안 해 주고, 계좌에 포철 같은 거 공모받은. 포항제철, 한전 주식. 옛날에 한국통신. 옛날 어르신들은 그런 거 공모를 많이 받았어. 국민들에게 국민 주식이라고 해서 공모해 가지고. 근데 그걸 자식한테 말 안 하고 그냥 돌아가셔. 자식들은 계좌 조회해 보니까 주식들이 쫙 나와. 와 이거 보니까 엄청나게 올라 있어. 주식은 그게 되는 거야.

이에 반해 주식투자자 중 대다수는 돈을 잃었을 거란 주장도 있다. 민종학 씨는 작전주, 단타 매매에 몰입하다 큰 투자 손실을 본 사례들을 공유했다. 주식투자의 손실은 이러한 '잘못된' 매매방식 때문이라는 점에서는 두 입실자의 의견이 공통되지만 개인투자자 집단의 투자 성과에 대한 의견은 엇갈린다. 김성호 씨가 말한, 장기투자를 해서 부를 축적한 사람들보단 단타 매매로 돈을 잃은 사람들이 훨씬 더 많을 거란 생각이다.

민종학 (투자 실패한 사례는) 너무 많죠. SK○○○ 샀는데 감자 당해서 2억이 100만 원 된 사람이 내 회사 선배고. 온 천지가 주식해서 물리고 박살난 사람이죠. 어떤 사람은 친구, 부하직원 돈 다 끌어다가 코스닥에 작전주 투자했는데 폭삭 내려가서 와이프랑 이혼하고, 집은 엄청 반지하에 월세 사는데 돈 빌려준 사람들이 열 받아서 돈 갚으라고 쫓아갔는데 진짜 반지하에서 엄청 허름하게 사는 걸 보고 돈 달라는 소리를 못 하고 그냥 나왔대요. 또 누구는 주식 하느라 집 두 채를 다 날려서 월세 사는 사람도 있고. 내가 본 게 열 명이면 한 여덟 명은 다 돈 잃고 관둬요. 열 명 중 한두 명 정도는 현상유지, 한 명 정도가 벌어요.

이런 논란은 시문에서도 언급하였듯 개인투자자 집단의 수익률에 대한 객관적 통계자료의 부재와 개인의 직간접적 경험의 차이 때문에 생겨난다. 실체적이고 신뢰할 수 있는 데이터가 집계되지 않는 이상 각자의 경험과 신념에 기반한 인식은 계속해서 재생산되고, 대중의 입맛에 맞는 담론이 시기마다 채택되어 사회 곳곳에 신화처럼 확산할 것이다.

총 누계가 적자라고 명확하게 밝힌 유일한 사람은 박동일 씨로 2018년 한 해 동안만도 "다른 사람들 연봉만큼 날렸다"고 고백했다. 그는 면담 시 줄곧 개인투자는 애초에 절대 손대서는 안 될 것으로 누누이 강조했으며, 비록 자신의 투자 인생은 실패했지만 대한민국에서 가장 많은 개인전업투자자의 흥망성쇠를 목격한 한 사람으로서 개인투자, 그중에서도 파생상품 투자는 절대 해서는 안 될 것을 주지시킬 수 있는 자신감이 있다고 말했다.

> **박동일** 내 투자 인생은 빛을 못 보더라도, 자녀들한테 교육 차원에서 이게(파생상품투자) 얼마나 위험한 건지 대한민국에서 전업투자자를 가장 많이 봐 본 사람으로서 설득해 줄 자신은 있어요. 이건 절대로 하면 안 된다. 이걸 가슴에 박아 줄 수 있다는 점에서는 나는 승리를 했다고 봐요.

자신의 개인적인 자산 정보를 밝히기 싫어서일 수도 있지만, 자신의 투자 성과에 대해 불명확하게 답변한 개인전업투자자들의 공통점은 바로 '크게 잃은 적도 있지만, 그래도 돈을 벌었던 적도 있다는 것'이다. 돈을 벌어 본 경험이 있으므로 손실의 기억은 정당화되고 자신이 투자를 선택한 것 또한 합리화된다.

개인전업투자자의 매매 실패는 비단 매매방에 한정된 이야기만은 아니다. 문가은 씨의 아버지는 직장 생활을 하며 개인투자를 '부업' 삼아 하다가 쉰여덟의 나이로 은퇴한 뒤 자신의 집 서재에서 전업투자를 시작했다. 하지만 그 역시 1~2년 사이 몇 억 원대의 손실을 보고 나서야 완전히 개인투자를 관두었다. 대기업의 주식 담당자로 3년간 근무하며 주식에 대해 회의적인 시각을 갖게 된 문가은 씨는 아버지가 "몇 억만 잃고 손 턴 게 차라리 다행"이라고 말했다. 전업투자자의 더 비참한 실패 사례를 훨씬 많이 보고 들은 탓이었다.

문가은 (아버지가) 원래 일하실 때도 간간이 하시다가 퇴직하시니까 그것(개인투자)만 남으셔서 그렇게 된 게(전업투자를 하신 게) 한 1~2년 됐었죠. 그런데도 계속하시잖아요. 제가 IR 담당자(Investor Relations, 주식 담당자)로 있으면서 주식은 하는 거 아니라고 그렇게 잔소리를 해 대는데도 계속하시잖아요. 답답했죠. 누적으로 몇 억 마이너스였어요. (……) 그래도 정말 다행인 게 많이 박기도 박았지만 '고것'만 박고 나온 게 참 다행이다 싶죠. 왜냐면 정말 못 헤어 나오는 사람도 많으니까.

인간은 주류경제학에서 가정하는 언제나 합리적이고 이기적인 '경제적 인간(Homo Economicus)'이 아니기 때문에 심리에 기인한 비합리적 의사결정을 저지를 수밖에 없고, 이것이 개인투자 실패의 중대한 원인으로 지적되어 왔다. 이러한 행동재무학의 설명은 개인투자가 실패하게 되는 인간 본연의 심리적 요인을 잘 드러내며, 이는 개인투자자 자신들이 채택하는 투자 실패의 주된 이유이기도 하다.

김성호 (개인투자가 불리한 이유는) 심리. 이게 되게 어려워요. 심리 조절이 정말 힘들어요. 주식을 사는 건 정말 쉬워요. 사자! 그러면 다 사. 근데 팔자! 하면 아무도 안 팔아. 손실을 확정한다는 게 힘들기 때문에. 그게 심리예요, 결국은. 내가 손실 난다는 걸 알아요. 근데 못 팔아. 그걸 잘 파는 사람이 있고, 못 파는 사람이 있어요. 그건 그 사람의 성격도 있고. 성향도 있고. 심리예요, 결국은.

실패의 원인을 자기 내부에서 찾는 개인투자자의 행태는 '딱 이점만 고쳐 다시 투자를 하면 성공할 수 있을 것'이라는 기대감을 불러일으킨다. 하여 개인투자자가 손실에도 불구하고 다시 투자를 해도 되는 합당한 근거를 마련한다. 문제의 원인은 나에게 있으므로 '나'를 바꾸면 문제도 해결할 수 있을 것이라는 자연스럽고 논리적인 발상이다. 개인투자자가 실패에도 불구하고 계속 투자하는 심리적 차원의 이유는 '자신의 심리'를 더 잘 조절하면 같은 실수를 반복하지 않을 수 있다는 자기반성 때문이다. 그리하여 주식시장은 개미의 피 같은 돈과 피눈물 나는 성찰을 빨아먹으며 자라난다. 주식시장은 개인투자자가 성공적으로 실패하는 공간이자 그 실패조차 개인투자자 자신의 탓으로 돌림으로써 견고히 유지되는 셈이다.[21] 성실한 노력과 도전, 성장을 최고의 미덕으로 여기며 '포기는 배추 셀 때나 쓰는' 우리 사회의 도덕률은 손실을 만회하려는 인간의 본전 욕구와 금융자본주의 사회의 물질적 욕망을 노력하고, 공부하며, 재도전하여 마침내 실패를 극복해 내는 바람직한 인간

---

21   이는 블로거 '겨울나무'의 『학교와 계급재생산』(이매진, 2004) 리뷰에 등장하는 내용 ─ "즉, 학교는 노동자 계급의 학생들을 "성공적으로 실패하게" 만들고 그 실패조차 자신의 탓으로 돌리게 함으로써 체제 유지에 이바지하는 기관인 것이다." ─ 을 개인투자자와 주식시장에 적용한 문장이다. 책과 리뷰에 등장하는 사회구조의 재생산 과정과 정당화 논리는 학교뿐 아니라 오늘날 주식시장에서도 새현된다. (출처: https://wintree.tistory.com/191)

상으로 승인한다. 그리하여 주식시장은 제도적 합법성을 뛰어넘어 마침내 우리 사회가 권장하는 보편적인 선(善)의 영역으로 편입되고 있는 듯하다.

이처럼 행동재무학은 개인전업투자자가 투자의 단계마다 겪는 심리적 갈등과 인지적 오류가 어떻게 투자 실패로 귀결되는지를 설명하는 개념적 도구를 제공한다. 하지만 한계가 명확하다. 행동재무학은 투자자의 심리가 작동하는 장으로서 금융시장이 한국 사회에서 역사적으로 어떻게 형성되었고 기능하고 있는가를 고려할 여지를 남겨 주지 않는다. 또한 행위자로서 개인투자자를 심리적인 편향의 수인(囚人)으로 다룸으로써 이들이 역사적, 구조적으로 형성된 금융시장과 자신의 행태에 대하여 어떠한 성찰을 하면서 대응하는지를 단순화하는 문제를 안고 있다. 그럼으로써 개인전업투자자가 실패에도 불구하고 투자를 지속하는 이유에 대한 온전한 답을 주지 못한다. 따라서 이들이 어떤 배경에서 개인투자에 뛰어들게 되고 전업투자자로 변신하게 되는지에 대한 정치경제적 조건과 역사적 계기에 대한 분석이 이루어져야 한다. 또한 이에 대한 개인투자자의 해석과 대응을 보여 주는 문화 분석이 뒤따를 필요가 있다. 이러한 심리가 작동하는 구조적 조건과 문화적 과정을 모두 살펴보아야 실패의 원인을 오로지 심리로 인한 개인의 잘못된 선택으로 돌리는 오류에서 벗어날 수 있을 것이다.

2장

생계를 위한 꿈,
주식이라는 희망

개인이 생계를 유지하기 위한 직업을 선택하는 데에는 그가 살아온 배경의 영향을 배제할 수 없다. 마찬가지로 개인투자의 불리함을 어느 정도 간파하고 있는 개인이 전업투자의 길로 들어서는 것도 그들의 정치경제적 조건과 상관관계가 있을 것이다. 로알매매방 내 전업투자자들은 과연 어떤 사회경제적 배경에 놓여 있기에 전업투자의 길을 택하게 되었을까? 전업투자에 뛰어들고 로알매매방을 찾는 한국의 4050 중장년 남성들의 눈물 나는 '그럴 수밖에 없었던 이야기'를 소개한다.

1
개인전업투자자의 사회경제적 특성

로알매매방 및 서울·경기도 일대의 매매방을 방문하면서 흥미롭게 느낀 공통적 특징은 성별과 연령대였다. 매매방에 앉아 주식·파생상품 투자를 하는 개인전업투자자의 절대다수는 남성이었다. 30대와 60대도 간혹 있었지만, 주로 40대와 50대로 구성되어 있었다. 이러한 구성의 이유에 대해서는 여성보다 '공격적이고 위험 감수에 더 호의적인 성향'을 가지고 있고 남성이 생계를 책임져 온 가부장적 문화 때문에 개인전업투자자의 다수가 남성일 것이라는 추측을 해 볼 수 있을 것이다. 하지만 개인전업투자자에 대한 인구학적 통계의 부재로 정확한 사실부터 확인할 방법이 없다. 분명한 것은 적어도 매매방을 이용하는 개인전업투자자 중에는 4050 중장년 한국 남성이 국내 매매방의 절대다수를 구성하고 있다는 사실이다. 13년 역사 동안 로알매매방을 거쳐 간 200여 명의 입실자 중 여성 입실자는 단 6명에 불과했다.

개인전업투자자만을 대상으로 한 인구학적 통계는 없지만, 국내 개인투자자 통계를 바탕으로 개인전업투자자의 인구학적 구성에 대해 유추할 수 있다. 한국예탁결제원(2021)의 국내주식투자자를 대상으로 한 통계[22]에 따르면, 개인 주식투자자의 연령 분포는 40대(24.3%)가 가장 많았고, 50대(21.7%)가 뒤를 이었다. 보유 주식 수는 50대(33.1%)가 가장 많았고, 40대(25.3%)가 뒤를 이었다. 이는 매매방을 이용하는 개인전업투자자 중 4050의 중장년이 국내 매매방의 절대다수를 구성하고 있다는 사실과 일치한다.

성별 분포는 남성(57.3%)이 여성(42.7%)보다 14.6% 많았다. 보유 주식 수는 남성(73.3%)이 여성(26.7%)보다 약 세 배 가까이 많았다. 이러한 사실은 남성이 여성보다 적극적으로 주식투자에 참여하고 있음을 의미한다. 하지만 이는 매매방의 구성원 중 절대다수가 남성이라는 사실을 온전히 설명하기에는 불충분하며 이에 대한 추가적인 분석이 필요함을 시사한다.

왜 중장년 남성이 매매방의 주축을 이루고 있는 것일까? 로알매매방에 입실한 개인전업투자자의 사회경제적 특징과 이전에 종사했던 직업에 대해 살펴봄으로써 이들이 어떻게 개인전업투자자가 되었는지 알아보자.

먼저 로알매매방에 입실한 개인전업투자자(표 2의 1~6)와 집, 개인사무실 등 다른 공간에서 매매 중인 개인전업투자자(표 2의 7~8), 총 8인의 정치경제적 특성과 이전 경제활동 경험에 대해 알아보자. 이들의 연령대는 40대 1명, 50대 초반

---

22   2021년 3월 배포된 「2020년 12월 결산 상장법인 주식투자자(소유자) 현황」.

	이름(가명)	연령대	전업경력	이전 경제활동	가족부양 사항	학력
1	김성호	50대	13년 차	개인 사업-개인 파산	미혼	미상
2	이용철	50대	4년 차	대기업 명퇴- 부동산중개업	부인(직장인)	대졸
					자녀 2	
3	박동일	50대	13년 차	대기업 명퇴- 개인 사업	부인(직장인)	대졸
					자녀 2	
4	민종학	50대	4년 차	공기업 명퇴	부인	대졸
					자녀 2	
5	조민식	50대	13년 차	미상	미혼	미상
6	강영수	40대	4년 차	중소기업 명퇴	미혼	대졸
7	윤택수	50대	17년 차	증권사 명퇴- 개인 파산- 일용직 노동	부인	대졸
					자녀 2	
8	정진석	50대	6년 차	대기업 명퇴	부인	대졸
					자녀 없음	

[표 2] **개인전업투자자의 사회경제적 특성**

4명, 50대 후반 3명이었다. 개인전업투자 경력 연차는 4년부터 17년으로, 5년 미만 3명, 5~10년 미만 1명, 10년 이상 4명이다. 가족 부양 사항으로는 미혼자 3명, 기혼자 5명이었고 정진석 씨를 제외한 기혼자 전원이 2명의 자녀와 부인을 부양하고 있었다. 직장에 다니는 부인은 2명으로 각각 체험학습 교사, 부동산 공인중개사로 근무하고 있다. 자녀의 경우 모두 중고등학교와 대학교에 재학 중이다. 또한 안산, 과천 등 경기도에서 로얄매매방으로 출·퇴근하는 입실자도 있었지만, 대부분 대중교통으로 1시간 이내 매매방에 도착할 수 있는 서울 외곽 지역에 거주하고 있다.

이들은 고(高)학벌에 과거 '한국 경제의 발전을 견인한' 좋은 직장에 다녔지만 은퇴 이후인 현재는 이전보다 사회경제적 지위가 하락한 사람들이다. 수도권에 거주하고, 자녀와 노쇠해진 부모를 부양해야 할 책임이 남아 있지만, 직장을 퇴직함으로써 고정 수입이 사라졌다. 경제활동을 하는 아내를 둔 사람도 있지만 대부분 '4인 가족'을 부양하는 데 충분한 수입을 누리지 못하고 있다. 이처럼 이들은 계속 돈을 벌어야 하는 경제적 상황에 놓여 있고 그래서 개인전업투자의 길에 들어섰다. 그럼에도 불구하고 이들의 대부분은 고학력과 과거의 경력 그리고 '가난한 부모 밑에서 자라, 일해서 집 사고, 자식 대학 보내고, 빚 없이 수도권에 산다.'는 사실에 대해 자부심을 품고 있다. 또한, 이런 사실을 바탕으로 스스로를 여전히 중산층이라고 생각한다.

최종 학력을 밝힌 6인의 경우 전원 대졸자로, 로얄매매방이 위치한 서울이 고향이 아닌 경우 대학교 입학할 때, 대졸 이후 취업을 위해 상경했다. 전공은 경영·경제학의 상경 계열이 3명으로 가장 많았고 철학·인류학 등 인문사회 계열 2명, 소재공학 등 이공 계열도 있었다. 상경과 인문을 포함한 문과 계열이 많다는 것은 이공 계열에 양질의 일자리가 많은 한국 산업 구조를 반영한다. 대학 신입생들 중심으로 이른바 '취직이 잘되는 전화기'[23]가 인기를 누리며 관련 전공자의 정년이 비교적 더 늦은 나이로 형성된 것과 일맥상통한다. 국내 구인 구직 포털 '잡코리아'에 따르면, "직무별 체감 은퇴 연령이 가장 낮은 직무는 디자인(46.7세), 기획(47.8세), 마케팅·홍보(48.7세), IT·정보통신(49.0세), 서비스(49.6세)"로 기술 발전이 빠르게 이뤄져 직업 수명이 짧은 IT·정보통신을 제외한 분야는 모두 문과 계열 전공과 연계된 직업 분야다. 반면, "체감 은퇴 연령이 가장 높은 직무는 기타 전문직(52.4세), 생산·기술직(52.3세)"으로 이공 계열 전공과 연계된 직업 분야였다.[24]

대졸자의 경우 이른바 '인서울 명문대'를 졸업한 사람이 대다수였다. 매매방 입실자와의 면담 과정에서도 현재는 퇴실하여 없지만, 이전에 입실했던 개인전업투자자 중 '과거에 나름 잘나갔던' 고학벌·고학력의 투자자가 많았음을 확인할 수 있었다.

23　이공 계열 중 '취업 깡패'로 불리는 전자·화학·기계공학 관련 학과를 줄여 '전화기'로 부른다.

24　「직장인 체감 은퇴 연령 50.2세… 원하는 시점보다 11년 빨라」, 《조선비즈》, 2017. 9. 20.

김성호 여기 오는 사람들이 고학력자가 굉장히 많아요. 막 못 배우고 그런 사람들이 아니에요, 되게 잘나가던 사람들이 대부분이에요. (……) 그렇게 고급 인력이 왜 여기 와 가지고 이러고 있을까? 뭐 서울대, 카이스트, 웬만한 대기업 출신에 의사도 봤어요.

개인전업투자자 8명의 전업 이전의 경제활동 경험은 다음과 같다.(표 2 참조) 대다수의 입실자는 직장 생활에서 개인 사업으로 직종 전환의 경험이 있다. 조민식 씨를 제외한 8인 중 기업에서 근무하다가 정년 이전에 퇴직한 경험이 있는 사람은 6명이고 IT·요식업 프랜차이즈 등 개인 사업을 하다가 정리한 사람은 2명이다. 부동산 중개업·일용직 노동 등 일했던 분야와 관계없는 분야로 이직했던 사람도 2명이며 개인 파산의 경험이 있는 자는 2명이다.

이들의 일반적인 경제활동 패턴을 정리해 보면 대학교 졸업 직후인 1980년대 후반 한국 경제의 호황기에 종사하게 된 1차 직장에서 50세 전후로 은퇴한 이후 개인 자영업과 비교적 임금이 적은 일자리에서의 경제활동 이후 매매방으로 입성한다.(그림 2 참조) 여전히 가족의 생계와 자신의 노후를 책임져야 하는 상황에 있는 자들로 이른 퇴직 이후 끊임없이 돈을 벌기 위한 수단을 강구해야 하기 때문이다.

이러한 현상은 한국 사회의 이른 은퇴 연령과 실제 은퇴

1차 직업	2차 직업	개인전업투자자
• 대졸 이후 20대 중반 (80년대 초반) • 대/중소기업 명예퇴직	• 50대 초중반 • 재구직 • 개인사업 • 개인파산	로얄매매방 입실

[그림 2] 개인전업투자자의 이전 경제활동 경험

연령 간의 괴리를 통해 설명 가능하다. 2017년, 한국 남성의 실제 체감 은퇴 연령은 51.6세[25]이고, 공식 은퇴 정년은 근로기준법상 만 60세[26]로 정해져 있지만, 이들의 실제 은퇴 연령은 OECD 국가 가운데 가장 높은 72세이다. 청년기에 취직한 1차 직장에서 은퇴한 이후에도 구직과 자영업을 통한 경제활동을 추구하며 약 20년 정도 더 생계 수단이 필요하다는 뜻이다.

그렇다면 이들의 사회경제적 배경은 이들이 개인전업투자자로 변신하는 것과 어떤 관계가 있을까? 이들의 어떤 삶의

---

[25]   한국 직장인 781명을 대상으로 한 조사에서 체감 은퇴 연령이 남성은 51.6세, 여성은 47.9세로 평균 50.2세로 드러났다. 이들의 희망 은퇴 연령은 남성 62.9세, 여성 58세로 조사됐다. 「직장인 체감 은퇴연령, 50.2세」, 《한국일보》, 2017. 9. 20.

[26]   한편, 대법원 전원합의체는 2019년 2월 육체노동자에 한하여 가동 연한을 만 60세에서 만 65세로 상향 조정할 것을 판결했다. 한국의 고령화 현상과 더불어 기대 여명과 건강 수명의 증가로 "일할 수 있는 신체적 여건이 뒷받침되는 가운데 노후 부양에 관한 인식·인구 구조·사회제도의 변화 등으로 법정 정년 이후에도 경제활동에 나아갈 필요가 있는 현실"이기 때문이다. 「OECD서 가장 늦게 은퇴하는 한국…육체노동 정년 연장 근거는?」, 《조선일보》, 2019. 2. 21.

경험이 본격적인 개인전업투자로 연결되었을까?

2
'개인전업투자자' 꿈의 탄생

이들이 '개인전업투자자'에 대한 꿈을 갖게 된 계기를 이해하기 위해서는 우선 우리사주제도의 도입과 IMF 외환위기 시기에 대한 설명이 필요하다. 이후 이러한 사회경제적 환경의 변화 속에서 개별 개인전업투자자가 구체적인 전업 동기를 갖게 된 계기를 살펴보자.

우리사주제도와 IMF 외환위기

개인전업투자는 로알매매방 운영자인 박동일 씨의 말대로 "(투자는) 모르면 시작 자체를 못한다." 어느 정도 이익을 본 경험을 바탕으로 '자신감'이 있어야 시작할 수 있기 때문이다. 로알매매방의 입실자를 비롯한 개인전업투자자들이 전업하기 이전 주식을 접하게 된 계기는 무엇일까? 각 입실자와의 면담에 따르면 크게 우리사주제도와 IMF 외환위기 두 가지로 나누어 볼 수 있다.

먼저, 우리사주제도란 근로자에게 자사 주식을 시장가보다 싼 가격에 살 수 있게 해 주거나 비과세 혜택을 주면서 매수를 유도하는 제도다. 하여 근로자들이 주인의식을 갖고 회사 가치를 올리는 데 동기부여를 하는 게 목적이다. 1980년대 후반부터 1997년 외환위기 이전까지의 한국 경제 호황 시기는 로알매매방 입실자들이 1차 직장에 종사하던 시기로, 이들은 회사에서 나누어 준 우리사주를 통해 주식을 처음 접하게 된다. 우리사주를 팔아 목돈을 마련하는 '재미를 보고' 집 혹은 차를 바꾼 경험은 이들이 주식투자에 지속적인 관심을 갖도록 유도했다.

이용철 저는 처음에 ○○전자라는 회사에 다녔는데, 그때 우리사주라고 해서 직원들에게 주식을 나눠 줬어요. 그때가 (19)88년도. 우리사주를 1만 5000원에 ○○전자 주식을 받아서 3만 원 대에 팔았어요. 그땐 1년 지나면 팔 수 있었거든요. 500주인가. (……) 그 돈으로 차를 샀던 적이 있어요. 그때 재미를 느끼고 주식에 대해서 관심을 갖고 공부하게 됐죠. 그게 첫 매매였어요. 그리고 그 당시 88년도 서울올림픽을 했어요. 올림픽 붐이라고 해서 그해 주식이 엄청 올라갔어요. 단군 이래로, 지금과 비교도 안 되는 호황이었죠.

이용철 씨가 말한 "올림픽 붐"은 국내 증권사의 전성기이기도 했다. 1989년도 대학을 졸업하고 증권사에 취업할 때 증권사는 이전의 부정적인 인식과 달리 '높은 급여 수준' 덕택에 많은 선망을 받았다고 한다.

> **윤택수** 1989년에 졸업하고 취업을 할 때, 그 시절에 증권이 굉장히 호황이었어요. 우리(나라)가 (19)85년도에 10월인가 처음으로 무역수지가 월별 흑자를 보면서 88년 올림픽도 있고 해서 한국 증권시장 자본시장이 굉장히 활황을 띠었다고. 예전엔 증권회사가 굉장히 안 좋은 직장 개념이었는데, 그때 즈음 증권시장이 활황이 되니까, 급여 수준도 높고 이러니까 그때 많이들 선망하는 직장이 됐었죠.

『대한민국 주식투자 100년사』의 저자, 윤재수 씨에 따르면 윤택수 씨가 말한 '높은 급여 수준'은 당시 주식시장의 활황세와 더불어 증권사가 환매조건부채권, 기업어음, 양도성예금증서, 회사채 지급보증 등 그 업무의 영역을 대폭 확장했기 때문에 가능했던 것으로 보인다. 그리고 증권사 직원들은 다양한 명목으로 정기 급여 외 "보너스"를 지급받았는데 연간 급여 대비 무려 "1000%"를 넘을 때도 있었다.

1980년대 초만 해도 적자에 허덕이던 증권회사들이 1986년부터 2~3배의 이익증가율을 보이자 증권회사와 증권사 직원들의 인기도 덩달아 상한가로 치솟았다. (……) 1980년에 증권회사에서도 환매조건부채권(RP)을 매매할 수 있게 된 데 이어 1983년에는 CP(기업어음)와 CD(양도성예금증서) 중개 및 매매, 회사채 지급보증 업무까지 취급하게 되면서 증권회사는 그야말로 황금알을 낳는 업종이 되었기 때문이다. 당시 증권회사들은 이익이 너무 많이 나서 고민이었다. 이익이 급증하자 세금을 더 내는 대신 직원의 사기를 높인다는 명목으로 다양한 복리후생비를 지급했다. 연간 400%인 정기보너스 외에 창립기념일 기념, 약정고 1천억 돌파 기념, 체력단련비, 어린이날 기념, 어버이날 기념, 명절 보너스 등 온갖 명칭을 붙여 보너스를 지급했고 연간 보너스가 1000%를 넘을 때도 있었다.[27]

윤재수 씨는 증권사 직원들의 '높은 급여 수준'에 크게 이바지한 또 다른 요인으로 바로 "황금알을 낳는 우리사주"를 꼽는다. 당시 "석·박사 학위 소지자", "사법시험 합격자", "은행이나 보험사, 일류 대기업 종사자"도 증권사 채용에 응시할 만큼 증권사는 인기가 높은 직장이었는데 그 이유는 높은 급여와 보너스 이외에도 증권사의 우리사주가 큰 혜택으로 작용했기 때

---

27   윤재수, 『대한민국 주식투자 100년사』(길벗, 2015), 157~158쪽.

문이다.

　　당시 높은 증권회사 신입사원 채용경쟁률은 100단위를 넘었고 우수한 성적의 대학 졸업자들도 증권업계로 대거 몰렸다. (……) 1986~1987년 자동차 보급이 일반화되기 시작할 때엔 증권회사 직원들이 제일 먼저 자동차를 샀고, 신랑감으로 의사·변호사보다 증권사 직원의 인기가 더 높았다. 이처럼 증권사 직원의 인기가 높았던 이유는 황금알을 낳는 우리사주 때문이기도 했다. 증권회사 직원 중 책임자급은 우리사주 주식 평가 금액이 대략 1억 원 이상 되었고, 입사한 지 2~3년 만에 20년 봉급생활자의 퇴직자보다 더 많은 우리사주 주식을 받기도 했다.[28]

　　우리사주제도와 더불어 IMF 외환위기 직후의 상승장 역시 로알매매방 입실자와 개인전업투자자가 주식투자를 처음 접하게 된 계기가 되었다. 국내증시가 '바닥'에서 회복하는 상승장이었으므로 단기적으로는 손실을 보더라도 주식투자를 통해 돈을 벌기에는 비교적 용이한 시기였기 때문이다.

28　위의 책, 159쪽.

이용철 (1988년 호황에 주식에 재미를 봤지만) 10년 후에 IMF가 오고, 엄청나게 까먹고 손해 봤죠. 그래도 그걸 좋은 경험으로 해서 주식이 참 쉬운 게 아니구나 하는 걸 느꼈고. 또 IMF가 지나서 회복되는 단계에서 또 크게 주식이 올랐기 때문에 그때 또 큰 이득을 봤어요. 그런 경험이 재미를 줬죠.

IMF 외환위기를 기점으로 일반인이 주식투자를 비롯한 금융투자를 접하는 '대중 투자 문화'가 형성되기 시작한다. "위기가 곧 기회"라고 외치며 과감하게 위험을 감수하고 투자에 '올인'하여 인생을 역전시킨 소수의 '슈퍼개미' 신화가 대중을 매료시켰다. 이는 개인투자 인구가 불어나는 시발점이 되었다.

김성호 IMF 때 주식을 처음 알게 됐어요. (……) 뭣도 모르고 주식시장을 찾아가서 객장 직원한테 나 저것 좀 사고 싶은데 어떻게 사야 되냐고 물었더니, 저쪽 가서 주문서를 써 오래요. 그게 처음이에요. △△중공업 샀어요. 우리나라가 조선의 제일 강국이니까. 그래서 사 놨는데, 손실을 봤어요. 하도 속이 쓰려서 그냥 내버려 뒀어요. 내버려 두니까 지나고 나니 올라가더라고요. 그러다가 또 그 돈이 좀 불어나니까, 뭐 살까 하다가 신문을 봤어요. ○○그룹에 너무 좋은 소식이 나온 거야. 뭣도 모르고 직원한테 가서 '사 주세요.' 했어. 근데 그 사람이 하는 말이 이게 지금 상한가 가가지고 사지 말래. '그래도 그냥 지금 일단 넣어 놔 주세요.' 하고 다음 날 또 딱 봤는데 어 그게 반대로 떨어져 있는 거야. 직원한테 전화를 했더니 손실을 10몇 프로나 봤대. '하 씨, 모르겠다!' 그러면서 또 놔뒀어요. 몇 년을. 그게 또 올라가. 몇십 배. 그러면서 돈이 또 생겨나고. 저는 주식을 좀 그렇게 알게 됐어요. 차트를 보고 막 많이 아는 게 아니라 '아 나라가 이렇게 됐고 지금 경제 상황이 이러니 이쪽이 좀 유망하지 않을까?' 그냥 거시적으로.

이처럼 IMF 외환위기 이전과 직후 개인투자자들은 주로 증권사 객장을 방문하거나 직원에게 직접 전화를 걸어 매매를 신청하는 방식을 이용했다. 하지만 1998년 '홈 트레이딩 시스템(Home Trading System, HTS)'이 등장하고, 개인용 컴퓨터가 보급됨에 따라, IMF 외환위기의 여파로 실직한 '가장'들이 개인 '전업투자'를 적극적으로 꿈꾸는 것이 현실적으로 가능해졌다.

개인전업투자 꿈꾸기

'개인전업투자자'라는 직업에 대한 꿈은 1997년 IMF 외환위기 때의 경제적 상황의 변화와 기술의 등장이 맞물리며 탄생했다. 1997년 한보철강·삼미·진로·대농·기아[29] 등 국내

대기업을 비롯한 수많은 기업들이 부도 신청을 내고 급기야 12월 340pt까지 코스피지수가 폭락하는 등[30] 한국 경제에 위기가 불어닥쳤다. 이에 우리나라 정부는 국제통화기금(International Monetary Fund, IMF)으로부터 210억 달러의 긴급 유동성자금을 지원받음으로써 IMF 관리 체제에 들어가게 되었다.[31] 그러나 1998년 8월 이후부터 주식시장의 하락세가 둔화되고 안정됨에 따라[32] 경제도 회복되었고, 자산시장이 다시 활성화되기 시작한다. 이전까지는 주식을 전업으로 투자한다는 것이 국내에서 생소한 개념이었으나, 이 시기 직장에서 구조 조정 당한 사람들이 주식투자에 참여하기 시작하며 '전업투자'라는 개념이 생겨났다. '개인전업투자자'라는 직업이 처음 등장한 것이다.

윤택수 IMF는 (19)97년. 제가 회사 들어간 지 한 10년 차쯤 될 때, IMF 구제금융을 받고, 증권시장 자본시장 전체가 폭락하는 시기가 왔죠. 그때 이제 많이들 회사 그만두고 나오면서 주식투자를 전업으로 하게 된 사람들이 많죠. 응, 97년 말 98년.

29 윤재수, 『대한민국 주식투자 100년사』(길벗, 2015), 227쪽.

30 위의 책 228쪽.

31 위의 책 228쪽. 실제 IMF 구제금융 차입금은 약 195억 달러였다.

32 위의 책, 234쪽.

98년을 지나면서 증시가 IMF 구제금융 벗어나는 그 시점 해가 지고 굉장히 또 호황을 이루면서 증권 전업투자자들이 많이 생겨났어요. 그때 이제 구조 조정 때문에, 직장에서 잘려 나온 (구조 조정 당한) 사람들, 이런 사람들이 주식투자를 전업으로 했지. 왜냐면 그때 워낙 주식 경기가 좋으니까.

명문 'S대' 사회과학계열 전공을 졸업한 윤택수 씨는 1989년 1월, 국내 메이저 증권사에 입사하여 15년간 근무한 뒤 '명예퇴직'했다. 이후 개인전업투자자로 새출발했지만, 중간에 세 번의 큰 실패를 겪으며 일용 노동과 개인 파산의 경험이 있는 그는 전업투자자로서 세 가지 능력을 반드시 갖추어야만 한다고 강조한다. 첫째 경제 상황이나 기업 상황을 분석하는 '애널리스트'로서의 능력, 둘째 매매에 최적의 타이밍을 잡는 '트레이더'로서의 능력, 셋째 자기 자금을 관리하는 '펀드매니저'로서의 능력이다.

하지만 윤택수 씨는 금융전문가조차 동시에 세 능력을 다 갖추긴 힘들뿐더러, 금융전문가도 아닌 개인이 그럴 가능성은 불가능에 가깝다고 말한다. 대부분의 전업투자자도 이를 알고 있지만 자신의 경제적인 조건에 맞는 차선책으로, 또 과거 우리사주제도를 통해 수익을 낸 긍정적 기억으로 개인전업투자를 선택하게 되는 것이다. IMF 외환위기로 인한 구조조정에 휩

쓸려 떠내려간 한국의 아버지들이 재취업이 어려운 여건에서 할 수 있는 일이 실질적으로 제한되면서 '개인전업투자자'라는 꿈이 급부상한 것이다. 상승장이라는 증시 여건도 이 꿈을 합리화하고 정당화하는 데 힘을 보탰다.

> **윤택수** (전업을 하는 이유는) 일단 선택지가 없어서야. 처음 전업투자자란 말이 등장한 게 IMF 직후 회사가 구조 조정하면서인데, 그때 마침 증시가 활황이었지. 그래서 여기서 좀 해 보자. (……) 하여튼 경기가 나쁘고 할 때마다 그런 사람들이 늘어나는 거지. 직장이든 자기가 하던 자영업에서든 퇴출되면 대안으로서 찾을 게 없으니까 뛰어든 사람들이 태반일 거야. 주식을 잘할 수 있어서라기보다는 자의 반 타의 반으로 나온 사람들이 훨씬 많아.

개인전업투자를 가능하게 했던 또 다른 필수 요건은 '홈트레이딩 시스템(HTS)'의 개발 및 보급이다. HTS란 개인이 더 이상 객장에 나가 증권사 직원을 통하지 않고, 집 혹은 사무실에서 PC를 이용해 직접 비대면으로 금융상품을 매매할 수 있는 프로그램으로 증권사마다 그 기능과 수수료 정책 및 혜택이 다양하다. 증권사 직원과의 전화로 매매하거나 객장에서 직접 주문서를 작성하여 매매하는 것보다 편리하며 수수료가 일반적으로 저렴한 게 장점이다. IMF 외환위기 이후 국내증시가 다시 회복되기 시작한 1998년부터 각 증권들은 경쟁적으로 HTS를 개발하여 보급하기 시작했다.

HTS 보급의 여파로 한국의 개인투자자 인구는 지속적으로 늘어나고 있다. 특히 2010년도 478만 명대에 머물던 주식투자인구는 그해 스마트폰을 이용한 거래 프로그램인 MTS가 도입되자, 이듬해 약 50만 명이 늘어 주식투자인구가 528만 명으로 집계된 점은 주목할 만하다.(표 2-1 참조)

	2004	2005	2006	2007	2008	2009	2010	2011	2012	2013
주식투자인구 (천 명)	3763	3537	3613	4441	4627	4665	4787	5284	5015	5076
경제활동인구 대비 주식투자인구 비율(%)	16.1	15	15.2	18.5	19	19.1	19.51	21.24	19.95	19.72
총 인구 대비 주식투자인구 비율(%)	7.82	7.32	7.4	9.2	9.5	9.6	9.79	10.61	10.03	10.12

출처: 한국거래소(2013)

[표 2-1] **국내주식투자 인구의 증가**

HTS의 등장 이전에는 증권사의 객장에 나가서 주문서를 작성하거나 증권사 직원과의 전화통화를 통해 간접적으로 금융매매를 할 수밖에 없었다. 매매를 위해서는 증권사의 직원에 의존할 수밖에 없다보니, 장 중 투자자 자신이 원하는 때에 거래에 한계가 있다. 공학박사 출신 연구원이자 34년차 직장인 개인투자자 임성원 씨는 HTS가 등장하기 이전 당시 증권사 직원에게 전화를 걸어 주문을 넣었는데 개인투자자는 매일 매일의 주가를 신문에서 확인할 뿐 차트조차 볼 수 없었다고 말한다. 당시 월급이었던 70만 원의 10배도 넘는 돈인 1000만 원을 대출받아 매달 12~13만 원씩 대출 이자를 내며 투자를 했는데 매일 모눈종이에 신문에서 확인한 주가로 그래프를 그렸다.

임성원 84년도에 처음 연구소 입사를 해서 나는 그때 주식의 주자도 모르던 때였어. 근데 입사 동기 친구가 그 당시 대한생명, 지금은 한화생명이지. 월급을 70만 원 받을 땐데 대한생명에서 1000만 원 정도 대출을 받을 수 있다는 거야. 우리 연구소에 재직한다는 거 하나만으로. 그 당시만 해도 연구소가 정말 신용이 좋았어. LG나 삼성 같은 대기업은 월급으로 한 30만 원도 못 받았는데 나는 70만 원 받았으니까. 그래가 연말에 한 1000만 원 대출을 받을 수 있다고 주식을 하자는 거야. 그때는 무슨 차트 이런 거 없던 때야. 전화를 해서 주식을 '사 주세요', '팔아 주세요' 하는 식이었는데 암튼 친구가 주식투자 해서 성공하자고 막 꼬시니까 1000만 원 대출을 떡 받았네? 나는 그 친구가 뭐 사자면 따라 사고. 모눈종이에 그래프 그리고.(웃음)

당시 건설회사의 중동 붐이 일어나서 우리나라 코스피 종목 중 건설주가 최고의 인기를 구가하던 때였다. 당시 '삼성전자'보다도 더 좋은 종목으로 평가받던 '진흥기업'에 호기롭게 '몰빵'했지만 1000만 원이 50만 원이 되는 데 1년 반 남짓밖에 걸리지 않았다.

임성원 그 당시에 진흥기업이라는 회사가 우리나라 건설회사가 중동 붐이 일어나서 우리나라 종합지수 중에 건설주가 최고였어. 지금 삼성전자 이런 건 아무것도 아니야. 삼성전자가 1000원이면 진흥기업은 5000원 할 때야. 그 당시에 그 정도로 건설 붐이 세서 돈을 많이 벌어왔어. 그래서 건설주가 엄청 좋았지. 그러다가 진흥기업이 무리한 투자를 해서 망해 버렸어. 관리 종목으로 들어가서 주가가 만 원 하다가 나중에 감자 받고 700원 정도 돼 버렸어. 한 1년 반 만에. 그래서 만 원짜리 700원 돼서 털고 나온 게 50만 원이었다니까. 지금 생각해도 속 쓰리네. 무식하게 투자를 해서 쓴맛을 한번 봤지. 그래서 다시는 주식투자를 안 한다 생각했지.

앞이 캄캄했지만 그래도 비교적 월급을 많이 받는 편에 속했기 때문에 3년을 악착같이 아껴서 1000만 원 대출금을 모두 갚았다. 하지만 다시는 주식투자를 하지 않겠다는 결심은 그리

오래가지 못했다. 1997년 IMF위기 직전 재계서열 14위였던 한보그룹이 파산했는데 한보는 당시 그의 형이 재직 중이던 회사였다. 11대 종갓집 차남이었던 그는 실직한 장남 대신 '종손직'을 물려받았다. 말이 좋아 '종손'이지 부모님과 집안 대소사를 위해 돈 좀 써야 하는 '종손노릇'이었다. 월급은 뻔하고 '마나님' 눈치에 몰래 부모님께 자금을 조달할 방법을 몇 달 동안 고민해 봤지만 돈 나올 구멍은 주식뿐이라는 결론에 도달했고 다시 주식을 시작했다.

임성원 [나에게 주식투자란?] 주식은 자본주의 시장의 꽃이지.

정정진(아내) '우리 엄마 아버지 용돈 주기 위해서 내가 시작했다' 이런 말을 해야지! 우리 월급은 너무 뻔하고 마나님이 너무 싫어해서 눈치가 보여서 몰래 주기 위해서 주식을 시작하게 됐다 그런 얘기를 해야지 무슨 얼어죽을 자본주의의 꽃이고 나발이고.(웃음)

임성원 (웃음) 지금에서야 말하지만 (……) 종손 노릇을 하려면 사실은 조선 시대부터 내려온 그걸로 보면 종손이 돈을 좀 쓰라는 그게 종손이야. 종손한테 재산을 많이 물려주는 이유도 돈을 써야 하기 때문이야. 집안에 무슨 대소사라든가 일이 많이 생길 수 있잖아. 종손이 나서서 수습도 하고 하려면 돈이 필요해. 우리 아버지도 종손 노릇을 하려면 돈이 있어야 하잖아.

근데 사실 시골에서 농사짓는 건 뻔하지. 농사란 거는 봄에 씨 뿌려서 가을에 수확해야 돈이 들어오는데 그럼 그사이에는 뭐 먹고 사노. 우리 같은 월급쟁이처럼 월급이 따박따박 들어오는 것도 아니고. 근데 종손노릇하며 돈 쓸 일이 가을에만 딱 생길 수가 없잖아. 그러니까 수시로 돈이 필요한 거야. 돈이 필요한 데 형은 실직해 버리고 돈도 못 벌고 그러니까 어떡하나. (아버지가) 나한테 '니가 당분간 종손 노릇 좀 해라.' 그래서 딱 생각을 해보니까 돈이 더 나올 데가 없잖아. 내가 월급 받는 거 말고 돈이 어딨노. 월급은 우리 가족 생활비로 나가야 하고 그렇다고 밤에 노가다를 할 수도 없고. 그래서 몇 달 생각을 좀 해 봤지. 주식하는 방법밖엔 없겠다. 그런 결론에 도달을 한 거지…….

정정진(아내) 그게 이 사람의 원동력이었어요.

다시 투자를 시작하기에 앞서 임성원 씨가 가만히 앉아 생각을 해 보니 처음 투자 손실을 보았을 당시 자신이 친구의 말만 믿고 너무 '무식하게' 투자를 했다는 생각이 들었다. 그런 생각을 하는 와중에 HTS가 나왔다. 기관처럼 차트도 볼 수 있고, 인터넷으로 정보도 얻고, 혼자서도 완전하게 매매할 수 있는 '툴'이 생겼다는 생각에 친구들 중 가장 먼저 컴퓨터를 샀다. 자식된 도리로 부모님께 자금을 조달하는 게 내적 동기였다면 '1000만 원 손실의 후유증'에도 개인투자를 다시 시작할 수 있었던 현실적 동기는 바로 HTS의 등장이었나.

임성원 내가 꼬나먹은 그걸 가만히 생각해 보니까 친구 말만 믿고 너무 무식하게 한 거야. 무식쟁이 그대로지. 그렇게 해서는 안 되겠다. 그때 HTS가 딱 나왔어. 그거 나오고부터 제대로 다시 공부해서 해 봐야겠다 마음먹었지. 그리고 천리안 인터넷 이런 게 설치가 되면서 무슨 컴퓨터였더라, 아 세진컴퓨터! 조립해서 파는 거 그걸 샀지. 주가 관련 정보도 얻을 수 있으니까. 친구들 중에 내가 맨 먼저 컴퓨터 샀을 거야.

형이 다시 자리를 잡은 뒤에도 임성원 씨는 주식투자를 그만둘 수 없었다. 자식 교육비로, 아파트 구입비로 계속 돈이 필요했고 월급만으로는 충당할 수 없다는 사실은 너무도 분명했기 때문이다. 주식과 함께 좀 더 변동성이 큰 해외선물 투자도 시작했다.

임성원 그리고 자식 둘 서울로 대학 보낼 때 (자취방) 월세 내고, 생활비 주고, 등록금 내고 이런 거 있잖아. 그게 다 내가 월급만 받아서는 해결이 안 되는 돈이야. 월급으로 해결이 다 됐으면 아무런 투자할 필요가 없지. 그리고 지금 사는 집도 뭐 아버지가 뭐 돈을 떡 줘가 산 것도 아니고. 다 주식 투자해서 번

돈 보태서 산 거고.

그는 서재를 따로 둘 아파트로 이사하기 전까지 아들 방의 구석에 컴퓨터 책상을 놓고 HTS를 이용해 매매했다. 개장시간이 아니어도 평일 아침 출근 전, 퇴근 후, 주말에도 HTS를 봤다. 가족과의 시간은 자연스레 줄어들었다. 그의 딸, 영명 씨는 학창시절 가장 성가셨던 일이 "엄마가 밥 다 차렸다고 아빠 오시라고 하라는데, 아빠는 컴퓨터 보느라 기본 네다섯 번은 데리러 가야 했던 것"이라고 말한다.

임영명(딸) 학교 들어가기 전까지만 해도 여행도 많이 다니고 주말에도 자주 놀러 나갔던 것 같은데. 아빠가 주식 시작하고서부터는 그런 시간은 많이 없어졌죠. 놀러 나가도 엄마하고 남동생하고만 갈 때도 있었고요. [아빠는 왜 안 갔어요?] 아빠는 집에서는 주식한다고 맨날 컴퓨터만 봤으니까.(웃음) 어릴 때 제일 귀찮았던 기억이 엄마가 밥 다 차렸다고 아빠 오시라고 하라는데 불러도 와야 말이죠. 데리러 가도 알았다고 하고 오지도 않고, 네다섯 번은 가서 재촉해야 그제야 식탁으로 왔어요. 하루에 적어도 집에서 밥을 두 번은 먹는데 매번 그런다고 생각해 보세요. 아빠 빨리 부르라는 엄마 목소리도 높아지고 점점 짜증이 섞이니까 중간에 낀 저도 난감하고요.(웃음) 엄마가 처음엔 아빠 주식하는 거 완전 싫어했거든요.

HTS가 보급됨에 따라, 개인투자자도 적기에, 투자자가 원할 때 사고, 팔 수 있게 되었다. 또한 개인도 객장의 전광판이나 신문의 시세표가 아닌 차트를 보게 되었다. 직접 종목을 고르고 분석하는 등 적극적인 행위자로서 투자에 참여할 수 있게 된 것이다.[33] 뿐만 아니라 2000년 국내 소형 증권사였던 '키움증권'이 처음으로 수수료 무료 비대면 계좌 서비스를 제공했다. 그 결과 증권사들이 고객 유치를 위해 경쟁적으로 수수료를 인하하기도 했다.

이용철 HTS 나오기 전에는 직원하고 사귀어서 통화를 하고, '무슨 종목이 좋으냐?' 물어보고, '나는 이 종목이 좋은데, 이 종목을 사 주십시오.' 그래서 샀다고 하면 쭉 보유하고 있다가 수익이 났다고 하면 '아 어느 정도 올랐으니 이젠 팔겠습니다.' 전화로 해서 또 팔고. (19)98년도 HTS가 나왔을 땐 PC로, 그 이후엔 스마트폰으로 했죠. 전화로 했을 땐 직원이랑 비대면이지만, 통화를 하기 때문에 수수료를 훨씬 지금보다 비싸게 줬어

---

33 때문에 주가를 조작하는 '세력'이 작전을 하는 방식 또한 변화했다. 차트를 볼 수 있게 된 개인투자자를 속일 수 있도록 더 정교하고 교묘하게 진행해야 하기 때문이다.

연도	실질주주 수[34] (만 명)	개인주주 수 (만 명)	전체 대비 개인주주 비율(%)	전체 대비 개인주주 보유주식 수 비율(%)
2002	338	336	99.5	50.6
2003	317	315	99.5	54.6
2004	292	290	99.4	49.1
2005	289	287	99.3	51
2006	305	303	99.3	53.2
2007	364	362	99.4	55.3
2008	400	397	99.4	56.7
2009	416	399	99.5	61
2010	454	450	99.2	55.5
2011	482	476	98.9	52
2012	472	466	98.9	49.9
2013	481	475	98.9	47
2014	442	436	98.9	48.4
2015	475	469	98.9	48.8
2016	494	488	98.9	50.1
2017	506	500	99	49.6
2018	561	556	99	47
2019	619	612	98.9	46.8
2020	919	910	99.1	50.2

(단위: 1만 명)

출처: 한국예탁결제원(2003-2020)

[표 2-2] 국내 개인투자인구의 증가

---

34   실질주주는 개인주주와 기관, 외국인주주를 합산한 총 주주 수를 뜻한다.

요. (……) 지금처럼 맨날 매매 못 하고 장기투자 위주였지. 퇴근하고 신문보고 딱 골라서 종목 쭉 갖고 있었고.

국내 개인투자인구의 성장과 관련하여 한국거래소에서 집계한 국내주식투자인구 수[표 2-1][35]와 한국예탁결제원의 자료[표 2-2][36]는 다소 차이가 있다. 독립된 두 기관에서 각자 상이한 기준을 적용했기 때문일 것으로 추측된다. 하지만 주식투자인구의 변화 추이를 종합해 보면 국내주식투자인구는 2000년대 초반 300만 명대에서 2010년도 이후 500만 명대로 크게 증가했다는 점은 공통적이다. 아울러 2019년 600만 명, 2020년 900만 명을 돌파했다는 것을 미루어 보아, 개인투자자 인구의 증가세는 점점 가속화되고 있음을 알 수 있다.

나만의 '투자 철학' 만들기

우리사주제도와 IMF 외환위기를 통해 첫 달콤한 수익의 경험을 맛봤던 이들은 로알매매방에 전업투자자로 입실하기

---

[35] 한국거래소는 2013년 이후 개인정보 보호를 이유로 더 이상 개인투자자 관련 통계를 집계하지 않는다.

[36] 한국예탁결제원 홈페이지〉보도자료(http://www.ksd.or.kr/bbs/bbsList.home) 게시판에서 2003~2021년 동안 발표된 「12월 결산 상장법인 주식투자자 현황 분석」 문서들을 참조해 작성했다.

전 개인투자와 직장 생활을 본격적으로 병행하는 중간적 단계를 거친다. '황금알을 낳는 거위'가 될 것 같은 개인투자에 대한 기대감을 형성하고 난 뒤 사람들은 금융에 대한 무한한 관심과 열의를 안고 치열하게 공부하기 시작한다. 이 단계에서 사람들은 자신만의 배경에서 각자 고유한 방식을 선택해 금융의 세계를 이해하게 되고, 자신만의 '투자 철학'을 만들어 나간다. 금융에 대한 지식을 쌓으며 본격적으로 개인투자에 빠져들고 이때 형성한 '투자 철학'은 성공에 대한 자신감을 불러일으키며 이들이 전업투자자로 '변신'할 수 있는 디딤돌이 된다.

초보투자자는 대개 투자에 대한 확신도 없으며, 새로이 매매에 진입하는 것을 두려워한다. 스스로 금융경제에 대한 '기초 지식'이 부족하다고 생각하기 때문이다. 공부를 하려 신문과 뉴스를 봐도 온통 생소하고 어려운 용어뿐이며, '고급 정보'는 고사하고 공시된 정보를 해독할 능력도, 종목 선정과 매매 기법에 대한 지식도 없다는 것에 막막함을 느낀다. HTS 사용법, 거래 시간, 세금, 수수료, 공인인증서 발급 등의 기술적인 문제도 있다.

무엇보다 금융의 세계를 '해석'할 능력이 없다. 마치 외국어를 배울 때 알파벳과 기초 단어부터 익혀야 외국어를 듣고 읽고 비로소 쓰고 말하게 되는 것처럼 금융투자를 위해서는 금융과 주식의 기초 개념을 익혀야 한다. 그래야 매일매일 쏟아지는 정보와 시시각각 달라지는 지수와 차트를 '읽고 들으며' 해석할 수 있게 되고 비로소 자신의 매매에 적용할 수 있게 되기 때문이다.

금융의 세계에 덧씌워진 '무지의 장막'을 벗기는 방법은 투자자 각자의 배경과 경험에 따라 다르다. 기본 '베이스'를 쌓기 위해 이들이 선택할 수 있는 수단은 다양하다. 직장 동료 혹은 친구에게 궁금한 점을 묻고, 책을 읽고, 매일 아침 신문을 보고, 온라인 카페나 블로그에서 정보를 얻고, 경제방송사의 유료 전문가 서비스를 구독하는 등 활자와 미디어를 적극 활용해 개인투자에 필요한 지식을 쌓기 시작한다. 금융의 세계에 대한 개념, 지식, 전문성이 초보투자자가 그 세계에 몰입하는 매개체가 되는 것이다.

1995년 지하철 역무원으로 입사하여 20년 동안 근무한 민종학 씨가 처음 주식을 매매한 경험은 1998년 IMF 외환위기이지만, 그 주식이 '3분의 1 토막' 나고 마는 '뼈아픈' 경험 이후에 주식은 손도 대지 않았다고 한다.

민종학 1998~1999년도 주식 아무것도 모르는 상태에서 '○○은행'을 (한 주당) 6000원에 샀어. 증권회사 직원이 좋다고 하기에 60만 원어치 샀는데 한 주에 6000원 하던 게 3000원까지 떨어지고 계속 떨어지더라고. 결국 2000원에 팔았어. 계속 지켜보니까 500원에 상폐(상장폐지)되더라고. 그 이후론 평소에 주식은 관심 있었지만, 모르니까 '괜히 했다가 당한다.'는 생각이 엄청 강했지.

하지만 2011년부터 같이 교대 근무를 했던 '주식깨나 잘하는' 역무원 동료에게 이끌려 주식투자에 대한 편견을 교정하게 된다. '주식투자 하려면 투자서 100권 정도는 읽어야 한다.'는 조언에 근무 시간이 아닐 때 틈나는 대로 책을 읽었다. 신문도 매일 읽으며 주식·증권란을 관심 있게 보았다. 이 과정에서 책과 신문은 기초를 쌓는 데는 도움을 주지만, 매매 경험이나 종목에 대한 현재의 투자에 '실질적으로 도움을 주는' 정보를 얻기는 힘들다는 사실을 깨달았다. 하여 경제방송사에서 제공하는 유료 서비스를 결제해 매일 퇴근 후 종목을 분석해 주고 시황을 '캐치업(catch-up)'해 주는 주식 방송도 들으며 공부에 매진했다. 과거의 경험으로 그는 여전히 '모르면 괜히 했다가 당한다.'라는 생각을 강하게 갖고 있으며, 면담 과정에서 "정보 없으면 주식도 망한다."라는 회의적인 견해를 반복적으로 드러냈다. 때문에 그는 현재도 자신보다는 정보와 지식을 더 많이 안다고 여기는 유료 전문가의 강의를 듣기 위해 매달 100만 원 가까이 지불한다.

민종학 ○○○이라는 선박해운회사가 있는데, 수출입은행 다니는 친구가 그 회사에 몇천 억 지원을 해 준다고 '소스'를 줬어요. 그 주식 좀 사라고. 좀 있으면 지원해 준다는 뉴스가 나오니까 엄청 오를 거라고. 그다음에 뉴스가 딱 나오니까 (주가가) 엄청 올라갔어요. (……) 같이 근무했던 역무원도 정보를 모르면 주식하지 말라고. 돈 다 잃는다고. 정보가, 내부자 정보가 진짜 중요해요. 근데 나 같은 경우는 모르잖아. 그런 건 내부자 중에서도 회장이나 거의 최측근 고위직들만 아는 건데. 나는 그나마 있는 게 인터넷이나 '어플'이나 전문가 방송밖에 없지만. 뭐 그런 거라도 열심히 들어야지. 안 들으면 도태돼.

한편 김성호 씨는 주로 신문을 통해 경제와 주식을 공부했으며 거시경제 흐름의 변화를 중시하여 매수할 종목도 유망한 산업 분야를 위주로 선정한다. 특히 '왕초보'였을 때는 하루에 신문을 다섯 가지나 볼 정도로 경제의 흐름과 '세상이 돌아가는 방식'에 민감하게 귀를 기울였다고 한다. 그의 예측은 꽤 잘 들어맞아서 하루는 증권사 직원으로부터 "어디서 정보를 듣고 투자를 하세요?"라는 문의 전화까지 받았다고 한다.

김성호 내가 솔직히 (종목 예측이) 되게 잘 맞췄어요. [비결이 뭔가요?] 예전에 내가 솔직히 신문을 많이 봤어요. 매일매일

다섯 개나 봤어. 솔직히 신문을 보고 주식을 공부하게 된 거야. 처음 시작할 땐 차트고 뭐고 아무것도 모르고 그냥 전체 경제가 어떻고, 어떤 분야가 뜨고 있나 그런 게 신문에 나오니까, 그런 종목 위주로 산 거지.

때문에 차트와 기술적 분석에 능통해진 현재도 그는 여전히 매수할 종목을 선정할 때 고려하는 세 가지 요소인 전체 시장의 흐름과 변동, 외국인매매 동향, 개별종목의 차트와 수급 중 첫 번째를 가장 중요한 기준으로 삼는다.

김성호 무조건 종목이 좋다고 들어가는 게 아니라 큰 집을 보고 그다음 집 안에 있는 가구를 보고. 아무리 집을 튼튼히 지어놔도, 집이 타면 안에 가구도 다 상하는 거야. 가전제품도. 그러니까 당연히 주식도 전체적인 시장이 좋은지 안 좋은지. 그다음이 내 종목이 좋은지 안 좋은지야.

한편 대학 때 경영학을 전공하고, 무역 상사(商社)에 30년 가까이 근무하며 경제 감각을 쌓아 왔다는 이용철 씨는 '가치투자'를 신봉한다. 개인투자를 잘하기 위해서는 투자자 스스로가 무엇에 의존하지 않고, 투자 이론에 충실해야 하며, 산업의 흐름에 대한 공부를 게을리해서는 안 된다는 것이다. 그는 대학 전공 과목으로 들었던 '투지론'에 정통해야 한다며, 가치투자의 주요 질료로 채택되는 '재무제표', 'PER', 'PBR'[37] 등의 개념을 강조했다.

이용철 요즘도 공부하고 있어요. 유명한 사람들 책도 좀 보고. 워런 버핏 가치투자론. 피터 린치. 종목 선정하는 데 '이렇게 해야 한다.' 원칙은 없지만, 회사 튼튼하고, 재무제표 좋고, 미래 비전 있고. 왜냐하면 제가 학교 다닐 때 경영학을 전공했는데, 그때 배운 것 중에 투자론. 그거에 정통해야지. 두꺼운 책 있어요. 분산투자의 효과, 포트폴리오이론 그런 것들. 그리고 리스크 헤징(risk hedging), 기회비용 이런 개념 있잖아요. 투자의 기본 툴을 알아야 돼요. PER, PBR 이런 걸 기본적으로 머리에 탑재해야 이게 얼마짜리다 그런 개념이 들어오는 거예요.

이와 더불어, 그는 '전문가'를 개인투자에 꼭 필요한 존재로 신봉하는 견해에 반감을 드러내며 투자자로서 주인의식과 확신을 갖는 것이 중요하다고 강조했다. 비유하자면, 식당을 경영하기 위해 주방장을 따로 쓰느냐, 본인이 자신만의 '레시

---

37 주가수익비율(Price Earning Ratio, PER)과 주가순자산비율(Price Book-Value Ratio)로 주식의 가치를 측정하여 실질가치 혹은 적정가격보다 주가가 낮게 형성되었을 때 주식을 매수하는 '가치투자'의 기본 개념.

피'로 직접 요리를 해서 음식을 내느냐의 차이일 뿐 본질적인 차이는 없다는 것이다. 이는 매매의 실전 '노하우' 혹은 내부자 정보보다 가치투자 이론을 중심으로 투자에 접근하는 그의 생각이 반영된 것이다.

> **이용철** 전문가 방송은 들은 적이 없고, 저는 전문가 자체도 나랑 같은 수준의 전업투자가지, 아주 내 위의, 나를 컨트롤할 수 있는 수준 높은 사람이라고 생각하지 않아요. 주식이란 것은 공평해요, 전문가라고 해서 손이 세 개 있는 것도 아니고. 나랑 똑같이 하는 건데 그 사람이 조금 집중적으로 분석을 했다뿐이지, 주식이 떨어지고 오르는 방향성을 그 사람이 컨트롤하는 거 아니고, 다만 어느 종목이 좋다(는 건) 나도 선정할 수 있거든요. (······) 나는 내 스스로 종목을 골라야지 확신도 생기고, 내 종목이 되는 거라는 생각에 하는 거고.

이처럼 자신이 직접 종목을 선정하여 투자의 A부터 Z까지를 '마스터'할 수 있도록 이론부터 철저히 공부하는 것을 목표로 하는 사람들도 있는 반면, 이론 공부에는 회의적인 태도를 취하며 오로지 '실전'만을 강조하는 입실자도 있다. 이들은 주로 강연회를 통해 '종목'을 얻는 것을 선호하거나 전문가가 유료 '리딩'을 해 주는 유사투자자문업을 통해서만 매매한다. 유료 리딩 비용은 50만 원부터 200만 원에 이르기까지 전문가의 인기와 위상에 비례해 천차만별이다. 평균적으로 20만 원 수준인 매매방 입실료는 소소하게 느껴지기까지 한다. 고정비로 매달 지출하기에 벅차지 않냐 생각할 수 있지만 리딩을 받는 투자자들은 전문가 리딩으로 벌어갈 수 있는 돈을 생각하면 오히려 싼 편이라고 생각한다.

이처럼 이론과 실전의 경험 중 하나를 강조하고 여러 방법을 강구하면서, 부지불식간에 주식시장의 규칙과 노하우에 적응해 간 이들은 자신만의 '투자 철학'을 발전시키게 된다. 이들은 이 와중에 어떤 접근법이 옳은지 끊임없이 모색해야 한다. 하물며 실전 경험과 전문가 방송을 강조하는 부류의 투자자조차도 단기간에 전문가를 숱하게 '갈아 치우며' 시행착오를 겪는다.

민종학 (주식 책) 50권 읽어도 실전 경험은 다른 거지. 괜히 시간 낭비한 것 같아. 전문가 방송이나 유튜브 열심히 볼걸. 주식 입문 책은 몇 권만 읽으면 될 것 같아요. (……) 근데 전문가 방송도 다 돈 버냐? 그것도 아냐. 어떤 사람은 이론엔 강한데 실전은 약하고, 어떤 사람은 실전은 강한데 이론은 약하고. 지금까지 전문가 네 번째 갈아치웠는데, 같이 있던 ○○○ 사장[38]은

38　로알매매방에서 다른 입실자에 대한 호칭은 나이에 상관없이 모두 '사장님'으로 통일된다.

2년 동안 열 번이나 했더라고. 완벽한 전문가는 없지.

개인투자자의 시행착오에서 엿볼 수 있는 투자의 어려움은 금융시장에는 언제, 어떤 상황에서든 일률적으로 적용할 수 있는 해답이 없기 때문인지도 모른다. '변화하지 않는 건 변화 그 자체뿐'이라는 역설적인 보편의 진리가 가장 잘 드러나는 공간이 바로 금융시장이다. 예컨대 정진석 씨는 한때 온라인 카페에서 이른바 '고수'가 언급하는 종목 중심으로 매매했지만, 경험 많은 고수들의 예측도 빗나가는 경우가 많아 투자가 어렵다는 사실을 느끼게 됐다고 한다. 그는 "주식시장도 변화하니까 그에 따라 방법도 달리해야 하는 것이 투자의 어려운 점"이라며 "주식 세계에서 늘 승승장구하는 법은 없다"고 말한다.

정진석 보통 투자 정보는 과거엔 '다음'이나 '네이버'에 투자 관련 (온라인)카페에서 얻었어요. 카페에 보면 고수로 인정받는 회원들이 있는데 그분들이 언급하는 종목들 중에서 괜찮아 보이는 것을 따라 투자했지. 스스로 종목 발굴 능력이 없었으니까. 그중 한 분이 언급하는 중소형주들이 정말 잘 들어 많더라고. 그래서 이분만 따라 해도 수익이 꽤 좋겠다 싶었는데 어느 시점부터는 잘 안 맞기 시작하는 거야. 돌이켜보면 시장 상황이 그사이에 바뀌었던 거지. 이때 주식 세계에선 늘 승승장구하는 법은 없다는 것을 느꼈지. 주식시장도 변화하니까 그에 따라 방법도 달리해야 하는 것, 이게 투자의 어려운 점인 것 같아. 요즘은 투자 카페는 너무 '노이즈'(잡음, noise)가 많은 것 같아 잘 안 들어가고, 주식투자 블로거의 글들을 많이 참고하고 있지.

개인투자자는 시시각각 시장의 변화에 매번 다른 방식으로 대응해야만 한다. 금융투자를 하는 것은 고정된 미지수가 존재하는 방정식을 푸는 게 아니라 매번 달라지는 정의역(x)에 따라 달라지는 치역($f(x)$)을 구하는 일에 가깝다. 그런데 그 함수의 관계식의 일부는 가려진 상태로 그 관계식 전체가 무엇인지는 그 시점을 지나고 봐야지만 분명히 알 수 있다. 한마디로 투자하는 당시에는 제아무리 뛰어난 투자자라 해도 아무것도 확신할 수가 없다. 투자 인류는 투자 경험이 얼마나 오래되었건 간에 늘 자신의 결정이 맞는지를 끊임없이 의심해야만 살아남는 불안지대에 놓인다. '앞으로 이렇게만 투자하면 되겠네.' 매너리즘에 빠지는 순간 시장은 "개미의 자만심을 철저히 깨부순"다. 이 과정에서 투자와 관련된 여러 지식과 방법에 대해 깊은 회의감을 표출하는 투자자도 있다. 로알매매방의 운영자 박동일 씨는 기존에 나와 있는 책과 투자전문가의 방송을 참고하여 매매하는 게 이미 '망가진' 사람, 즉 투자에 실패한 사람이 예전에 썼던 글을 '모범 사례'로 여기면서 공부하는 것과 다를 바

없는 거라며 회의적인 입장을 드러낸다. 책이든 입실자 중 몇몇이 듣는 리딩 방송이든 결국 실패하게 되는 것은 매한가지라는 거다.

박동일 책이나 방송 통해서 수현 씨가 말하는 기초 공부를 초보 때 대부분 많이 하죠. 근데 그거 다 필요 없다고 생각하는 사람도 있어요. 이 책 쓴 사람도 분명 거지됐을 텐데. 내가 이 거지된 사람 이야기를 왜 봐야 되지? 난 이미 간접적으로 경험 다 했고, 대한민국 '난다 긴다' 하는 전문가들의 흥망성쇠를 다 봤는데. 그 사람들은 결국 운이나, 정보가 좋았던 것뿐이에요. '원형○○'이라고 주식 책 팔아먹으려고 거짓말하고 사기 친 사람도 있는데, 그 사람 책 요즘도 팔려요. 진짜 슬픈 일이야.

그는 개인투자에 대한 기초 공부를 마쳐도 확정할 수 있는 것은 아무것도 없다고 말한다. HTS 사용법이나 주식 용어를 아는 것은 게임에 비유하자면 게임하는 방법을 익힌 것에 불과하며, 그것을 안다고 게임을 잘하게 되는 것은 아니기 때문이다. 증시는 늘 새로운 뉴스와 시황에 따라 변화하기 때문에 종목 선정과 매매 기법에 대한 공부는 '배우면 땡' 하고 끝나는 게 아니라 끊임없이 변화하는 사정과 환경에 맞게 연마하고 연습해야 한다고 말한다.

박동일 투자는 학문과 달라요. 학문의 경우 그 분야의 교과서나 기존 지식을 다 외워 버리고 습득하면 전문가가 될 수 있죠. 하지만 주식은 그걸 다 알고 다 외워도 철저히 망가질 수 있어요. 난다 긴다 하는 사람들조차도. 시장은 동물과 같아서 전혀 예측할 수 없는 방향으로 변화하기 때문에. 과거의 데이터를 다 외워도 그대로 안 가는 게 이 시장이니까요.

이런 여러 우여곡절과 쓰라린 경험과 회의감에도 불구하고 이들이 전업투자자로 남아 있는 이유는 이들에게 다른 선택의 여지가 없기 때문인지도 모른다. 이어서 이들이 전업을 결심하게 된 동기를 살펴보자.

3
'문송'[39] 아버지의 유일한 선택지

다음 그림은 온라인에 '기승전 치킨집'을 검색하면 찾을

---

39 '문과라서 죄송합니다.'의 줄임말로 채용 시장에서 이과에 비해 취업의 문턱이 좁은 문과생의 어려움을 나타내는 신조어이다. 서울 명문대 문과 출신인 윤택수 씨는 심층면담 시 스스로 '문송'이라고 소개했으며, "'문송'한 은퇴 남성이 개인 전업투자자의 길로 접어든다."라고 말했다.

수 있는 다수의 도식 중 하나다. 초·중·고등학교의 정규교육 과정을 이수한 한국의 학생들은 문·이과로 나뉜 뒤 경상·인 문·자연·공학 계열 등으로 세분화되어 대학에 진학한 뒤 직 장을 잡거나 사업을 하여 경제활동에 종사하지만 은퇴 후 결 국 '치킨집'으로 통일된다는 '웃픈' 대한민국의 현실을 꼬집 는다.

[그림 2-1] '기-승-전-치킨집' [40]

본 도식을 포스팅한 블로거는 다음과 같이 적는다.

치킨집은 초기 투자 비용과 진입 장벽이 낮아 퇴직이나 퇴사

---

40   출처는 https://brunch.co.kr/@sicle-official/13(2019. 4. 12. 접속).

후 많은 이들이 도전해 봄직한 분야로 생각한다. 또 우리나라 사람들이 치킨을 좀 많이 먹나.(여간 많이 먹는 것이 아니다.)

본문에 등장한 '치킨'과 '치킨집'을 '주식' 혹은 '개인투자'로 대체해도 무방하게 이해할 수 있을 것이다. 왜냐하면 매매방은 치킨집과 유사한 공간이기 때문이다. 중년의 퇴직자가 회사를 떠나 새로운 일자리를 찾는 것은 결코 쉽지 않은 일이다. 하여 그는 생계와 노후를 위해 "초기 투자 비용이 낮고, 접근성이 높아 진입 장벽이 낮으며, 과거에 좀 많이 해 본" 개인투자를 전업으로 삼으려고 결심한다. 그러나 이미 과부하된 치킨 시장의 경쟁에서 살아남는 것이 녹록지 않아 이른 폐업을 맞게 되듯이, 개인투자자 또한 기관과 외국인, 슈퍼개미와의 경쟁에서 살아남기란 쉽지 않다. 로알매매방은 [그림 2-1] 도식의 '치킨집'에 들어가도 좋을, 어쩌면 '치킨집'과 같은 자영업에서의 실패를 맛본 퇴직자가 이후에 찾게 되는 공간이다.

윤택수 엔지니어 같으면 연령의 제한이 없다는데, 우리 같은 '문송'들 같은 경우는 일반 직장에서 어설픈 관리직 하던 사람들, 40대 되면 다 쫓겨나는데 어디 재취업의 기회가 없어요. 그렇기 때문에 막일(육체노동)하든지, 막일보다 나는 주식 전업 이런 데 소질 적성이 맞는다, 그럼 그렇게 하는 거지. 대다수의 개인전업투자자들은 회사에서 나오고, 장사하다 그만두고, 전에 주식을 좀 해 봤는데 괜찮았던 기억이 있고, 이런 거 가지고 뛰어드는 분들이 대부분이거든. 그런 분들은 뭐 몇 달 못 가서 자리 비우게 되는 거지. [그런 식으로 전업을 시작한 사람들이 100명이다 그러면 몇 명 정도 살아남는다고 보세요?] 내 경험으로 보면, 한 한두 명이 살아남나.

로알매매방 입실자들은 크게 비자발적으로 은퇴하게 된 사람과 자발적으로 명예퇴직을 선택한 사람들로 나뉜다. 하지만 두 집단의 사람들 모두 공통적으로 개인전업투자를 은퇴 이후 유일한 선택지로 꼽는다. 각자가 처한 상황과 조건이 다름에도 왜 결국 매매방에서의 전업투자라는 동일하고 유일한 결론으로 귀결되는지를 구체적 사례를 통해 살펴보겠다.

먼저, 비자발적으로 일찍 은퇴하게 된 입실자들의 경우에는 곧장 전업투자를 선택하지는 않는 경향을 보였다. 이들은 장사와 사업, 구직활동 등 다른 직업의 가능성을 모색하다가 실패를 경험하거나 회의를 느껴 전업투자로 전향하게 된다.

로알매매방 운영자이자 해외선물옵션 '단타매매'를 하는 박동일 씨는 대형 철강회사 홍보 담당 3년 차였던 1996년 불법 내부자 정보를 이용해 주식거래를 하다가 크게 손실을 입고, 이른 나이에 퇴직한 뒤 사업을 시작했다. 투자 실패로 진 빚을

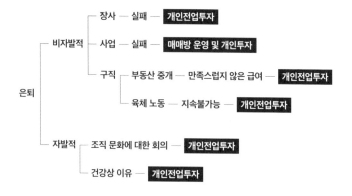

[그림 2-2] **기승전 '개인전업투자'**

갚기 위해서는 월급으로 어림도 없었기 때문이다.

박동일 회사 연구소에서 아주 획기적인 신기술을 발명했는데, 특허출원하면 내가 보도 자료를 만들어서 언론사에 뿌리는 거였죠. 카드론, 현금서비스부터 시작해서 받을 수 있는 거 다 받아서 보도자료 배포하기 전에 (자사주를) 샀어요. 그게 바로 내부자거래예요. 불법이죠. 근데 샀어요. 그걸 MBC에서 특허출원한다고 딱 보도 때리고. 공중파 뉴스에서 대대적으로 보도되고 난리였어요. ○○철강이 일주일 내내 상한가를 치니까 막 사람들이 너무 좋아하고. 그래서 나는 좀 있으면 몇 억 벌겠다 생각이었는데, 일주일 후에 못 판 거죠. 근데 그 이후부터 무너지기 시작해서. 결국 손실 봤어요.(웃음) (나는) 안 올라가니까 못 팔았지. 신용투자도 같이 했기 때문에, 강제매매도 나가고.

그는 이 일로 인해 금융감독원에 불려 가 조사까지 받았다. 하지만 다행이라기보다는 돈 '수억' 잃고, 금감원까지 끌려가며 "두들겨 맞은 기분"이었다고 당시를 회고했다.

박동일 근데 나 말고 회사 사람들 그걸 많이 산 거야. 그게 금감원에서 포착이 되어 갖고. 내가 그때 (직급이) 대리였는데. 금감원이 바로 회사 근처에 있었어요. 눈 오는 날이었는데, 아직도 기억나요. 조사 받으려고 광장을 혼자 걸어가는데…… 나중에 알고 보니까 회사에서 신기술을 개발하니 그걸 보고 자사주를 산 직원이 많았고 다들 내부자거래로 불려가서 금감원 조사도 받고 처분도 받았더라고요. 되게 슬펐어요.

당시 그의 연봉은 2000만 원 수준으로 회사에서 나오는 월급으로는 도저히 수억 원 대의 빚을 갚아 가며 가족의 생계를 부양할 방도가 없다는 판단에 퇴사를 할 수밖에 없었다. 이후 IT 사업을 시작했지만 그마저도 곧 실패했다. 회사 매출이 시원치 않아 직원을 한두 명씩 내보내게 되었고 사무실의 공석을 1인 사업자와 개인전업투자자에게 월세로 대여해 주나가

2008년도부터 본격적으로 매매방 운영을 하게 되었나. 추가로 사업 자금을 들이지 않고도 업종을 변환할 수 있었기에 가능한 일이었다. 이후 매매방 입실자에게 선물옵션 투자를 배워 매매방 운영과 파생상품 투자를 병행하는 박동일 씨는 "매매방 운영과 매매에 승부를 봐야 한다."라고 말했다.

> **박동일** (내부자정보 거래 실패로) 그 덕분에 빚이 좀 생겨서.(웃음) 그때 연봉이 2000(만 원)이 안 됐어요. 그게 월급 받아서는 해결이 안 될 빚이니까, 그래서 회사 나왔죠……. IT 사업한다고 하다가 쫄딱 망하고. 이제는 이거(매매방 운영과 매매)로 승부 봐야 돼요. 이거 아니면 할 수 있는 것도 없고.

은퇴 후 직종 변환을 통해 재취직에 성공하더라도 '신중년'으로서 사회경제적 신분의 변화에 적응하지 못하고 회의감에 개인전업투자로 전환한 경우도 있다. 1988년 대기업에 입사해 '상사맨'으로 26년 동안 근무하고 2014년 임원으로 명예퇴직한 이용철 씨는 단기간에 '부동산 공인중개사 자격증'을 취득하고 지인이 운영하는 공인중개사 사무실 보조로 재취업했다. '어시스트'로 오전 11시부터 저녁 7~8시까지 평일과 주말 모두 일해서 한 달에 고작 150만 원의 월급을 받고 나니 '허탈감'이 밀려왔다. 퇴직할 당시 나름 '억대 연봉'을 받고 다녔던 시절과 은퇴 이후 자신의 가치를 인정받기 힘든 현실과의 괴리 때문이었다. 부동산 공인중개사 일은 자신의 "적성에 안 맞고" "페이"도 적을뿐더러 개인 시간도 없었다.

이용철 내가 원하는 노동의 대가를 주는 직업이 만만치 않더라고요, 주변에. 나도 뭐 직장 다닐 때만 해도 그만큼 가치를 받고 다녔는데, 그만두고 나니까 그만큼 사회에서 밀려 나와서 내 가치를 못 받더라고. 저도 이전에 대기업 다닐 때만 해도 수입이 많았죠. 근데 은퇴하고 나니까 부가가치가 떨어지잖아요. 부동산 하면서 150만 원 받고 일하고. 그것도 하루 종일 토요일까지.

부동산 사무소를 개업할 정도의 자신감은 없었다는 이용철 씨는 한 달에 150~200만 원가량 벌 수 있는 게 없을까 고민하다 주식을 떠올렸다. 직장 생활할 때도 평소에 주식을 "많이," "잘" 했었고, 좋아했기 때문에 2016년 7월부터 전업투자를 시작했다. 처음엔 집과 집 근처 도서관에서 하다 주위의 시선이 의식돼 곧 매매방에 들어왔다. 이용철 씨 또한 나이와 공간에 상관없이 언제든 할 수 있어 접근성이 높다는 점을 개인투자의 장점으로 꼽았다.

이용철 미래에 이게 정년도 없고, 나이가 들어서도 할 수가 있고, 컴퓨터랑 책상, 핸드폰만 있으면 할 수가 있고. 제일 중요한 게 내 개인 시간을 마음대로 활용할 수가 있어요. 그래서 시작한 것 같아요. 거기엔 예전만큼 많이 벌지 못하는 나 자신에 대한 합리화도 있겠지.

'부동산 중개업'은 그나마 양반이다. '노가다 판'이라 불리는 육체노동 현장을 전전하다 전업투자의 길로 회귀하는 경우도 있다. 1989년부터 2003년까지 15년 동안 증권사에서 근무하다 퇴직한 윤택수 씨는 퇴직과 동시에 개인전업투자를 시작했지만 세 번의 실패 경험 이후 결국 개인 파산을 신청했다. 하지만 끝이 아니었다. 부채는 탕감 받았을지라도 여전히 생계를 유지해야 하는 과제가 남았기 때문이다. 그는 2014년 지인의 도움으로 다시 전업투자자로서 재기하기 전까지 약 1년간 노가다 판을 전전하며 돈을 벌었다고 한다.

윤택수 (전업 이후) 중간중간 실패를 한 세 번 해가지고 아주 힘든 순간까지 갔었지. 가장 최근에 망한 게 2013년 일이니까 나이로 따지면 51살이네. 이게 도박 같아 가지고 밑천이 정말 바닥을 드러낼 때까지. 집에서 팔아먹을 수 있는 거 다 팔아먹고 할 때까지 하는 게 이 짓이야. 나도 집에 있는 뭐 부동산 다 날리고. 사는 집으로도 대출받아서 하고. 현금서비스도. 하여튼 돈을 끌어모을 수 있는 거 어떻게 해서든 다 끌어모아가지고 하다가 도저히 안 돼서 망해가지고 일단 금융권 부채는 파산 신청. 개인 파산 해가지고, 부채는 탕감되고, 생계 유지하기 위해서 그 나이에 노가다 잡일하러 다녔죠.

숱한 실패의 경험에도 왜 이 시장을 떠나지 못했냐는 물음에 그는 간명하게 대안이 없기 때문이라고 답했다. 그는 1989년 도에 처음 증권사에 발을 디딘 후 현재까지 약 30년 동안 오로지 주식·파생상품 투자만을 생각하며 살아왔다. 이걸 그만두고 다른 일을 하려고 한다면 구할 수 있는 일은 이용철 씨가 그랬듯 생계 유지하기에는 "택도 없는" 일자리뿐이다. 나이가 들어서도 지속할 수 있고, '4인 가족' 생계 유지에 만족스러운, 즉 자신의 '나이 대'에 적합한 보상이 주어지는 다른 일은 오로지 전업투자뿐이기에 이것에 몰입할 수밖에 없는 현실이라는 것이다.

윤택수 못 떠나는 건 어쩔 수가 없으니까. 이거 외에는 할 수 있는 게 없으니까. 대안이 없어. 지금 우리 나이가 내일모레면 예순에 가까워지는데 뭘 할 수 있겠어. 그렇다고 뭐 장사를 하겠어, 몸으로 때우는 막일을 하겠어, 방법이 없으니까 하는 거지.

여기서 이걸 그만두고 딴 일을 해가지고 내 또래나 동기들처럼 돈 버는 것 쫓아 간다는 것도 불가능하고, 애들이 크니까 학비 부담도 있고, 어쨌든 불가능한 거야. 다른 걸로 만회한다는 게. 결국은 여기서 다시 승부를 봐야 돼. 대부분의 전업투자자들은 다 이런 생각이야. 여기서 깨진 거 다른 데서 만회할 수가 없다 이런 생각. 그것 때문에 못 떠나고, 계속 매달려서 가는 거지.

한편, 자발적으로 명예퇴직한 후 개인전업투자자로서의 삶을 택한 사람들도 있었다. 이들은 직장 생활과 개인투자를 병행할 시기에 어느 정도의 '성공'을 경험한 자들로 비교적 여유 있는 생활이 가능하고, 가족의 생계 책임으로부터 자유로운 사람들이다. 정진석 씨의 경우, 1994년 대기업 통신사에 입사하여 18년 근무한 뒤 퇴사했다. 그는 주식을 전업으로 하기 위한 목적으로 퇴사한 것은 아니고, "일을 그만두고 싶었기 때문"이라고 밝혔다. 그는 2000년대 초반 우리사주제도를 통해 주식투자를 시작해 '닷컴버블'[41]과 2000~2010년 주식시장의 상승기 때 주식, 채권, ELS[42]와 DLS[43] 등 다양한 금융투자상품을

---

41 IT기업 중심으로 2000년대 초반 주가가 '널뛰기'한 인터넷 붐.

42 Equity Linked Securities. 개별 주식의 가격이나 주가지수와 연계되어 수익률이 결정되는 파생상품. 주가연계증권, 시사경제용어사전, 기획재정부, 2020.

43 Derivative Linked Securities, DLS. 유가증권과 파생금융계약이 결합된 증권

통해 스스로 "나름 돈을 벌었다."라고 말한 투자자다. 또한, 자녀가 없고, 부인과 단둘이 생활하고 있어 살면서 '목돈' 들 일도 없었다고 말했다.

정진석 아 원래는 회사를 가고 싶은 생각은 없었는데, 하다 보니 다닌 거고, 충분히 다녔다는 생각도 들었고. 돈도 어느 정도 모았고. 회사를 더 다닌다는 게 의미가 없다는 생각이 들었어요. 처음부터 원래 회사 생활 하려는 마음은 없었는데, 하다 보니 다닌 거죠. 관둘 때, 딱히 뭘 하기 위해서 관둔다는 게 없었어요. 그냥 그 생활이 싫었던 거지. 내가 원하는 삶이 아니었어요.

민종학 씨 역시 1996년도 도로철도공사에 '역무직'으로 입사하여 20년 근무한 뒤 2016년 자발적으로 퇴직했다. 공기업의 특성상 정년이 보장되어 있었지만, '5학년'에 접어들며 악화된 남성 갱년기 장애를 더 이상 견딜 수 없어 건강상의 이유로 퇴직을 선택한 것이다. 또한 '단순 반복'되는 역무직 업무도 싫증이 난 지 오래였다. 잊을 만하면 다시 마주치는 지하철 '진상 승객'들을 상대하는 데도 이골이 났다.

으로 기초자산의 가치변동과 연계한 증권. 파생결합증권, 위의 사전에서 검색.

민종학 정년까지 할 수 있었지만, 지하철 3교대 근무가 너무 힘들었어. 몸도 안 좋은데 50대가 되니까 남성 갱년기 장애가 와서 더 이상 교대 근무 못하겠더라고. 젊을 때야 교대 근무 버티지만 나이 들면 생체리듬을 방해해서 몸이 힘들어서 못 해.

그가 퇴사를 선택할 수 있었던 현실적인 조건은 직장 생활하면서 투자했던 가치주가 소위 '대박'이 났기 때문이었다. 그는 2010년도부터 2014년도까지 '○○제약' 주식을 평단가 1만 3000원대에 약 7만 주를 매수했다. '항암제에 로열티를 받아먹는' 기술을 보유한 회사라 성공하면 10~20만 원까지 주가가 오를 거라 판단했다. 이 주식이 재작년 10만 원대까지 올랐고 현재 3만 원대에 있다. 종학 씨는 매달 100~150주 가까이 매도해서 다달이 600만 원 가까이 4인 가족 생활비로 사용한다. 또한 서울에 다세대연립주택을 소유하고 있어 다달이 월세 고정 수입도 있다. 65세부터는 국민연금도 탈 수 있다.

정진석 씨와 민종학 씨의 자발적 퇴사를 실질적으로 가능하게 한 조건은 그간 투자를 통해 축적한 '경제적 여유'가 있기 때문이다. 이들은 그럼에도 퇴직 이후 개인전업투자 이외에 할 수 있는 것이 없다는 점에 동의했다. 새로운 분야에 도전하고 싶어도 현실적으로 나이가 "발목을 잡는" 것이다. "나의 삶"을 살고 싶어 회사를 나왔지만 쉽지 않았다. 영화를 전문적으로 배우고 싶어도 써 주는 곳이 없고 그나마 선택 가능한 것은 성공의 "백그라운드"가 있는 개인전업투자뿐이다.

정진석 현실적으로 40대에 은퇴하고 나면요, 할 게 없어요. 그게 현실이에요. 회사를 관두고 나면 내 일을 찾아서 할 수 있을 거란 생각이 있었는데. '백그라운드'라고 해야 하나요? 뭐가 없는 분야를 시작한다는 게 쉽지 않은 거니까. 내가 안 했던 분야를 시작하려면 바닥부터 시작해야 하는데 나이 든 사람이 바닥부터 하기에는 써 주는 곳이 없고. 젊은 사람도 취직 안 돼서 난리인데 나이 든 사람을 왜 쓰겠냐는 거죠.

정진석 씨는 은퇴 이후 "자신을 실현하는 삶"을 살고 싶어 여러 진로 가능성을 모색했지만 현실적으로 나이라는 걸림돌에 의해 도전하기가 쉽지 않다고 말했다.

정진석 쉽게 말해서 (내가) 영화를 하고 싶어. 그럼 영화 현장에서 허드렛일에 나를 써 주겠어요? 안 써 준단 말이야. 그럼 영화를 할 수 있는 코스는 두 가지밖에 없어요. '한겨레(아카데미)'에 무슨 영화 코스 프로그램이 있거든요? 그걸 가거나 아니면 지금이라도 영화학과 대학원을 가거나. 그러려면 내가 영화를 하겠다는 굳은 결심이 있어야 하는데, '내가 영화가 맞나?'

이런 생각이 들면서 그런 결단을 내리기도 힘들고.

비교적 물질적 여유가 있는 축에 속하는 민종학 씨도 생계의 최전선에서 전업투자를 하면서 불안감을 느끼기는 마찬가지다.

민종학 주식투자는 내 생업이죠. 여기서 만약에 실패해서 나가면 갈 데가 없죠. 지금 상황엔. 식당이나 야간 대리기사 이런 건 엄청 힘들고……. 뭐 그렇기 때문에 여기서 도태되면 끝이라고 생각해요.

이처럼 자발적이든 비자발적이든 은퇴한 중장년 남성은 전업투자의 세계로 유입된다. 비자발적으로 은퇴를 한 사람들의 경우 생계를 계속 책임져야 하는 경제적 필요에 의해 장사와 사업, 구직 등 다양한 경제활동을 추구하지만 실패하거나 나이에 맞는 적절한 보상이 주어지는 다른 대안을 찾을 수 없기 때문이다. 자발적으로 은퇴한 사람들은 비교적 가족 생계의 책임으로부터 자유롭지만 역시 나이와 건강상의 이유를 들며 개인전업투자자가 중장년 남성의 신분을 가진 자신이 한국 사회에서 선택할 수 있는 유일한 직업이라는 판단을 내리고 있었다.

이러한 판단은 이들이 재취직 혹은 개인사업(자영업)과 비교했을 때 개인전업투자가 가지는 비교우위에 주목하면서 도출하는 결론이다. 개인전업투자자들이 주목한 비교 우위는 총 여섯 가지로 정리해 볼 수 있다. 첫째, 공식적인 정년이 없어서 나이가 들어서도 할 수 있다. 한국 남성의 실제 은퇴 연령인 72세까지 하더라도 아무 문제가 없다. 반면 장사는 공식 정년은 없더라도 건강 수명 이후부터는 체력적으로 한계가 있다. 재취직 또한 고용주가 '나이'를 이유로 해고한다고 하더라도 방책이 없다. 둘째, 체력과 무관하게 몸이 연로해진 '70대'에도 할 수 있다. '손가락으로 마우스 클릭'만 할 수 있다면 가능한 일이기 때문이다.

셋째, HTS·MTS만 있다면 언제 어디서든 할 수 있어 개인의 자유 시간을 확보할 수 있다. 매매를 더 하고 싶어도 주말과 공휴일 국내 증권시장이 개장하지 않을 때는 무조건 쉴 수 있다. 휴식이 보장된 셈이다. 하지만 사업과 재취직은 자율적 시간 운용이 제한된다. 장사를 시작하게 되면 평일에 가게에 매이게 되고 주말도 없이 가게 문을 열어야 한다. 또한 재취직을 하게 되면 평일에만 일한다고 하더라도 예전 직장 생활을 했던 때처럼 직장에 생활이 매이게 된다. 넷째, 자금의 크기에 상관없이 할 수 있다. 초기 자금으로 '수억' 들어가는 자영업과 달리, 개인전업투자는 단돈 백만 원으로 시작해서 수십억을 만들었다는 성공신화를 어렵지 않게 찾아볼 수 있다.

다섯 째, 대인 관계 스트레스 없이 혼자 할 수 있다. 개인전업투자는 '나홀로' 투자이기에 대인 스트레스가 없다. 반면 직장 생활도, 장사도 실물경제에서 다른 사람을 상대하는 것이 불가피함에 따라 대인 관계 스트레스로부터 자유롭지 못하다. 여섯 째, 수입의 측면에도 개인전업투자는 장사와 재취직에 비해 밑지지 않는다. 개인전업투자자는 전업에 뛰어들 당시 아무리 못해도 은퇴 이후 그나마 접근 가능한 '최저임금 수준의 서비스직'의 월급만큼은 벌 수 있다고 기대한다. 또한 만족스럽지도 않은 '보장된 급여'를 받고자 자신의 시간을 온종일 '헌납' 할 바에야 '내가 하기에 따라' 수익을 그 이상으로 극대화할 수 있는 '메리트'가 있는 개인전업투자의 길을 선택하겠다는 생각을 갖게 된다.

개인전업투자와 개인 사업·재취직을 비교해 보면 [표 2-3]과 같다. 이는 모두 개인전업투자의 '낮은 진입장벽', 달리 표현하면 높은 접근성으로부터 파생된 특징이다.

김성호 부동산은 돈이 거금이 들잖아요, 근데 주식은 100만 원이라도 해 볼 수 있는 거잖아. 접근성이 큰 점이 일단 가장 좋지. (……) 그리고 아, 이거 내가 잘만 하면 내 인생이 바뀔 수 있다는 거. 막상 해 보니까 될 것 같은 희망이 보이는 거. 내 자금이 끝났거나 스스로 '아 나는 능력이 없어' 할 때까지 있는 거죠.

	개인전업투자	개인 사업(자영업)	재취직
지속 가능성 (정년 X)	O	O	X
체력 상관 X	O	X	X
언제 어디서나 가능	O	X	X
자금의 규모 상관 X	O	X	O
대인 관계 스트레스	O	X	X
결과의 보장	X (희망이 있음)	X	△(불만족)

[표 2-3] 개인전업투자·개인 사업·재취직의 접근 가능성 비교

임성원 (주식 시장은) 재산을 늘릴 수 있는 정말 좋은 시장인 거지. 재산을 늘리려면 내가 월급을 받는 방법, 장사를 해가 돈을 버는 방법, 여러 가지 방법 중에 주식시장만큼 접근성이 좋은 시장이 어딨어. 아무나 돈만 있으면 접근해서 그걸 할 수 있으니까. 그래서 자유시장경제의 꽃이라 하는 거야. 개인이 부를 축적하고자 하는 건 그건 공산사회나 어디나 사람의 본성이야 그건 똑같아. 누구나 그렇게 하고 싶어 해. 그런데 투자를 해서 손실을 많이 보는 그게 문제잖아. 그러니까 손실을 안 보고 투자를 할 방법 그걸 노력을 해서 만들어 내야지. 무슨 일이든지 인풋이 들어가지 않고 수익을 내는 건 아무것도 없어.

이처럼 개인전업투자는 컴퓨터 혹은 핸드폰과 소정의 자

금만 있는 모두에게 열려 있어서, 누구나 도전해 볼 수 있는 그야말로 꿈꾸기 참 편리하고 용이한 직업이다. 결과만 자신의 '노력'으로 일구어 낼 수 있다면, 개인전업투자는 사업과 직장생활의 단점이 모두 소거된 그야말로 한국 중장년 남성들을 위한 '경제판 포르노'[44]인 셈이다.

　이러한 정치경제적 구조에 놓여 있어 개인전업투자의 기로에 들어선 중장년 남성 개인투자자들이 개인전업투자를 하며 구체적으로 어떠한 희망과 환상을 갖게 되는지 알아보자.

4
'경제적 자유'의 신기루

　'경제적 자유'란 용어의 기원은 자유주의 사상가이자 오스트리아학파 경제학자인 루트비히 폰 미제스(Ludwig von Mises, 1881~1973)의 논문과 수필을 모은 문집인 『경제적 자유와 개입주의(*Economic Freedom and Interventionalism*)』로 거슬러 올라간다.

44　'야동(야한 동영상)' 혹은 '포르노'는 흔히 주 소비층인 남성의 성적 욕망과 섹스판타지를 충족하는 콘텐츠를 제공하는 대명사다. 이에 파생하여, 특정 집단이 가진 이상과 환상을 실현해 주는 개념이나 대상을 지칭하는 용어로 '~을 위한 포르노' 혹은 '~판 포르노'라는 표현이 관용적으로 사용된다. 예컨대 복지와 급여 수준이 높은 국내 극소수의 '신의 직장'을 '직장인판 포르노'라고 부르는 것과 같다.

하지만 현대 한국 사회에서는 직장인들을 상대로 2000년대 초반 이후부터 유행하는 '부자 되기 열풍'의 '최신 업그레이드 버전'으로 활용되고 있다.

IMF 외환위기 이후 한국 사회에서는 구조 조정과 이른 은퇴가 선사하는 불안감에 대한 반대급부로서 '부자 되기 열풍'이 시작되었다. 탤런트 김정은 씨가 2002년 모 카드사 CF에서 "여러분, 부~자 되세요!"를 외친 것이 그 상징적 시발점으로 자주 인용된다.

미래의 불안, 특히나 미래의 경제적 불안에 대한 해결책을 마련할 주체가 국가가 보장하는 사회안전망에서 개인으로 이전되는 것이 바로 신자유주의의 특징이라 할 수 있다. 따라서 젊은이들에게는 공무원 시험과 공기업처럼 안정적인 직장을 권유하고, 취직의 '허들'을 넘은 직장인에게는 숨 고르기에 앞서, '엄마가 아는 보험 아줌마'가 찾아와 '비과세'[45] 연금보험 가

45　1700년대 미국의 정치가 벤저민 프랭클린(Benjamin Franklin)은 "인생에서 죽음과 세금보다 확실한 것은 없다.(In this world, nothing can be said to be certain, except death and taxes.)"라는 말을 남겼다. 하지만 대한민국은 OECD 국가 중 유일하게 (10년 이상 유지한) 연금보험상품에 '비과세' 혜택을 유지하고 있다. 비과세 혜택이란 금융상품의 연간 이자소득세로 납부해야 할 15.4%의 세금을 면제해 주는 것을 말한다. 개인이 연금보험상품에 가입함으로써 스스로 적극적으로 노후를 대비하면 국가가 국민연금과 같은 사회보장제도에 투입해야 할 비용을 줄일 수 있는 효과를 누릴 수 있기 때문이다. 국내 보험사는 '국민연금기금이 2058년 고갈된다.'는 사회보장제도의 위기에 관한 담론을 선전하며 비과세 혜택이 사라지기 전에 서둘러 연

입 서류를 들이밀고, '○○억 모으기'와 같은 재테크의 '과업'을 부과하는 사회 분위기와 일맥상통한다. '어떤 삶이 좋은 삶인 가'가 아니라 '어떻게 돈 많이 벌어서 성공할 것인가' 하는 질문 이 온 사회를 지배하는 '시대정신(Zeitgeist)'으로 작동하고 있다. 재테크는 더 이상 '선택이 아닌 필수'라는 명제는 어색하지 않음을 넘어 진부하기까지 하다.

개인전업투자 또한 접근성이 높아 누구에게나 열려 있는 '평등한' 꿈이지만, 홀로 책임져야만 하는 꿈이다. 성공과 실패 의 책임 또한 투자자 자신에게 온전히 환원되기 때문이다. 그 러나 개인전업투자자들은 그 점조차도 개인전업투자가 가진 장점으로 인식한다. 직장에서는 조직 생활을 하고 여러 사람과 협업해야 했던 것과 달리 자기 혼자 매매해서 나 혼자 책임지 는 현실이 더 편리하다는 것이다.

민종학 여기서는 내가 잘못 진입해서 손절하고 돈 잃으면 그만 이잖아요. 근데 이전 회사에서는 내가 실수하면 나도 스트레스 지만 회사에서 또 깨지잖아요. 직장 구조는 상사가 야단치고, '시말서 써라', '경위서 써라' 그러면서 이중으로 스트레스 받는 데 이 매매방에서는 나 하나만 스트레스 받으니까 이게 더 나

금보험상품에 가입해야 한다는 당위를 도출한다. 연금보험 이외 국내 비과세혜택 이 있는 금융상품에는 저축성보험과 사회간접자본채권이 있다.

은 것 같아요.

박동일 (개인전업투자자) 자기와의 싸움 이외에 대외적인 스트레스를 안 받아요. 직장 생활 해 보면 알겠지만 이게 짜증이 나는 게 많아요. 뭐 저런 놈 밑에서 내가 지시를 받고 일해야 되나? '조현○' 같은 사람 밑에서 그런 소리 듣고 그러면 회의가 들 거 아니에요? 물론 보상이 있으니까 하겠지만, 그런 것들에서의 스트레스를 싫어하는 사람들이 있어요. 그래서 (매매방에는) 조용한 사람들이 많더라고. 내성적이고. 내성적이고 조용한 사람들은 막 사회 생활 하면서 부딪히고 하는 것들에 대해서 피해요. '나하고 안 맞아.' '속상해서 난 사회 생활 하기 싫어.' 그런 사람들도 꽤 되잖아요. 그런 사람들이 조용히 투자를 해 보니까 아! 이거 될 거 같거든. '나 매매방에 조용하게 있을래.' 그러면서 입실하죠.

경제적 성공과 실패의 책임이 개인에게 환원됨에 따라, '대박'에 대한 욕망과 믿음은 현대 한국에서 신흥 종교가 된 지 오래다. '창업벤처신화,' 부동산과 주식 같은 '재테크 신화', 하물며 '로또'와 '카지노,' '비트코인,' 가장 최근 졸속으로 통과된 '주택임대차보호3법' 이후 서울 아파트 가격 상승으로 인한 '부동산 재테크'와 동학개미 '주식열풍'까지 '대박'의 수단에 대한 관심과 열광은 올드미디어 뉴미디어 할 것 없이 지속적으로 재현되며 일상생활에서 끊임없이 소비되고 재생산되고 있다.

'경제적 자유'라는 개념은 2020년대 신자유주의를 압축적으로 보여 준다. 이 용어는 2010년대 이후부터 언론과 재테크 서적들[46] 중심으로 사용되기 시작하며 점점 그 용례가 보편화되고 있다. '경제적 자유를 얻는다.'라는 자극적이고 '섹시한' 담론이 대중을 유혹하기에 부족함 없기 때문이다. 과거 '부자 되기 열풍'이 '돈 많이 버는 게 최고'라는 직설적인 물질만능주의 가치관이 우리 사회에 유입되었음을 드러내는 한편 '부자 되자!'는 화끈한 의지의 발로였다면, '경제적 자유' 담론은 평범한 직장인들을 대상으로 직장 생활과 재테크를 병행하며 '○○억'을 모으거나, '월 천'만 원을 버는 시스템을 만들 수 있는 구체적인 '로드맵'을 제시한다.

---

46 출간일 순으로 심우성,『(경제적 자유를 누리는) 당당한 부자』(무한, 2004); 박창용,『(경제적 자유를 위한 프레임) 변화 속의 기회』(모아북스, 2010); 부자아빠,『(경제적 자유를 위한) 주식투자 시크릿』(모든국민은주주다, 2012); 김종성,『경제적 자유를 갈망하는 모든 경매 투자자들이 읽어야 할 필독서) 경매 학교종이 땡땡땡 어서 모여라』(매일경제신문사, 2013); 김선화,『(돈 걱정 없는 인생 프로젝트) 경제적 자유에 이르는 6단계』(원앤원북스, 2014); 김종성,『(경제적 자유를 위한 경매 투자의 모든 것) 부동산 경매로 365일 월세를 꿈꾸는 사람들』(한국경제신문, 2017); 김서진,『(소액으로 경제적 자유를 꿈꾸는 당신을 위한) 돈이 없을수록 부동산 경매를 하라』(위닝북스, 2017); 고경호,『(리스크 없이 가장 빨리 경제적 자유를 얻는 재테크 매직) 돈의 마법』(한빛비즈, 2018); 청울림,『나는 오늘도 경제적 자유를 꿈꾼다』(RHK, 2018) 등이 있다.

여기에서 그치지 않는다. '경제적 자유'의 핵심은 직장에 다니지 않을 자유 내지 선택지를 누리는, 내가 주인이 되는 삶이다. 하여 이를 꿈꾸는 자는 직장 생활과 적극적 재테크를 병행해 금융투자만을 통한 수익으로 생계를 충당할 수 있는 '시드 머니'를 만드는 것을 목표로 한다. 목표액은 최소 10~50억까지 다양하다. 시드머니를 만들면 하루빨리 폼나게 사표를 던지며 일터를 뜰 것이다. 혹시 직장을 계속 다닌다면 그 이유를 생계 유지가 아닌 자아실현이나 사회적 명예에 두는 것이다. 즉 경제적 자유란 직장에 매여 있지 않고 나의 시간을 온전히 나의 '자유 의지'로 설계하는 삶을 뜻한다. 미국 2030 청년 직장인 세대를 중심으로 확산되는 '파이어(Financial Independence Retire Early, FIRE)족'의 한국판 버전이라 할 수 있다. 마치 돈이 내 인생의 우선순위가 되지 않는 듯한 인상을 풀풀 풍긴다. 하지만 역설적이게도 그런 부를 성취하기 위해서는 그 누구보다 '돈 냄새'에 민감한 습성을 자기 규율 삼아 인고의 시간을 견뎌야만 한다. 물질을 초월하는 게 아니라 정복하겠다는 계획이다. 돈을 신경 쓰지 않아도 될 만큼의 부를 손에 넣고 나면 비로소 자유로워지겠다는 셈인데, 이게 과연 자유의 진정한 모습일까? 경제적 성취 이전의 삶을 스스로 노예의 삶으로 저당 잡는 건 아닐까?

하지만 이와 동시에 경제적 자유는 '제발 돈 때문에 그만

울고, 괴롭고 싶지 않다'는 인간의 심리를 드러내기도 한다. 시드머니가 일정 목표를 초과하면 더 이상의 부를 추구하지 않고 경제적 자유를 누리며 살겠다는 사람도 있다. '이기적 인간'으로 사는 것을 자신의 의지로 중단하겠다는 발상은 주류경제학에서는 설명하지 못하는 현상이다. 물질적 안정보다는 나의 마음의 안정과 평안함을 더 중시하는 결단이라고 볼 수 있을 것이다.

그렇다면 로알매매방 개인전업투자자들의 매매 행위는 경제적 자유와 어떻게 연관되는가? 나는 로알매매방 입실자들이 전업투자에 뛰어들게 된 이유는 '투자 성공'을 향한 자신의 의지와 도전 정신을 바탕으로 한 주체적인 선택이라기보다는 은퇴 이후의 현실적 경제 상황에 의한 구조적 선택이라고 설명한 바 있다. 그러나 역설적이게도 매매방에 입실한 이후 이들은 '직장인 경제적 자유 꿈나무'와 유사한 '로드맵'을 설계하며 적극적으로 '경제적 자유'를 쟁취할 것을 갈망하기 시작한다.

나는 이들이 심층면담 시 공통적으로 강조한 개인전업투자로서의 궁극적인 꿈, 즉 돈 때문에 자신의 생활의 내용과 시간 운용 등 삶의 자유가 제한받지 않는 '경지'인 '경제적 자유'에 대한 열망에 주목한다. 개인전업투자자들은 생계를 해결하는 것 이상으로 '경제적 자유'를 이루겠다는 의지와 열정을 드러낸다. 생계를 위해 개인전업투자를 불가피하게 선택하더라도 이들은 개인전업투자 세계에 발을 들이게 된 이후 개인전업투자의 '우주' 속에서 자신이 꿔 볼 수 있는 '꿈'을 적극적으로 상상해 나가기 시작하는 것이다.

로얄매매방의 입실자들은 투자 목표에 대한 질문에 두 가지 답을 제시했다. 첫째는 원금 대비 3~5%의 꾸준한 수익을 내는 것이다. 꾸준히 수익을 낸다는 것은 마치 다달이 월급을 버는 것처럼 가족의 생계 문제를 안정적으로 해결하기 위해서다.

□□□ 욕심 많이 부리면 부린 만큼 당하는 게 이 시장이거든요. 대박, 횡재 바라지는 않고 70살까지 한 달에 300~400만 원 정도 벌게 하자. 못 벌 때는 100만 원. 예적금이 지금 1년에 2%니까. 따블만 나와도 좋다고 생각해요.

△△△ 목표는 연 2000만 원. 퇴직금으로 하고 있긴 한데 그건 최대한 세이브(save)하려고 해요. 그리고 수익은 와이프한테 100만 원 주고, 내 생활비 100만 원 쓰는 걸 목표로 하고 있고……

둘째, 이들은 '경제적 자유' 혹은 경제적 자유를 이룰 수 있는 특정 금액, 예컨대 '20억 원'과 같은 궁극적인 목표를 설정하여 투자하고 있다. 개인전업투자의 꿈은 월급 벌었던 당시처럼

번호	초기 자금	목표
1	1억 원	월 3~4%
2	2억 원	연 10%
3	10억 원 이상(위탁금, 자기자본 X)	월 3~5%
4	4억 5000만 원	월 1000만 원
5	2억 원 이상	월 1000만 원
6	-	-
7	-	연 30~40%
8	1억 원 이상	월 4%
9	-	-

[표 2-4] **초기 자금과 목표 수익률**[47]

생활비도 벌고, 그뿐만 아니라 종국에는 그 이상으로 수익을 올려 '경제적 자유인'이 되겠다는 야심 찬 상상이다. 김성호 씨의 경우 복리 효과에 의해 60세 이전 특정 시점에 자신이 목표한 금액을 달성하리라는 구체적 계산을 갖고 있다. 액수는 구체적으로 밝히지 않았지만 그는 자신이 목표하는 최종 금액을 만들 수 있는 핵심 '병기'로 복리 효과에 주목했다.

---

[47] 과반수의 매매방 입실자들은 초기자금과 목표 수익률은 익명으로 처리할 것을 요구했다. 가명으로 처리해도 지금까지 투자자의 이전 경제활동 경험을 서술한바 매매방 입실자들이 서로를 특정할 수 있다고 판단하여 가명을 적지 않고 표를 작성했다.

김성호 내 증권 커뮤니티 닉네임은 '뭉쳐라'야. 난 그 말을 참 좋아해. (돈을) 한 방에 버는 게 아니고 스텝바이스텝 복리 형식으로 꾸준히 '뭉쳐라'. 눈덩어리처럼 자산이 늘어나라. 사람들이 복리가 별거 아니라고 생각하는데 그게 나중에는 엄청난 거라고. 1~2년 처음엔 별거 아니지만, 10년 후에는 몇십 프로가 되는데.

이처럼 주식투자자의 경우 꾸준한 수익의 축적과 복리 효과로 수익이 불어나는 과정을 통해 경제적 자유를 이루겠다는 셈을 한다면 파생상품 거래를 하는 투자자는 '10배' 혹은 '대박'을 맞아 '이 바닥을 뜨겠다!'라는 야심 찬 목표가 있었다. 박동일 씨의 경우, 개인투자 생활 은퇴 이전에 옵션투자를 통해 '10배'의 잭팟이 터지길 기원하는 마음으로 매달 50만 원씩 만기일 날 계좌에 넣어 둔다고 한다.

박동일 남들은 옵션으로 100배 200배도 맞아 봤다는데 나는 뭐 10배도 한번 안 맞나 해서, 은퇴하기 전에 10배나 한번 맞아 봤으면 좋겠네 하는 심정으로 만기 날 50만 원씩 계좌에 넣어 놔요. 이 돈은 버려도 된다는 심정으로.

이들이 '경제적 자유'로 상상하는 바는 자본금이 몇십억

단위가 되어 매매방에 입실한 단타 생계형 투자자의 신분에서 탈피하는 것이다. 이는 '직장인 경제적 자유인 꿈나무'들이 시드머니를 만들면 '직장을 뜬다'는 목표와 일맥상통한다. 그 정도 규모의 돈이라면 초저금리 시대에도 은행에 '고이 모셔 두고' 이자 수익만으로도 '먹고사는 데' 지장이 없기 때문이다. 또한, '계절' 혹은 '분기'에 한두 번 매매하면서도 생계를 유지할 뿐만 아니라 그 이상의 자금을 벌어들이는 여유를 가질 수도 있다. 같은 월 3%의 수익률이라 하더라도 1억 원을 가진 투자자는 월 300만 원을 벌지만, 10억 원을 가진 투자자는 월 3000만 원을 벌어들일 수 있어서다. 실제로 그렇게만 된다면 단타 매매를 해서 투자의 회전율을 높이지 않고도, 적은 횟수의 거래만으로도 생활에 충분한 수익을 거둘 수 있을 것이다.

김성호 (목표 금액 달성하면) 매매는 한 달에 한두 번만. 돈만 많으면, 주식은 한 달에 한두 번만 매매해도 돈 벌 수 있어요. (……) 장이 지금처럼 불안하다? 그러면 굉장히 좋은 종목들이 굉장히 싸게 많이 나와. 그럼 그때는 어 뭐 2~3개월 기다리지 하고 사. 근데 그게 한 달 안에 수익이 10% 이상 나왔다, 그럼 팔면 돼. 자금이 어느 정도 커지면 그게 가능한 거지. 10억을 투자해서 한 달에 1%만 먹어도, 한 달에 1000만 원. 한 번만 매매했는데. 그럼 되는 거지.

'경제적 자유인'으로서의 상상 중 자주 거론되는 이상(理想)은 '여행'하는 삶이다. 개인전업투자자들은 직장의 사무실 혹은 매매방에 매인 삶이 아니라, 자유롭게 여러 곳을 돌아다니는 삶에 대한 동경을 강하게 갖고 있다.

김성호 60살 이후엔 여행 많이 다니고 싶어. 사람도 좀 만나고. 계속 볼 필요도 없어 주식을. 가끔 화장실이나 커피 먹다가, 친구들이랑 얘기하다가 스마트폰 보면 되는 거잖아. (……) 어차피 나는 계속 매매를 하던 사람이고. 어느 정도 데이터는 머리에 있고. 그러니까 내가 그런 투자를 할 때는 종목만 몇 개 스마트폰에 저장해 놓고. 나중에 어, 이렇게 움직이고 있구나, 이쯤 오면 한번 사야지. 그때 사면 되는 거야. 그게 가장 좋은 매매 방식이고. 이상적인. 원래 그렇게 해야 하는 거야.

개인투자 혹은 개인전업투자가 실패할 확률이 높음에도 이토록 대중에게 설득력 있게 다가설 수 있는 이유는 바로 이렇게 '경제적 자유'라는 희망이 실현될 수 있는 '그럴듯한' 가능성을 매력적으로 제공하기 때문이다. 비록 그 확률은 매우 낮을지라도 말이다. 투자 성공 신화에 빠지지 않고 등장하는 고난과 시련의 수기(手記)는 입실자로 하여금 경제적 자유를 쟁취하기 위해 손실의 역경에도 희망을 잃지 않도록 스스로에게 영감을 불어넣는다.

정진석 주식투자 해서 돈 번 사람들 이야기 읽어 보면 중간에 다 깡통 찬 이야기가 있어요. 그리고 그걸 딛고 일어나. 그런 류의 스토리가 되게 많아요. 그래서 이를 악물고 해서 성공했다. 그래서 주식 시작할 때는 수업료 치러야 한다는 식으로 각오하고 해야지.

하지만 '경제적 자유인'으로서의 상상은 허상에 가깝다. '경제적 자유'에 대한 갈망은 생계형 투자자의 현실에 내포한 불안정성과 위험을 은폐하고 합리화하는 기제로서 채택되었을 뿐이다. 20세기 초 미국의 "전설적인 주식 트레이더," '제시 리버모어(Jesse Livermore, 1877~1940)'의 사례와 같은 숱한 성공 신화는 그 합리화 기제의 '그럴듯한' 질료를 제공할 뿐이다.

윤택수 전업투자자 중에 아주 전설적인 사람이 20세기 초에 미국에 제시 리버모어라고 있어. 그 사람이 쓴 책 읽으면 와, 나도 그렇게 돼야지, 이런 생각을 잠시나 해 볼 수 있지만, 그건 진짜 꿈같은 얘기야. (……) 내가 이제 상황은 비록 여의치 않아 가지고 전업투자자를 시작했지만, 그런 꿈은 이제 자기 합리화를 시켜야 할 것 아니야? 내가 전업투자자를 그냥 쫓겨서 하긴 하지만 자기 합리화시킬 꿈같은 걸 하나 만들어야지. 나도 리버모어처럼 겨울 되면 요트 타고 따뜻한 데 가서 지내고. 뭐 미국 대통령이 와서 경제 좀 살려 달라고 하고 이런 사람 돼야지. 그런 꿈을 잠시 꿔 보는 거지.

이처럼 경제적 자유를 쟁취하기 위한 수단으로 전업투자를 인식하게 된 결과 입실자는 전업투자를 생계의 수단보다는 '선물,' '꿈,' '활력소,' '소중한 친구' 등의 긍정적이고 낙관적인 언어로 인식한다. 은퇴 이후에도 생계를 유지하면서 꿈도 실현할 수 있는 '자본주의의 꽃', 즉 주식의 향기를 맡을 수 있다는 데 안도감과 고마움을 표한다. 이렇게 이들은 신자유주의 사회의 진정한 '투자 인류'로 거듭난다.

김성호 (주식은) 자본주의가 나에게 준 선물인데? 아니 자본주의가 기회를 준 건데. 그걸. 아니 유아인[48]도 그걸 기회를 만들었잖아. 나에게는 꿈이 있다! 니(자본주의를 비판하는 사람들)가 보지 못하는 꿈이 있다. 너보다 더 많은 돈을 벌 수 있는 꿈이

---

48 영화 「국가부도의 날」에 등장한, IMF 외환위기 당시 증권사에 사표를 던지고 투자자를 모아 '국가부도에 베팅한' 윤정학 역(유아인). 1997년 동양증권을 퇴사하여 미래에셋캐피탈과 미래에셋자산운용을 설립한 박현주를 모델로 한 것이라는 추측이 있다.

있고, 더 여유롭게 생활할 수 있는 꿈이 있다고.

또한 이들은 경제적 풍요를 개인의 주체적 삶과 행복의 필요조건으로 인식한다. 이는 자칭 "평범한 직장인에서 퇴사 3년 만에 월세로만 1000만 원을 버는 부동산 전업투자자로 변신한" 청울림(필명) 씨가 그의 저서 『나는 오늘도 경제적 자유를 꿈꾼다』(2018)에서 재테크의 목적이 단순 금전적 여유를 얻는 수준을 넘어 '내가 주인이 되는 삶'을 이룩하는 것이라 역설한 것과 일맥상통하는 대목이다.

김성호 (주식투자는) 꿈이에요 꿈. 내 꿈을 만들어 주는 거지. 내 꿈은 행복하게 사는 건데, 그 행복을 가져다주는 게 지금 현실에선 재물이잖아. 그 재물을 얻기 위해서 가장 빠른 길. 나에게 내 꿈을 실현하는 지름길.

이용철 인간(에게 필요한 건) 기본적으로 세 개라고 봐요. 건강해야 되고, 행복해야 되고, 세 번째는 경제. 경제는 의식주. 주식투자 하면서 취미니까 행복하고, 그리고 경제를 해결해 주고. 그 두 가지를 다 하게 해 주죠. 재미도 있고, 돈도 벌게 해 주고. (매매방) 나와서 자아실현하고, 자기의 행복을 얻고, 돈 벌고. 그 세 개가 다 된다고 봐요.

그러나 주식투자를 통해 경제적 자유를 이루겠다는 이들의 '염원'이 신기루에 불과하다는 것은 그간 퇴실한 입실자의 사연과 남은 입실자의 '미적지근한' 투자 성과의 고백을 통해 드러난다. 이처럼 로알매매방의 개인전업투자자들은 저마다 다른 상황에서, 다른 경로로 매매방에 유입되었지만, 공통적으로 경제적 자유라는 신기루와도 같은 환상을 내면화한 채 주위 입실자의 연속적 퇴실에도 자신의 투자 손실 경험에도 매매방에 남기를 선택한다. 그렇다면 이들이 돈을 잃어 가는 와중에도 매매방에 남기로 선택하는 이유는 무엇인가? 매매방이란 공간은 개인전업투자자에게 어떤 의미를 주고, 매매방에서의 일상 경험은 개인전업투자자가 투자를 지속하는 데 어떤 역할을 하는가?

다음 장으로 넘어가기에 앞서 꼭 짚고 싶은 점이 있다. 행태재무학이 개인투자자를 편향의 수인으로 다뤘듯 개인전업투자자를 사회구조적 시각에서 평가하고 분석하는 것이 개인전업투자자 집단을 구조의 수인으로 다룬 게 아닐까 질문할 수 있다. 공부와 노력, 인내와 재도전 그리고 극복과 성장의 테마는 주식투자와 떼려야 뗄 수 없는 관계에 놓여 있다. 그리고 이러한 미덕을 근간으로 삼는, 자기 계발화(化) 된 투자의 긍정적 측면은 인정된다. 투자라는 행위가 일상에 불어넣는 활력은 주식투자를 개인투자자의 삶의 소중한 일부로 자리잡게 한다. 동시에 투자자가 계속 매매를 해 나가는 농력으로 작용하는 것도 사실이다. 투자가 개인의 삶에 미치는 긍정성, 자본시장이 우리 사회에 이바지하는 바와 그 순기능을 부정하지 않는다. 하지만 개인 내부의 인식에 치중하게 되면 개인이 투자를 지속해 나가는 이유가 단순히 투자에 대한 긍정적인 인식 때문만은 아님에도 불구하고 그 개인이 속한 맥락과 환경 상의 이유는 간과되기 쉽다. 이런 점에서 개인투자자가 처한 사회적 맥락에 대한 검토는 여전히 필요하다고 생각한다. 또한 로알매매방의 역대 입실자의 성과가 수익보다 손실에 가깝다는 사정을 고려할 때 이런 긍정적인 인식에 대해서도 고찰해 볼 필요가 있다. 구조적 폭력이나 모순을 미화하고 합리화하는 언어와 관념은 동서고금을 막론하고 심심치 않게 찾아볼 수 있다. 물론 이 책의 연구참여자들이 구조적 폭력을 합리화한다는 뜻은 결코 아니다. 다만 구조 안에서 살아가는 개인은 어떤 방식으로든 구조의 영향을 받게 될 수밖에 없고 그 결과 개인이 내면화하며 살아가는 관념 ── 혹자는 개인이 자신의 주체적인 생각을 바탕으로 행동한다고 말할 수 있겠지만 ── 어느 쪽이든 그 개인이 가진 관념에 대해서도 새로운 시각에서 검토해 봐야 한다. 다만 이 책에 등장한 연구참여자나 개인투자를 전업으로 하고 있는 독자의 입장에서는 행위자로서 개인을 무력화하고 대상화한 것 같아 불편하게 느껴질 수도 있을 것이다. 이 지면을 빌려 사과의 뜻을 전하고 싶다.

3장

개미의 매매방 사용 설명서

로알매매방 개인전업투자자가 돈을 잃는 와중에도 입실료를 내고 매매방에 나오는 여러 문화적 이유를 매매방에서의 일상적 경험을 통해 살펴보자. 로알매매방은 은퇴 이후 "돈벌이를 통해 효용가치를 증명하지 못하는 무능한 가장"이라는 주위의 부정적 이목으로부터 해방되기 위한 중년 남성판 '자기만의 방'이다. 하지만 입실자는 외부 세계로부터 고립된 매매방 생활에 전념하게 됨으로써 사회적 관계의 단절에 놓이기 쉽다. 초기 매매방은 개인전업투자자만의 '게토'로서 이들이 매매방 밖에서 느끼는 부정적 인식과 소외의 문제를 보완하는 기능을 성공적으로 수행했다. 하지만 국내 증시 실적이 악화돼 매매방 입실 인원이 줄고 개인주의가 강화되면서 이마저도 사라진 오늘날의 매매방은 오로지 매매를 하는 물리적 장소로서

만 기능하고 있다. 이런 결과는 시장의 상황이 좋지 않고 개인
전업투자자가 생존하기 힘든 현실에서 비롯된다.

1
조기 은퇴 중년 남성의 '자기만의 방'

입실자 일과의 중심은 매매방을 중심으로 돌아간다. 평일
아침저녁 출퇴근은 이들의 일상을 구성하는 중심 사건이며, 매
매방은 집 다음으로 가장 많은 시간을 보내는 장소다. 영화도
보고 친구를 만나 술도 마시고 당구도 치지만 이는 '어쩌다 한
번' 하는 일이다. 규칙적이고 꾸준하게 하는 일은 매매방에서
의 투자뿐이다.

이용철 9시부터 3시 반까지 주식시장 보고. 그다음에 4시 정도
(에) 친구 만나(러 가)거나, 특별한 일 없으면 집에 가죠. 아니면
운동을 한다든지. 취미는 노래 부르는 거 친구들이랑 하고. 노
래는 주에 한 번 하고. 가끔 당구도 치고.

돈을 벌기 위한 목적을 가진 개인전업투자자가 매일같이
매매방에 오는 이유는 무엇일까? 매매방을 이용하기 위해서는

매달 20~30만 원가량 월세 비용이 발생하고 출퇴근하기 위해서도 교통비와 시간적 비용이 발생한다. 그럼에도 개인전업투자자가 매매방을 이용하는 이유는 크게 두 가지로 볼 수 있다.

첫째, 집에서 나오기 위함이다. 목적은 매매방에서의 매매라기보단 '출퇴근'이다. 입실자들은 은퇴 이후 일하는 아내와 달리 자신은 '집에서 노는 실업자'로 보이는 것을 가장 두려워한다. 매매방은 은퇴한 한국 중년 남자가 가족과 이웃의 인식으로부터 자유롭기 위한 '자기만의 방'인 셈이다.

이용철 가장 중요한 이유는 나오기 위해서예요. 나 같은 경우엔 퇴직했지만, 와이프는 아직 직장을 다녀요. 집에 있으면 꼭 실업자 같잖아요. 노는 거 같이 보이고. 나는 주식이 일이라고 생각하지만, 남들은 일이라고 인정을 안 하고. 빈둥빈둥 집에서만 있는 것처럼 보이잖아요. 좌우지간 밖에 나가서 하루를 보내고 들어가기 위해서 있는 거예요 사실. 직업인처럼 사무실에 나가기 위해서. 그게 보기에도 좋고. 솔직한 이유는 그래요.

민종학 몇 달 집에서도 해 봤는데 밖에 아파트 벤치에서 내가 막 왔다 갔다 하니까 아파트 청소하는 아줌마가 웃더라고. 백수인가.

입실자가 가장 '눈치를 많이 보는' 아내들은 남편이 개인 전업투자를 하는 것은 용인할지라도 세 끼 식사까지 차려 주는 것은 부담인 모양이다. 아내들 역시 비용이 들더라도 매매방에 가는 편을 선호한다고 한다. 집에서 아내에게 세 끼 모두 얻어 먹는 '삼식이'(三食이) 남편은 환영받지 못하기 때문이다.

윤택수 그러니까 집에서 할 수 없는 일은 아닌데……. 하기 뭔가 가장으로서 좀 거시기한…… 그치. 그게 가장 큰 거야. 집에 서 있으면, (수현 씨가) 결혼 아직 안 해서 모르겠지만, 집에 하루 종일 있으면서, 밥 먹는 남편을 뭐라고 부르는지 알아요? 삼식이. 세 끼 처먹는. 그럼 여자들이 카톡 하면서 "우리 남편 삼식이야," "어후 그건 죽지도 않네." 서로 이런다고. 그렇게 집에 서 있기가 힘들어. (……) 그러면 매매방 같은 곳 말고는 갈 데가 없지.

민종학 와이프도 나가서 하라고 사죠. 집에 있으면 귀찮다고. 밥 차려 주기 싫다고.

이들은 이른 은퇴와 여전히 남아 있는 생계 부담의 상황에 서 '남자라면 가족을 먹여 살릴 수 있어야 한다.' 혹은 '남자로 태어나서 한다면 한다.' 식의 사회적 기대와 통념에 부응해야 한다. 이들이 체화하고 있는 남성으로서 '지녀야 할' 능력에 대한 가부장적 관념은 심층면담 와중에 자주 드러나곤 했다.

민종학 남자는 기본적으로 처자식을 먹여 살릴 책임감이 있어야 해. 기본적인 생활력이 강해야 해. 다른 친구들 역무원 생활할 때 대충대충 해도 (나는) 처음 신입 연수 교육할 때 한 가지 알려 주면 열 가지 한다고 그랬어요. 저 사람 참 많이 안다. 참 잘한다.

이를 미루어 볼 때 입실자들로 하여금 매일 아침 매매방으로 향하게 하는 '부정적 시선'의 절반은 외부에서 오는 것이지만 나머지 절반은 자기 자신에게서 기인한다. 스스로 '무능한 가장'이라는 프레임을 받아들임으로써 가슴에 남는 자격지심 때문이다. '자기 검열'에 걸린 가장은 최소한 출퇴근하는 모양새를 가족에게 그리고 자기 자신에게 보여 주는 게 무엇보다 중요하다.

입실자가 매매방에 나오는 두 번째 이유는 매매에 집중하기 위함이다. 입실자는 매매를 위한 최적의 환경을 설정함으로써 나태해지지 않기 위해 매매방을 이용한다. 매일이 끊임없이 변화하는 '아슬아슬한 상황'인데 집에서, 오피스텔에서, PC방에서 혼자 하게 되면 몸이 퍼지고 정신이 헤이해져 상황 인식과 판단력이 흐트러지기 때문이다.

　매매방은 떠들고 싶고, 담배 피우고 싶고, 음악을 듣고 싶어도, 마음대로 할 수 없게끔 규칙이 정해져 있는 공간이다. 모든 입실자는 입실할 때 매매방 운영자와의 상담 후 '입실자 준수 사항'에 서명한 뒤 자리를 배정받을 수 있다. 공공의 규칙을 지키지 않으면 항의가 들어오고 경고 이후에도 개선이 없으면 퇴거 조치된다.

로얄매매방 입실자 준수사항 중

1　증권투자에 방해되는 행위(과도한 타인의 매매 상황 관찰, 과도한 대화, 질문, 고성 등 소음 유발, 과도한 전화 통화를 포함한 모든 매매 방해 행위)를 금합니다. 증권 개장 시간에는 특히 정숙해야 합니다.

7　타인에게 피해를 주고 정상적 사무실 사용이 불가능하다고 판단되면 퇴거 조치합니다.

9　사무실, 건물 내 금연입니다.

[그림 3] **입실자 준수 사항**

김성호　학생들이 왜 집에서 (공부) 안 하고 독서실 가겠어요? 집중이 잘되고, 환경이 조성되어 있으니까. 똑같아. 사람은 누군가 지켜보지 않는다면 나태해져. 왜냐하면 아무도 나를 감시

하지 않으니까. (……) 주식도 똑같아. 만약에 집에서 해, 그러면 사람이 피곤하면 눕고 싶고, 보기 싫으면 다른 일 하고 싶고. 그럼 뭔가 나태해진다고. 집중력이 흐트러진다고.

예를 들어 민종학 씨는 원래 집에서 더 가깝고, 입실료까지 10만 원가량 더 저렴한 신도림에 위치한 매매방을 이용했다. 하지만 약 2년 전 로알매매방으로 옮겼는데, 그 이유를 로알매매방은 좀 더 주식하는 '분위기'였기 때문이었다. 또한 신도림 매매방에 있을 때는 자기가 그곳에서 매매를 가장 잘하는 고수였는데 로알매매방은 자신보다 더 수익률이 좋은 입실자가 많아 자극도 되고 배울 점도 많기에 앞으로도 로알매매방에 남을 것이라고 했다.

민종학 (로알매매방 입실료) 22만 원이 좀 비싸긴 하지. 이전에 있었던 신도림은 13만 원이었는데. 주식하는 사람이 나랑 어떤 사람 해서 둘이었어요. 근데 그 사람은 엄청 못해서 좀 답답하고. 어떤 사람은 딴 일 했어요. 인력 소개. 그랬는데, 여기는 나보다 주식 잘하는 사람이 있고, 또 분위기가 주식하는 분위기니까. 비싸더라도 여기 있어야겠구나.

로알매매방은 입실자들의 일상을 구성하는 핵심 공간으

로, 경제적·시간적 비용과 관계없이 '가장'으로서 출퇴근 할 수 있는 대안 공간으로, 그리고 매매할 때의 집중력을 극대화할 수 있는 공간으로 기능하고 있다.

<u>2</u>
주위의 부정적 이목, 관계의 단절

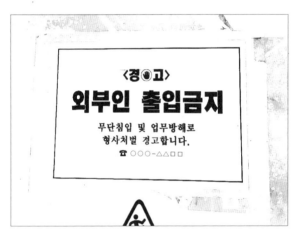

[그림 3-1] '경고' 외부인 출입금지

로알매매방 입실자들은 스스로 매매방 외부 사회로부터 부정적 인식의 대상이 된다고 고백한다. 따라서 로알매매방은 개인전업투자자로서 받는 사회의 '따가운 눈총'을 피할 수 있는 공간이 된다. 매매방은 동질적인 사람들이 모여서 각자 투자에 매진하는 공간이기에 상대가 나를 부정적으로 평가하고 있다는 시선으로부터 자유로워서다. 스스로를 소개하고 설명해야 할 필요도 없다. 이용철 씨는 한때 자택 근처에 있는 공립도서관의 노트북 존을 이용해 매매했는데 '공부하는 분위기'에서 홀로 주식을 한다는 점에 이질감을 느껴 매매방으로 오게 되었다.

이용철 도서관에서도 사실, 사람들 공부하는데, 물론 스마트폰이나 노트북으로 한다고 해도 좀 그렇잖아요? 주식하는 게 좀 이상한 거 같고.

부정적 인식을 의식한 입실자 대다수는 자신이 생계형 개인전업투자자로 전향했다는 사실을 지인에게 잘 알리지 않는 경향이 있다. 알려 봤자, 부인이나 자식에게 별 존경을 받기도 힘들 뿐더러 회의적이고 우려 섞인 평가를 듣기 십상이기 때문이다.

이용철 [친구나 자제 분한테 주식을 전업으로 한다고 말씀하시나요?] 네 그러면 보통 안 좋게 얘기하죠. 전업투자한다 그러면 뭐 이상한 생각을 갖고 있더라고. 외이프도 그렇고. 식업으로서 인정을 안 해요. '그게 일이냐?' 이렇게 말하지. 난 이걸 일로서 고정수입을 목표로 하는데 다들 하는 말은 '그게 일이냐?' 까먹든 벌든 앉아서 시간 보낸다는 생각을 많이 갖고 있는 거 같아요.

민종학 난 아들만 둘인데 직접적으로 항의는 안 하지만 좀 안 좋게 보더라고. 편하게 지낸다고. 주식도 하기 싫어해. 관심도 없고.

윤택수 고딩 딸내미가 있는데 싫어하지. 아빠가 매일 집에서 추리닝 입고 다니면서 주식 한다니까. 다른 집 아빠 같지 않고. 그러니까 싫어하지. 아들도 주식 관심 없고 복잡하다고 싫어해.

김성호 씨에 따르면 입실자의 30~40%는 가족에게 회사를 나와서 매매방에서 개인전업투자를 하고 있다는 사실을 숨긴다. 그러면서 생활비는 매달 집에 갖다 주고 퇴근 시간 맞춰서 집에 들어가는 이중생활을 하는 것이다. '주식 이퀄(=) 도박'이라는 사회적 편견 때문이다. 주식 혹은 파생상품 매매에 대한 접근성이 낮았던 2000년대 이전이나, HTS와 MTS의 보급으로 주식을 하지 않거나 해 본 적 없는 사람이 훨씬 적어진 오늘날에도 금융상품 매매에 대한 부정적 시선은 여전하다.

박동일 금요일 날 (입실자 한 명이) ○○ 대교에서 뛰어내리고, 토요일에 그 사람 부인한테 전화가 왔어요. 근데 알고 보니까 우리 사무실로 출퇴근하면서 부인한테는 속이고 회사 다닌다고 한 거예요. 단 한 번도 부인한테 전업투자를 한단 얘기를 안 했더라고요.

정진석 (주위 사람들한테 개인전업투자한다고 이야기) 잘 안하죠. 불로소득이랑도 연관되고. 돈은 일(노동)해서 벌어야지 같은 생각도 있고. 그러니까 주식투자를 일로 잘 안 보는 거죠.

부친이 개척교회 목사였던 민종학 씨는 음주와 담배까지 멀리하는 모태 기독교 신자이다. 그는 자신이 주식투자를 하는 것을 투기를 금하는 종교적 교리에 위배된다고 생각하여 부모님과 교회 지인들에게 떳떳하게 밝히지 못하고 있는 상태다. 이들이 개인전업투자에 대하여 종교적 가책을 느끼게 만들기 때문이다.

민종학 아버지(목사님)는 모르시죠. 투기 같은 건 하지 말고 경건한 삶, 하나님이 기뻐하실 일을 해야 하는데. 처음에 교회 식구들이 지하철 관두고 뭐하냐고 묻기에 매매방 가서 주식 한다고 하니 아주 안 좋게 보더라고. 그래서 지금은 그냥 개인 사업하고 있다고만 얘기해요.

이와 같은 주식투자에 대한 사회의 부정적 시선 때문에 2009년도 'SBS 스페셜' 촬영팀이 「쩐의 전쟁」이라는 개인전업투자자에 관한 다큐멘터리를 제작하기 위해 로알매매방을 방문했을 때 촬영에 대한 매매방 입실자들의 반응은 적대적이었다고 한다. 이들은 자신의 모습이 카메라에 잡혀서 행여나 지인이 자신을 알아보는 것에 대한 두려움을 느꼈다.

박동일 2009년도에 SBS에서 우리 사무실에 한 번 취재를 나왔어요. 직업투자자들을 알아보는 그런 취재였는데 (……) 다들 걸리면 큰일 난다고 뒤통수는커녕 신발도 나오면 안 된다고 그래요. 이게 사회적 인식이 어떤지를 다 아니까. 뒤통수도 나오면 안 된다. 아주 그냥 강력하게 얘기해서 깜짝 놀랐어.

얼굴 모자이크 처리 없이 당당하게 인터뷰하겠다는 의사를 밝힌 사람은 소위 투자 대박이 난 입실자 두 명뿐이었다. 실패로 인한 스스로에 대한 회의감이 주위의 부정적 이목이라는 자격지심을 만들어 내 투자자들로 하여금 외부 사회로부터 스스로 숨게 함을 유추할 수 있는 대목이다.

박동일 그중에 한 두어 명 정도는 당당하게 난 직업투자로 성공한 케이스니까 '난 인터뷰 하고 싶다. 얼굴 다 까고 하겠다!' 둘이 인터뷰를 했는데 그중에 한 분이 SDS 해서 수십억 번. 그 분이고 한 분은 옵션투자 해서 300만 원을 20억 정도로 번 양반이에요. 그래서 대회 나가면 상도 받고 그래요. 자기는 얼굴 그대로 나와도 좋다.

개인전업투자자의 다수는 스스로가 이런 부정적 시선에 타당성이 있다고 인정한다. 박동일 씨는 개인투자자에 대한 부정적 인식은 워낙 그 실패 사례가 많음이 경험적으로 증명된 결과라고 말한다. 자신이 매매방을 10년 넘게 운영하면서 개인투자자인 입실자를 봐도 워낙 실패하는 사람이 많다는 것을 알기에 이런 사회적 인식에 저항할 수 없는 것이라고 지적한다.

박동일 '다 망할 일을 왜 하냐?'는 물음은 망한 사람, 자살한 사람 워낙 많으니까 생기는 거잖아요. 너 언젠가는 꼭 망한다. 투자 한 번도 안 해 본 사람, 조금 해 본 사람, 전문가도 다 알고 있기 때문에. 얘기를 안 할 뿐이야.

중년 남성 개인전업투자자의 주식투자에 대한 이러한 인식은 청년 세대의 주식투자에 대한 인식과는 사뭇 다르다. 젊은 세대는 금융시장에 대한 이해와 도전을 적어도 부끄럽게 그리고 부정적으로 생각하지는 않는 것 같다. 어린 나이지만 열심히 투자해 '경제적 자유'를 성취하겠다는 도전으로 주식투자를 생각하는 것이다. 얼마 전 불어닥친 비트코인 광풍 또한 '성공'과 '대박'을 향한 젊은이들의 열망을 반영한다. 비록 결론적으로 비트코인 가격이 '떡락'하여 미처 손절하지 못한 매수자는 '존버'하게 되었더라도, 청년 세대는 중장년 세대와 다르게 '투자를 한다'는 사실을 숨기지 않으며, 오히려 자부심을 표현하기도 한다.

그렇다면 중장년 개인전업투자자와 청년 투자자의 태도 차이는 왜 생기는 것일까? 중장년 개인전업투자자는 그 자신부터 투자를 '투기와 도박'으로 보는 부정적인 인식을 체화한 것은 아닐까? 이들은 개발독재와 고도성장 시기를 거치며 땀 흘려 부지런히 일해 '정직한' 부를 일구는 것이 올바른 가치란 믿음에 길들여져 있을 수 있다. 이들이 살아온 시기에 근면한 노동과 합당한 보상의 등식이 성립했던 것은 아니지만, '정직한' 노동을 통해 가족과 공동체에 기여하는 것이 바람직하다는 관념에서 이들이 자유롭지 못한 것은 사실인 것 같다. 다시 말해 중장년 투자자가 주식투자의 부정적 인식에 동조하는 것은, 이것이 공동체의 성실한 '부 일구기'나 근면-자조-협동에 배치되는 것이라는 평가에 익숙하기 때문인지도 모른다. 또한

'정직한' 부를 일구는 노동자를 억압하고 착취하는 유산계급의 타도를 외치던 당대 민주항쟁의 시대정신의 영향으로, 유산계급의 특권으로 인식되던 '돈 놓고 돈 먹는' 불로소득은 정의롭지 못하다는 인식을 내면화한 결과일 수도 있다.

> **윤택수** 주식 선물투자를 해, 그러면 애들이 스스로 자부심을 갖는 친구들이 많다더라고. (젊은) 세대는 타인의 이목을 잘 신경을 안 쓰니까 그럴 수 있지만 (……) 우리 세대만 해도 주식이나 이걸 도박의 하나로 생각하는 경향이 있으니까 어디 가서 떳떳하게, 아 전업투자자입니다. 이렇게 말을 못 하는 거지. 새마을세대잖아. 성실. 근로. 이런 게 머릿속에 박혀 있는. 자기 노동을 통해서 대가를 얻고 생계를 유지하는 게 건전한 성인 사회인의 모습이라고 골수에 박히게 교육을 받아 왔으니까.

나는 예비조사 단계 때 '젊은 개인전업투자자'로 스스로를 소개한 이후 입실자와 라포를 형성하며 현지조사를 계획하는 연구자로서의 이중적인 신분을 소개했다. 이에 대해 입실자들은 연구를 위한 것이라 "다행이다"라고 말하며, "솔직히 젊은 사람이 어린 나이부터 투자하는 것에 대해 반대한다"는 입장을 밝혔다. 전업투자에 관해 마냥 긍정적으로 인식하고 있지 않다는 뜻이다. 이들은 적어도 젊은 나이 때에는 식상 생활을 해서 사회가 어떻게 돌아가는지를 배워야 하며, 우리나라의 경제 발전에 공헌해야 한다는 믿음을 갖고 있다.

이용철 젊은 사람들이 투자하는 건 반대예요. ……(젊을 땐) 직장 생활 하고 사회경험 쌓고 세상 돌아가는 걸 알고. 일과 주식을 함께해야 하는 거예요.

이처럼 금융투자에 대한 부정적 인식은 이들이 살면서 체험한 경제 현장에서 갖게 된 믿음에서 그 기원을 찾을 수 있다. 투자에 대한 부정적 인식을 누구보다 잘 내면화하고 있는 개인 전업투자자의 사회적 관계는 자연히 단절로 이어진다.

한국의 남성들이 인간관계를 맺고 유지하기 위한 중심이 되는 터는 직장이다. '내가 조직이고 조직이 나다.'를 표방하는 한국 기업의 군대식 조직 문화에 짧게는 10년부터 길게 30년까지 몸담으며 산다. 그러나 직장을 그만두고 나면 한순간 그동안 쌓아 왔던 인간관계망에서 소외되며, 매매방이라는 새로운 공간에 던져진다. 집단 중심의 조직 문화에서 나와 사회와 동떨어진 공간에서 생활하게 된 것이다. 이곳에서는 새로운 인간관계를 쌓을 기회가 확연히 적다. 직장에서처럼 동료들과 공동의 목표를 향해 협업하는 것도 아니고, 사업처럼 대인 관계를 통해 거래처를 터서 이윤을 추구하지도 않는다. 같은 공간에 앉아 있을 뿐, 각자가 홀로 모니터 속 '가상의 적'인 국내외 투자자들과 치열하게 '싸우기' 바쁘다.

윤택수 나 같은 경우도 30대 중반에 전업투자자로 나와서 살다 보니까 인간관계가 다 단절돼요. 그러니까 인간관계 형성하고 유지하는 데 가장 중요한 게 직장 생활인데 직장을 그만두고 나오니까 그게 없어지는 거지. 그렇게 되면 뭐 여기서 경제적으로 어느 정도 성공했다고 해도 참 볼품이 없는 거지.

주위의 부정적 인식에 대해서 스스로도 떳떳하게 자신을 변호하지 못하는 개인전업투자자는 이후 자연히 개인적인 인간관계도 회피하게 된다. '돈 빌려 달라는 부탁'을 할까 봐 친구들이 먼저 관계를 끊기도 한다. 입실자들은 매매방에 들어온 뒤 일어난 변화 중 가장 상실감이 큰 것으로 사회적 인간관계가 끊어지는 점을 꼽는다.

박동일 내가 여기 와서 전업투자를 오래했더니 인간관계가 다 끊어지는 거예요. 친구들 만나면 '너 아직도 그거 하냐, 그만둬라.' 소리도 듣기 싫고. 10년 동안 대인 관계도 소원해지고. 그건 어쩔 수 없어요. 자기가 모임이 있어도 안 나가게 되고. 나가서 친구들이 자꾸 물어보면 에이 안 나가게 뇌고. 그런 거 있잖아요. 자꾸 자기가 구석으로 숨게 되는 거예요. 돈 많이 벌면 '아 내가 쏠게!' 하고 모이죠. 하지만 그렇게 번 사람이 별로 없다는 건 내가 얘기 했잖아요. 어쩌다 한번 쏘면 잃는 때가 더 많고. 이 바닥이 그래요.

김성호 씨는 대인 관계가 끊어지는 이유로 친구나 지인과의 대화와 관심에서 공통점이 없음을 지적했다. 친구들을 한두 번은 만나도 어느 순간부터는 재미가 없어진다는 것이다. 개인 전업투자자의 세계는 주식을 중심으로 도는데 금융을 제대로 공부해 본 적 없는 일반인과는 매매와 관련한 깊은 이야기로 나아가기까지 한계가 있기 때문이다.

김성호 (친구들이랑) 이야기가 되나. 주식 이야기를 할 때 (일반) 사람들이 그러겠지. 아 뭐 기다리면 되잖아, 안 팔고. 근데 여기서 매매를 하는 사람은 어떻게 보면 진짜 단타를 하고, 차트를 보고 종목 뉴스를 봐서 순식간에 사고파는 매매를 하는데. 그런 기본적인 대화가 외부 사람과는 잘 안 이루어지죠.

이들도 매매에 일상이 함몰되지 않고 인간관계를 정상적으로 유지하기 위해 노력해야 한다는 점에는 동의하지만 이들이 실제로 매매방 바깥에서의 관계를 구축하기란 쉽지 않다.

하지만 설립 초기만 하더라도 매매방의 분위기는 현재의 개인
주의적 분위기와 사뭇 달랐다. 매매방에 '갇혀서 외로운 싸움'
을 하는 '동지'끼리 뭉쳐서 슬픈 일, 기쁜 일 함께하며 매매방
내부에서 인간관계를 구축했던 시기가 있었다고 한다. 이러한
매매방의 일상 문화가 변해 온 과정에 대해 살펴보자.

3
로알매매방의 흥망성쇠

등장과 전성기

　　로알매매방의 설립자이자 운영자인 박동일 씨는 IT 사업
을 하다 사업이 어려워져 내보내게 된 직원들의 빈자리를 개인
사업자와 개인전업투자자에게 임대했다. 그러다가 개인전업
투자자들의 매매방 수요가 커진 2007년 사업을 정리하고, 기
존 사무실보다 세 배 큰 규모의 사무실을 얻어 개인전업투자
전문 매매방을 개업했다.

　　박동일　(나는) 직업투자자도 아니고, 소재공학과 나와서 철강
　　회사 다니다가 강남에서 IT 사업한다고 하다가 쫄딱 망하고.

자리가 강남에 있다가 한 블록씩 밀려오다 보니까 여기까지 왔는데. 직원들 다 내보내고 빈자리가 남아돌았어요. 일단 임대료를 내야 하니까 빈자리 한 좌석씩 한 15만 원씩 받았나. 생각보다 사람들이 빨리 꽉 차니까 이게 좀 크게 하게 되면 대중 사업화시켜도 되지 않을까? 뭐 그 생각이 들어가지고 시작하게 됐죠.

로알매매방은 3인실, 6인실, 7인실, 홀(16인실)로 구성돼 있다. 입실수요가 많았던 설립 초기 32석을 마련해 운영했지만, 현재는 총 25석만을 임대하고 있다. 지난 13년간 약 2000건이 넘는 입실 상담이 있었고, 로알매매방을 거쳐 간 개인투자자는 대략 200명 정도가 된다. 로알매매방의 모습은 흡사 사무실과 독서실을 합쳐 놓은 듯하다. 모든 룸은 일반 사무실과 흡사한 풍경으로 파티션 구분이 이뤄졌지만, 각 파티션 위에 색색의 카드보드지를 높이 덧대 자리에 앉아 있으면 마치 독서실에 와 있는 느낌을 주기 때문이다.

박동일 씨에 따르면 매매방은 2000년대 중반부터 서울, 경기, 부산 등 대도시 중심으로 발달하기 시작했다. 적게는 4~5명, 많게는 20~30명 규모로 전국적으로 분포한다. 이러한 매매방의 지역 분포는 국내주식투자자의 지역별 분포와 유사한 경향을 보인다. 한국예탁결제원에 따르면 2020년 국내주식투자자가 가장 많이 분포한 지역은 서울특별시(26.5%), 경기도(25.2%), 부산(6.2%)이었으며, 보유 주식 비율은 서울이 57.2%로 과반수 이상을 차지했고, 경기도(15.6%), 부산(3.6%) 순으로 뒤를 이었다.

거주지와 성별, 연령을 모두 고려했을 때 보유주식수가 가장 많은 집단은 서울 강남구 50대 남성이었고, 그다음 서울 강남구, 경기 성남시의 40대 남성, 경기 수원시의 50대 남성 순으로 많았으며 경기 용인시, 수원시, 화성시의 40대 남성이 그 뒤를 이었다. 이는 개인전업투자자들을 위한 사무실인 매매방이 서울과 경기, 부산 지역을 중심으로 분포해 있음을 설명해 주는 대목이다.

로알매매방이 문을 연 시기이기도 한 2007~2008년 무렵 매매방 입실 수요가 가장 많았다. 개업과 동시에 문전성시를 이루며 이른바 '전성기'를 맞이한 것이다. 이전 사무실에서 입실해 있던 13명의 개인전업투자자를 비롯해 새로 개업한 사무실에 찾아온 투자자까지 만석을 채우고도 모자라 '대기자 명단'까지 생겼다. 인근 증권사에서 '선물 세트'를 들고 찾아와 영업을 '뛰고' 갔다. 증권전용계좌 개설을 원하는 입실자를 증권사 직원에게 고객으로 소개해 줘 소개비 수입도 '쏠쏠'했다. 매매방이라는 새로운 공간에 호기심을 갖고 구경하고 가는 사람도 많았다. 프랜차이즈 가맹 문의까지도 들어왔다.

박동일 32석을 좍 만들어 놨는데 광고를 한 달 정도 하니까, 다여기 와서 보고, 이런 데가 있다는 거에 대해서 신기해하면서 오자마자 만석이 채워진 상태가 됐어요. 그다음엔 예약을 해야만 들어올 수 있는 상태가 되고. 한두 달 정도는 기다려야 들어올 수 있고. 증권사 사람들이 찾아오고. 영업하러 오는 거예요. 이 주변에 있는 증권사는 다 왔어요. 대충 아무것도 안 하고 임대료만 받아도 그냥 직장 다니는 애들 이상으론 (돈이) 나오더라고요.

이 시기는 역설적이게도 미국 리먼브라더스발(發) 국제금융위기의 여파가 불어닥친 시기로 국내증시가 급격하게 폭락하고 변동성이 커서 불안정했던 때다. 주식투자자에게는 공포장으로 통하는 급락의 시기에 왜 매매방은 성황을 이루었을까? 주식이 아닌 파생상품 매매자에게 급등·급락은 '한방'에 '대박'을 실현할 수 있는 기회의 장이었기 때문이다. 현재는 매매방 입실자의 절대다수가 주식을 매매하지만 이 시기는 반대로 ELW와 선물옵션 같은 파생상품 매매자가 8할 이상이었다. IMF 외환위기 때 개인전업투자자가 속출한 것과 마찬가지로 2008 금융위기의 결과로 실물경제에서 물러나게 된 개인전업투자자가 속출한 것이다.

쇠퇴의 원인: 장기 박스권[49]과 파생상품시장 규제

2011년 장기 박스권이 시작되면서 불안정한 장세는 점차 완화되기 시작했다. 때문에 파생상품 투자자들이 하나둘 퇴실하게 되어 매매방의 공실률도 점차 증가했다. 이는 2011년 1월부터 2014년 11월까지 거의 만 4년의 기간 동안 한국 증시가 종합지수 기준으로 1850~2050pt를 횡보하는 장기 박스권에 갇혀 있었던 것의 영향이다. 4년이나 되는 기간 동안 지수 등락률이 10% 정도에 머무른 것은 종합지수 역사엔 처음 있는 일이었는데[50] 이를 계기로 매매방의 쇠퇴가 시작된 것이다.

박동일 장기적으로 한 5년 이상 박스권을 간 적이 있어요. 그때 사람들이 다 떨어져 나가더라고요. (……) 주식은 급등락이 있지만, 파생하는 사람들은 오히려 급락이 더 좋다는 거예요. 다시 치고 올라오거나, 뭐 하락에 걸어도 되는 거니까. 근데 이

---

49 박스권: 주식 종목이나 지수의 상한가와 하한가가 마치 박스의 윗면과 밑면 안에 갇힌 것처럼 일정한 가격 폭 안에서만 횡보하는 현상.

50 "그렇다면 한국 경제는 왜 이리 오랫동안 활기를 잃어버렸을까? 한마디로 경제가 아주 침체된 것도 아니고 그렇다고 경제가 아주 좋은 것도 아니었기 때문이다. 구체적으로 보면 경제요인 가운데 성장률, 물가상승률, 고용률, 소비증가율 등 4가지 경제요인이 낮은데도 불구하고 장기간의 국제수지 흑자로 원화 가치가 올라갔다." 윤재수, 『대한민국 주식투자 100년사』(길벗, 2015), 438~440쪽.

게 제자리에서 조금 움직이면 거기서 다 잃어요. (……) 이동하면서 왔다 갔다 하는 동안 나는 다 잃었네. 차라리 급등락을 하면 수익이 나는 사람이 있는데. [그게 몇 년도 즈음인가요?] 내가 시작한 지 한 4년인가 지나고 나서부터 장기 박스권이 왔어요. 재작년(2016년)까지만 해도 박스권이었죠. (종합지수) 2000(pt) 밑에서 왔다 갔다 했을 때.

로알매매방 입실률의 침체에 영향을 준 또 다른 사건은 2011년부터 시행된 정부의 국내 파생상품 시장에 대한 규제다. 한국의 파생상품 시장은 1996년 코스피200지수를 기초 자산으로 삼는 코스피200주가지수선물이 한국거래소에 상장되며 시작되었다. 파생상품 거래 시장은 빠른 속도로 성장하여 6년 후인 2001년부터 2011년까지 우리나라는 전 세계 장내 파생상품시장 중 거래량 기준 1위를 차지했다. 여기에서 장내 파생상품(exchange-traded derivatives)이란 등록된 거래소를 통해 거래되는 파생상품을 뜻한다.[51]

하지만 특히 ELW와 코스피200주가지수옵션을 중심으로

---

[51] "거래소 이외의 장소에서 시장 참여자들에 의하여 직접 거래되는" 파생상품은 장외거래 파생상품(over-the-counter derivatives)이라고 부른다. 이희종, 「파생상품 규제에 관한 고찰」, 《법과 정책연구》, vol.16(1), 한국법정책학회, 2016, 239쪽 참고 및 인용.

한 개인투자자의 손실이 커지고,[52] 2008년 금융위기 이후 투기적 파생상품 매매가 사회적 문제로 대두되며[53] 정부가 규제 정책을 시행하게 된다. 엄밀하게 따지자면 ELW, ELS, DLS와 같은 파생결합증권은 그 이름에서부터 '증권'임을 드러내고 있듯이 원금 이상의 손실이 발생하지 않는다는 점에서 파생상품에 해당하지는 않는다. 그러나 기초자산의 변동에 의해 자산의 가치가 결정된다는 점에서 파생상품과 유사한 성격을 띠고 있기에 정부의 파생상품 규제 정책의 대상으로 포함되었다. 특히 2014년 금융위원회가 발표한 '파생상품 발전 방안'에 파생결합증권시장에 대한 선진화 방안을 포함하는 것은 정부가 파생결합증권도 파생상품의 일종으로 인식한다는 점이 드러난다.[54]

---

52   대표적인 사례로, '도이치증권 사태'가 있다. '11·11옵션쇼크' 혹은 '도이치증권 옵션쇼크'로도 불린다. 2010년 11월 11일 코스피200주가지수옵션의 만기일에 한국 주식시장 폐장을 10분 남겨 두고 한국도이치증권과 도이치은행 홍콩지점에서 주식 2조 원어치를 매도하며 종합지수를 50pt 가까이 급락시키고 미리 사 둔 코스피200주가지수 풋옵션(종합지수가 폭락할수록 이익이다.)을 행사하여 450억 원의 이익을 챙겼다. 미리 풋옵션을 사 둔 사람은 최대 499배의 이익을 얻었다. 국내 주식시장의 시가총액 28조 원이 10분 만에 증발했으며, 옵션시장에서의 국내 개인투자자와 자산운용사의 피해액은 최대 1400억 원으로 집계됐다.

53   "2010년 10월에 금융위원회가 발표한 '1차 ELW 건전화 방안'에 따르면 하루에 100회 이상 거래한 계좌는 전체 계좌의 1.8%에 불과하지만 전체거래대금의 91.2%를 차지했다. 극소수의 투자자의 투기적 매매 비중이 높음을 시사한다."(위의 글, 241쪽에서 인용)

54   황성수, 「우리나라 파생상품 시장의 발전 과정과 활성화 방안에 관한 고찰」, 『경영사연구』, vol.72, 한국경영사학회, 2014, 31쪽.

박동일 한국이 예전에는 전 세계 파생시장 1위였다는 건 알죠? 미국 아니에요. 한국이 1위였어요. (……) 예전에는 우리나라 산업 보호한다 그래서 강제 인수하는 걸 막기 위해서 외국인 투자 한도를 정해 놨어요. 그게 IMF 때 다 오픈되고. 파생시장 다 오픈되고. 그러니까 파생에서 개인 피해가 너무 막심해서 정부가 그거를 줄여 버리고, 개인이 파생투자를 하기 힘들게 제도화를 한 거예요.

박동일 씨는 파생상품 거래를 통해 돈 버는 개인은 1% 미만이라고 단언한다. 개인전업투자자들 사이에서도 주식의 성공 확률이 10%라면, 파생상품의 성공 확률은 1% 미만으로 통한다. 증권사 직원에게 파생상품을 거래하기 위한 증권계좌를 만들 고객을 소개해 주었는데 반 년 후 이들 중 '생존' 중인 개인투자자가 3~4명에 불과하다는 사실을 전해 들었다고 한다.

박동일 증권사들이 영업을 하잖아요, 계좌 만들려고. 나한테 연락이 많이 와요. (……) 한 업체한테는 1년 동안 고객 300명을 내가 만들어 줬어요. 엄청난 실적이죠. 파생하는 사람들만 해 줬는데 6개월 지나서 남아 있는 사람이 서너 명밖에 안 돼요. 다 '아웃'됐대요. 돈 잃고 다 아웃됐다는 말이죠. 그런데 이렇게 수명이 짧을 줄 전혀 몰랐어요. 갈수록 왜 사람이 없지?

다 잃고 나갔어요. 요즘도 친한 증권사 직원 둘이 있는데 항상 같은 이야기를 해요. 파생상품 투자자는 오래가는 고객이 거의 없고 처음에는 많은 수익을 내던 고객도 시간이 지나면 잔고가 바닥이라고. 최근에 통화한 어느 증권사 고위관계자 말로는 파생투자자도 양도소득세를 내야 하는데 내는 고객이 거의 없대요. 1년 정산해 보면 손실이기 때문이죠. 이게 이 바닥 상식이자 사실이고 저도 반복해서 듣는 이야기예요.

이희종의 논문, 「파생상품 규제에 관한 고찰」에 따르면 정부의 파생상품 규제 내용은 크게 세 가지로 분류할 수 있다. 첫째, 기본예탁금 상향 조정이다. 거래하는 데 기본적으로 필요한 시드머니의 양을 늘리는 것이다. 2011년 12월 금융위원회와 금융감독원이 발표한 「파생상품시장 건전화 방안」에 따르면 코스피200주가지수옵션을 매매하기 위해 필요한 돈은 한 계약당 프리미엄×10만 원이었지만, 거래승수를 5배 올려, 프리미엄×50만 원으로 조정됐다. 또한 사전위탁증거금의 현금예탁비율도 1/3에서 1/2로 상향조정됐다. 소액투자자가 파생상품을 매매하는 진입 장벽을 높인 셈이다. 이에 대해 투자자를 보호하는 조치가 아니라 접근을 차단하는 규제라는 비판이 이어지기도 했다.[55]

둘째, 2016년 1월부터 시행된 파생상품에 대한 양도소득세 부과다. 기존에 개인투자자들이 파생상품투자를 선호한 이유 중 가장 핵심적인 것은 세금을 내지 않아도 된다는 점이었다. 하지만 2014년 12월 소득세법의 개정을 통해 파생상품으로 번 이익 또한 세수의 대상이 되었다. 투기적 거래를 규제한다는 명목이었다.

셋째, 기본 교육의 이수다. 정부는 사전 지식이 없다는 점이 개인투자자가 손실을 입는 이유로 보았다. 따라서 개인투자자가 한국금융투자협회에서 30시간의 교육과 한국거래소에서 50시간의 파생상품 모의거래과정을 거쳐 실제 파생상품 거래를 할 수 있도록 허용했다.

그 결과 파생상품 거래량은 급감했다. ELW는 기존의 1/10 수준으로, 장내파생상품은 1/2 이상 감소했다.[56] 개인투자자 비중 또한 "1998년 68%, 2003년 55%, 2008년 36%, 2013년 31%"로 감소했다. 그러나 이 수치는 해외 파생상품 시장과 비교해 봤을 때 "여전히 높은 수준"이라고 한다.[57] 장내파생상품시장 거래량 규모도 2011년 1위였지만 2012년 5위, 2013년

---

55 이희종, 「파생상품 규제에 관한 고찰」, 《법과 정책연구》, vol.16(1), 한국법정책학회, 2016, 240쪽.

56 위의 글, 237쪽.

57 황성수, 「우리나라 파생상품 시장의 발전 과정과 활성화 방안에 관한 고찰」, 《경영사연구》, vol.72, 한국경영사학회, 2014, 39쪽.

9위로 하락했다.[58] 정부의 파생상품 규제 방향에 대해 박동일 씨는 바람직한 방향이라고 동의하지만, 매매방 신규 회원 확보에는 걸림돌이라며 아쉬워했다.

> **박동일** 어떻게 보면 (정부가) 잘하는 거예요. 개인투자 보호하는 거예요. 근데 파생하는 사람들은 막 욕을 해 대는 거죠. 왜 투자 못 하게 하냐. 왜 옵션 매수전용계좌 없애냐. 근데 그게 개인이 더 많이 투자를 하게 되면, 그게 다 '밥'인 거예요 외국인들한테는. 너들 여기에 들어가 있네? 그래 밀어 버리자. (……) 매매방 운영하는 입장에서는 마이너스 요인이지. 신규로 고객 확보를 못하기 때문에. 막 아무나 와서 해야 하는데, 신규로 와서 할 사람을 막잖아. 하지만 큰 인류적인 면에서 봤을 때는 그게 맞는 거라고 생각하는 게 내 소신이야.

하지만 이러한 규제가 실제로 개인의 파생상품 투자를 급격하게 감소시킨 것은 아니다. 개인투자자가 해외파생상품시장 혹은 불법적 사설거래소로 눈을 돌리고 있기 때문이다.

---

58 「[Money] 한국, 파생상품 세계 1위서 추락 (…) 3년 만에 거래량 82% 급감」, 《조선비즈》, 2015. 1. 27. 반면 황성수(2014)에 따르면, 한국의 장내파생상품시장은 2001년 거래량 1위를 시작으로 2004~2011년까지 미국에 이은 세계 2위의 거래량을 기록했다.

2019년 금융감독원에 따르면 해외장내파생상품 거래량과 개인 비중은 2011년부터 2018년까지 2017년 한 해를 제외하고는 모두 증가했으며, 시장 상황과 관계없이 수익이 적자인 계좌의 수는 흑자를 본 계좌의 수보다 아무리 적어도 2배 이상 많았다고 한다.[59]

　　매매방은 불법 사설거래소 이용을 장려하는 장이 되기도 한다. 경기도 남부에 위치한 어느 매매방의 주인장인 안길상(가명·60대) 씨는 미국장이 열리는 야간 시간대에 해외선물옵션 투자를 하는데 새벽에 아무도 없이 홀로 매매방에 있으려니 '적적해서' 사설업체 계좌를 이용하는 조건으로 월세 없이 매매방에 입실할 수 있다는 파격적인 제안까지 입실 공고에 넣었다고 한다.

> **안길상** 제가 이제 해외선물 하는 분들을 받으려고 노력 중이에요. 그런데 연락이 안 와 갖고. 무료로 받아서 그 대여 업체에 연결해 주려고 했는데. 연락은 와도 입실까지 한 사람은 아직 없어요. 대여 업체는 사설을 말하는 거죠. 사설 업체를 안 쓰면 500(만 원) 정도에 한 계약밖에 안 되잖아요. (반면 사설업체를 이용하면) 500(만 원)이면 열 계약도 하니까.

59　「해외장내파생상품 거래량·개인투자자 증가… 투자시 유의」,《뉴시스》, 2019. 2. 11.

그러나 안길상 씨가 말한 불법 사설업체를 이용하면 영세한 개인투자자는 소액으로도 파생상품거래를 할 수 있지만, 사기를 당하거나 불이익을 볼 경우 법적으로 구제될 수 없음이 문제다. 2018년 방송인 김나영 씨의 남편 최 모 씨가 금융 당국의 허가가 없는 불법 사설 선물옵션 업체를 운영하며 200억 원가량의 부당 이득을 챙겨 사기 혐의로 구속된 사건도 이런 사례의 하나다.[60]

로알매매방은 2015년 이후 입실률이 50%에도 미치지 못하고 있으며, 2018년 9월 이후부터는 입실자 수가 한 자릿수를 기록하는 등 역대 최악의 침체기를 겪고 있다. 하지만 운영자 박동일 씨는 "마땅히 이걸(매매방) 접어서 다른 거 할 것도 없고 바로 백수가 된다."라며 매매방 관리와 홍보에 "목숨"을 걸어야 한다고 말한다. 또한 13년간 매매방을 운영하면서 증시가 다시 회복되면 입실 인원이 늘어난다는 것을 알게 되었다며, 그것이 매매방 운영이 현재 적자임에도 계속 유지하는 이유라고 말한다.

박동일 성황 시기는 다시 와요. 그리고 주식시장이 불안전한 상태라. 장이 좋아지고 주식이 계속 올라가면 뭘 해도 수익이

---

60 「'이혼발표' 김나영, '엄마니까 용기 내겠다'… 인생 제2막을 응원해」, 《스포츠서울》, 2019. 1. 30.

나죠. 그럼 자금 확보가 되고 (사람들한테) 앞으로 (주식이) 더 올라갈 것 같은 자신감을 주니까. 그 시기에 (매매방을) 더 많이 찾는다는 걸 난 알거든요.

로알매매방이 위치한 곳은 서울의 한 고급 주택가로 월세는 매달 300만 원에 인터넷 비용과 전기세, 관리비가 별도로 발생한다. 현지조사 당시 입실 인원은 연구자와 운영자를 제외하면 6명으로 매달이 적자다. 때문에 박동일 씨는 10년 동안 월세를 한 번도 올리지 않고 최대한 침체기를 잘 돌파하기 위한 여러 방법을 강구하고 있다. 예컨대 꼭 전업투자자만 받는 게 아니라 '공유오피스' 개념으로 자리가 필요한 공석을 임대하는 식으로 적자를 메우며 로알매매방은 가까스로 생존하고 있다.

4
일상의 변천

이제 경제적 조건과 정부 정책의 변화에 따른 로알매매방의 흥망성쇠 과정 중 매매방에서의 일상과 경험이 어떻게 변모했는가를 두 시기로 나누어 살펴보자. 매매방 분위기가 달라지는 시기를 "무 자르듯" 나누어 구분하긴 쉽지 않다. 하지만 박스권 증시와 파생상품 규제 정책의 결과로 파생상품 매매를 중심으로 하던 개인전업투자자가 퇴실되어 입실률이 절반 이하로 줄어들기 시작한 2015년을 기점으로 매매방 문화가 상당히 달라진 것만은 분명하다.

활발한 소통과 위안의 공간(2007~2014)

2007년부터 2014년에 이르기까지 매매방은 소외된 개인전업투자자들의 공동체였다. 오늘날 오로지 출퇴근을 위한 목적으로 매일 방문하는 '자기만의 방'과는 사뭇 다른 일상의 경험이 가능했던 시기다. 두 시기 간에 일상 경험의 차이를 만들어 낸 가장 두드러진 두 요인은 '나이'와 '소통 가능성'이다. 2007~2014년의 매매방은 나이에 관계없이 활발하게 소통하고 토론할 수 있는 가능성이 늘 열려 있었다. 반면 2015년부터 현재까지의 매매방은 이른바 OB와 YB로 나뉘어 있는데, 특히 OB의 주도로 나이에 따른 무의식적 위계질서를 강조하려는 경향이 있으며 이것이 자유로운 소통을 가로막아 매매방에 감도는 긴장과 갈등의 원인이 된다.

활발한 소통과 위안의 공간으로서 로알매매방의 가장 큰 특징은 개인전업투자자로서의 끈끈한 동료 의식과 강한 유대감으로 똘똘 뭉친 하나의 공동체였다는 점이다. 외부 세계와

활발한 소통과 위안의 공간(2007~2014)	긴장과 갈등의 공간(2015~현재)
• 입실자 15명 이상 • 파생상품 · 파생결합증권 투자자 80% 이상 • 끈끈한 동료의식과 강한 유대감, 정서적 지원 • 나이에 상관없이 수평적 관계 • 잦은 회식(일주일에 3회 이상) • 활발한 대화와 토론	• 입실자 15명 이하 • 국내주식 투자자 80% 이상 • 철저한 개인주의 • 규범과 나이의 강조 • 최소한의 대화와 소통 • 토론은 갈등으로 이어져 회피하게 됨 • 모임과 회식 없음
• 손실 경험의 공유를 통한 위안 • 개별종목 성공 · 실패 경험과 '알짜' 정보 공유 • 금전 거래, 맞춤형 프로그램 설계	• 정적인 표면 기저의 적대감과 긴장 • 개별종목토론×, 손실 · 수익 경험 공유×

[표3] **시기별 특징**

단절된 공간으로서 매매방의 입실자들은 그들만의 뜨거운 동지애를 나누고 서로 정서적 지원을 아끼지 않았다. 박동일 씨는 그 이유가 개인전업투자자로서 경험할 수밖에 없는 인생의 부침을 서로 이해하고 공감했기 때문이라고 말한다. 혼자만의 '외로운 싸움'을 하는 입장에서 봤을 때, 상대방의 눈빛과 표정, 말투와 걸음걸이만 봐도 오늘 매매가 어떻게 이뤄졌는지, 그래서 심정이 어떤지 잘 알기에 '같은 처지'끼리 외로움과 힘듦을 공유하게 된다.

박동일 이상하게 직업투자자들은 서로 굉장히 친해져요. 들어와서 나이 차이도 많고. 살아온 환경도 다 다르고 그런데. 되게 친해져요. 인생의 부침이 너무 많은 사람들이라. 한번은 목숨 끊고 싶다는 생각까지 해 본 사람들이 대부분이니까. 이런 상황에서 여기서 직업을 이걸로 같이하니까 이들만의 '이너 서클(inner circle)'이 되는 거죠. 밖에 나가서 배척받는 사람일수록 더 잘 뭉쳐요.

김성호 여기 있다는 건 갇혀 있는 거예요. 외로운 싸움을 하는 거 같아요. 심리적으로 되게 힘들어요. 여기 있는 사람들이 왜 그렇게 술을 먹으면 오래 이야기를 하냐면 (……) 오늘 내가 어떻게 매매를 했는데, 실패했다 혹은 돈을 얼마를 벌었는데. 이런 얘기를 밖에 나가서 누구랑 하겠어요. 친구랑? 친구가 뭘 알아야 가서 이야기를 하지. 여기 있는 사람들은 그걸 다 아니까. 서로의 심리가. 거의 비슷하거든요, 심리적으로. 대충 보면 아 저 사람이 오늘 괜찮은 거 같다 느낌이 와요. 눈빛만 봐도 알아요. 화장실에서 궁시렁궁시렁 하는 거 보면 다 알죠. 담배 피우는 그 표정만 봐도 알고. 밥 먹으러 갈 때 그 발걸음만 봐도 알고.

2007년 41세였던 김성호 씨는 처음 매매방에 입실했을 때와 비교하면 현재 매매방의 분위기는 매우 많이 바뀌었다고 말하며 당시의 친목적인 분위기를 다음과 같이 회고했다.

김성호 저 처음 왔을 때는 분위기 되게 좋았어요. 물론 내가 오고 나서 처음에 여기 분위기가 사람도 많았고, 굉장히 친목적이었어요. 오면 반겨 주고, 밥 먹을 때도 항상 같이 가고, 어느 정도 여기는 단체 생활을 많이 했어요. 그때는 룸마다 꽉꽉 찼으니까. 그리고 누가 처음 오면 소개를 시켜 줬어요. '처음 왔으니까 인사하고 잘 지내십쇼'. 그런 분위기가 조성이 되게 많이 됐었지. 그래서 처음에 저도 오자마자 회식을 해 가지고, 사람들하고 되게 친해졌고, 자연스럽게 이야기도 하게 됐고. 장이 안 좋을 때도 괜찮았어요.

이처럼 입실자들이 친해질 수 있는 계기는 과거 장기간 입실했던 '연장자'를 통해 마련되었다고 한다. '연장자'로 불린 이 입실자는 비록 나이가 가장 많고 가장 오래 입실했던 사람이지만 텃세는커녕 당시 서른 살 가까이 어렸던 김성호 씨에게 서슴없이 자신이 모르는 것을 질문했을 뿐 아니라 상대를 동등하게 대함으로써 편하게 만들어 주는 성격의 소유자였다.

김성호 우리 방에 환갑이 넘으신 분이 있었어요. 연장자 선생님이라고, 어르신이었어. 오래 계셨고, 연세도 많고. 자금력도 굉장히 많고. 그러니까 이분은 돈을 버는 것보다도 여기 있는 사람들끼리 교류를 편안하게 해 주고, 누가 오면 인사도 나누게 해 주고. 회식도 자주 주선하고. (……) 그분은 오히려 우리한테 와서 주식을 물어봐. '야, 이건 어떻게 해야 되니?' 주식에 대해서 좀 자문을 구해. 오히려 밑에 (나이 어린) 사람들한테. 그만큼 열린 마음인 거지.

초기이자 전성기였던 매매방에서는 이처럼 가장 연장자가 먼저 나서서 상호 수평적인 분위기를 만들어 내니 나이에 상관없이 수평적 관계에서 자유롭게 대화를 나눌 수 있는 분위기가 조성되었다. 이러한 매매방 입실자 사이의 친목적인 분위기는 다른 매매방에서도 관찰됐다. 경기도의 어느 매매방에서 10년째 전업투자를 하는 박태영(가명·50대) 씨는 과거 매매방의 입실자가 많았던 시기를 다음과 같이 회고했다.

박태영 옛날 분들은 정말 농담 따먹기도 잘했고, 별별 얘기를 서슴없이 했는데. 진짜 남자들 이야기하면 약간 야시시한 농담도 하고, 나도 그분들하고 그렇게 편하게 대화할 거란 생각을 안 해 봤어요. 나는 선뜻 못하는데, 그분들이 선뜻 농을 던져. '어 진짜 이 농(담)을 내가 받아야 하나' 근데, 받아서 하면 더 좋아하서. 이건 하나의 예인데, 우리 매매방에 되게 마당발인,

엄청 사교적인 사람이 있었어. 술자리도 자주 하게 사람들도 잘 모으고, 누가 잃었다 그러면 위로나 격려도 잘해 주고. 사람들이랑 친하고, 단합도 잘하고. 근데 이 사람이 가끔씩 휴대폰으로 야한 사진을 보내는 거야. 처음에는 되게 황당한 거지. 근데 그게 무슨 말이냐면 벽을 없애는 거지. 남자들이 제일 빨리 벽을 없애는 건 그렇게 해서 벽을 허물면 '아, 내가 이 사람하고는 어떤 대화를 해도 편안하게 할 수 있다'는 뜻이거든.

입실자들 사이 허물없는 분위기가 조성된 로얄매매방의 홀은 파생상품 거래하는 입실자들이 서로 모르는 것을 묻고 알려 주는 '공부방'이었고, 앞으로의 시장 방향성에 대해 치열하게 토론하는 '아고라'였다. 평일 폐장 후 회식도 일주일에 최소 3회 이상 이루어졌다. 주식과 파생상품 이야기로 자정을 넘기기 일쑤였다. 김성호 씨는 입실한 직후 불어닥친 미국발 금융 위기 때 증권사에서 신용까지 끌어다 주식에 '올인'했다 처참한 실패를 맛봤다. 원금 이상으로 손실을 입어 경제적으로 여유가 없었던 때였지만 그럼에도 유료 매매방에 계속 나올 수 있었던 이유는 '사람들하고 교류가 많아 주식에 대해 배우게 되고, (매매방에) 나오면 이야기하느라 재밌었기 때문'이었다.

김성호 [근데 투자 손실로 빚도 많이 지셨던 2008년도에도 계속 매매방에 나왔던 건 왜 그러신 거예요?] 교류가 많았고, 나오면 재밌으니까. 사람들하고 교류하고, 서로 이야기하고, 토론하고. 우리는 고민 상담이란 게 따로 없어요. 대화를 많이 하는 게 고민 상담이야. 왜? 자기 맘속에 있는 온갖 고뇌를 대화를 하면서 푸는 거야. 사람이 대화를 하면서 자기가 갖고 있는 스트레스가 다 풀려. 옛날에는 엄청 자주 모였지. 회식을 일주일에 두세 번씩 했으니까. 방마다 '야! 오늘 술 한잔 먹자.' 하면 시간 되는 사람들끼리 나와서 한잔 먹고, 막 12시까지 얘기하다 가고. 그런 게 되게 다반사지 (……) 지금은 다 따로따로 논다고 할지 모르지만, 예전엔 안 그랬어요. 얼마나 많은 사람들이 이야기하고, 밥 먹고, 끝나면 술 먹고 얘기하고. 맨날 나와서 토론하고.

이들의 활발한 토론은 주로 구체적인 개별종목을 중심으로 이뤄졌다. 그러다 보니 각자의 과거 성공과 실패 경험에 녹아들어 있는 종목에 대한 정보 혹은 매매 노하우를 자연스럽게 공유하게 됐다. 간접 경험을 통해 얻은 지식은 자신의 향후 매매에 도움이 된다.

김성호 여기 와서 사람들이랑 토론을 하면 그 사람들이 매매했던 종목에 대해 알려 주는 경우가 있어요. '애(종목) 해 봤는데,

애는 이렇게 움직여.' 어 그러면 내가 모르던 걸 알게 되는 것일 수도 있고, 지금은 그 종목을 안 하더라도 나중에 내가 하게 되면 어 그때 그 사람이 이렇게 말했지, 그러면 '아 이 종목은 아침에 매매하면 안 돼'. '이건 오후에 올라가는 성향이 있어'. 진짜 그래. 도움이 돼.

개인투자자로서 경험을 통해 습득할 수 있는 개별종목에 대한 정보공유뿐 아니라 기업의 내부자가 아니면 자세히 알 수 없는 차원의 희귀한 내부 정보의 공유 또한 이뤄졌다. 김성호 씨는 과거 로얄매매방에 입실한 후 가장 큰 수익을 올릴 수 있었던 것이 동료 입실자를 통해 기업의 승계 과정에 대해 자세히 들었기 때문이라고 말했다.

김성호 옛날에 내가 '삼성물산'이란 주식을 (당시 삼성그룹 회장이었던) '이건희' 아플 때 사서 돈 좀 벌었어요. 왜 샀냐면, (……) 삼성과 관련된 분이 이 사무실에 있었어요. 회사 (지분과 승계) 구조에 대해서 정말 자세하게 설명을 해 줬어요. 삼성을 다녔던 분도 있었고, 또 그쪽으로 공부를 했던 사람도 있었고. 곁듣고 또 나름대로 공부를 하고. 그럼 이 회사가 이건희에서 이재용으로 넘어갈 때 가장 핵심적인 게 어느 회사일까…… 삼성물산이었어요. (그분 말이) 삼성물산은 삼성전자의 지분도 갖고 있고, 핵심 계열의 지분을 많이 갖고 있고. 그리고 이재용이 삼성물산을 가장 많이 탐낼 거다. 그래서 이 주식을 들고 있으면 분명히 돈을 벌 거다. 건설 경기는 안 좋지만. 실제로 그게 한 3년 기다리니까 오더라고요.(주가가 상승하더라고요.)

이들은 효율적인 매매에 도움이 되는 툴도 서로에게 제공했다. 김성호 씨는 과거 코스닥 종목은 예측이 불가능하고 안정적이지 못하다는 편견이 있어 거래하지 않았다. 1200여 개나 되는 상장 종목 중 자신이 원하는 종목을 찾기 막막했기 때문이다. 그런데 동료 입실자의 추천으로 모 증권사에서 제공하는 '종목검색기'의 존재를 알게 되었고, 사용법을 익혔다.

김성호 예전에는 코스닥은 제가 매매를 안 했어요. 코스닥은 다 쓰레기 종목이라고 생각을 했어요. (……) 왜냐하면 저 회사의 본질을 모르겠으니까. 진짜 회계 장부가 맞는지 틀린지. 옛날에는 그랬거든. 어 갑자기 분기 실적 발표했더니 회사가 분식회계 했다고 상장폐지가 돼. 막 수십 개씩. 이런 게 코스닥 주식이야. 그러니까 코스닥에 있는 종목은 아예 매매를 안 했어요. 거래소에 있는 것(코스피 종목) 중에서도 가장 우량한 종목만. 한 백 개 내에서. 근데 자본이 줄어들면서, 이대로 가다가는 나이만 먹고 자본은 안 늘어나잖아. 위험을 감수해야 할 때가

서서히 오기 시작하는 거야. 자본을 늘리려면 코스닥을 해야 할 것 같더라고. 근데 코스닥에 대해서 전혀 모르니까. 코스닥에 거의 1200개가 있는데. 해 본 적이 없으니까 뭘 어떻게 매매해야 할지를 모르겠는 거야. 그래서 사람들한테 물어봤어. 어떻게 종목을 찾냐? 그랬더니 자기는 프로그램을 만들어서 한대. '어떻게 만들어요?' 증권사에서 제공하는 프로그램이 있대.

이러한 동료들의 도움 덕택으로 김성호 씨는 종목검색기 프로그램을 돌려 자신이 원하는 종목을 찾고 포트폴리오를 관리하게 되었다. 동료와의 정보 교환을 통해 매매 분야와 매매 스타일도 발전시킬 수 있었던 것이다. 극도로 내성적인 조민식 씨는 시스템매매의 달인으로 유명하다. 현재 매매방에서는 김성호 씨를 제외한 어느 누구와도 말을 섞지 않지만, 당시에는 동료 입실자들에게 각자가 원하는 조건을 설정한 프로그램을 짜 주기도 했다.

김성호 저도 프로그램을 만들어서 관리를 하거든요. 왜냐하면 2200개 중에 어떤 걸 매매할지 내가 다 고르는 게 힘들잖아요. (······) 그럼 프로그램을 좀 이용하죠. 그중에서 A+를 찾아야 할 거잖아요. (······) 그럼 난 그중에 한 30~40개를 찾아요. 그걸 내가 찾는 게 아니라 시스템이. 증권사에서 제공하는 시스템도 있고, 내가 툴을 만들기도 하고. 거기서 찾아서 나오면 내가 또 추출하는 거죠. [툴 만드는 건 어떻게 배우신 거예요?] 하다 보니까. 여기 와서 깨우치게 됐어요. 여기 있는 사람들이랑 같이. 여기 있는 사람들이 그런 걸 이용한다는 걸 알고.

박동일 한 분(조민식 씨)이 프로그램을 하시는데. 자기 매매도 좀 하면서 다른 사람들 프로그램 개발도 해 주고. 그분도 거의 원년 멤버나 마찬가지라.

또한 개인투자를 위한 정보공유뿐 아니라 인간 대 인간으로서 삶을 살아가는 요령과 지혜를 습득할 수 있었다. "집 두 채를 날릴 정도"로 큰 손실을 봤던 어느 투자자는 동료 입실자를 통해 어떻게 하면 최대한 돈을 많이 빌린 채 파산할 수 있는지에 관한 노하우를 전수받기도 했다.

김성호 (수현 씨가) 옛날에 (연구하러) 왔으면 진짜 좋은 사람 많은데. 정말 우리 방에 있던 A라는 사람은 삶의 모든 걸 다 알아.(웃음) 파산도 해 봤고, 그래서 파산하는 방법도 알려 줬어, 우리 사무실 다른 사람한테.(웃음) (……) 어떻게 하면 돈을 최대한 많이 빌려서, 파산하는 방식, 도망가는 방식.

초기 매매방의 이와 같이 끈끈한 인간관계는 때로 금전 거래로까지 이어지기도 했다고 한다. 박동일 씨는 과거 옵션투자를 하다 크게 손해를 본 한 입실자가 동료 입실자에게 2008년 당시 2000만 원을 꾸어 재기에 성공한 사례를 언급하며 입실자들 간에 유대감이 끈끈하다는 것을 느꼈다고 고백했다.

박동일 2008년도에 들어온 친구인데. 근데 굉장히 점잖고 대기업 출신이니까 '열심히 해 보세요!' 했는데. 3개월인가 지나 밖에서 봤는데 얼굴이 안 좋아요. 3억을 날렸다는 거예요. 한 달에 1억씩 날린 거죠. 근데 이제 돈이 없으니까 여기 계신 분한테 2000만 원을 꿨네요. 참 신기해. 언제 봤다고 2000만 원을 꿔 줘요. 동료 의식이 참 강한 걸 느꼈다고요. 잘 몰라요. 잘 모르고. 여기서 본 지 몇 달 안 된 사람인데.

초기 매매방에서 이루어진 정서적 지원은 각 입실자가 실패와 손실의 상실감을 딛고 다시 매매에 집중할 수 있게 해 주었을 것이다. 하지만 이러한 유대가 항상 긍정적인 영향을 불러일으키는 것만은 아니다. 손실 경험을 공유하고 서로 위로하는 행동은 '당신도 오늘 손실 봤으니 나도 괜찮아.' 식의 위안을 주는데 이것은 사실 투자에 별 도움이 되지 않는다. 김성호 씨에 따르면 손실을 봤다는 것은 '창피해야 할 일'임에도 상대도 손실을 봤으니, 나도 '괜찮다'는 식으로 자기 위로하는 것은 전혀 매매에 도움이 되지 않는다.

김성호 [손실을 보면서 돈을 더 끌어와서 계속한다고 하셨잖아요, 그게 매매방의 사람들과는 별 상관이 없나요?] 한 가지는 있어. 서로 위안을 삼아. 아니 손실 본 사람들의 이야기를 들으면서, '아니 저 사람도 손실 봤네? 나도 손실 봤는데. 뭐 버티면 되지.' 나만 손해 본 거 아니잖아. 이러면서 서로에게 위안이 되어주는 거야. (……) 멍청한 짓인데 설득력이 있어. 묘하게 위안이 돼.

김성호 씨는 사실 동료들에게 냉정하게 보이더라도 개인주의적인 태도를 갖고 행동했으면 돈을 더 잘 벌 수도 있었다고 말한다. 그는 투자에 성공하는 사람의 공통점은 '감정 없는 기계'처럼 자신이 정한 매매 원칙을 칼같이 지키는 사람이었다고 기억한다. 이런 성향은 매매할 때뿐만 아니라 입실자들과의 인간관계와 일상생활 속에서도 드러난다. 그는 돈을 버는 사람일수록 개인주의 성향이 현격하며, 사람 좋고 "허허허 좋은 게 좋은 거지 하는 사람"치고 손절매 같은 매매 원칙을 칼같이 지키는 사람이 없다고 말한다.

김성호 [매매방에서 보시기에 어떤 사람이 투자를 잘해요?] 냉정한 사람. 굉장히 냉정한 사람. (……) 돈을 정말 잘 버는 사람한 명이 있었는데, 이 사람은 성향이 어떠냐면, 인간적으로 보면 거의 감성이 없어요. 어느 날은 오기에 '안녕하세요?' 인사했더니 얼굴을 싹 돌리면서 가. 왜 저래? 나를 못 봤나 저 사람이? 다음에 또 한 번 그랬는데 모른 척해. 원래 그런 거더라고. 사람한테 정을 안 줘요. 주식을 떠나서 평소에 사람들을 대하는 인간관계가 감정이 없이.

2007~2014년까지 매매방의 일상 문화는 동지애와 정서적 지원, 수평적 관계에 기반해 '호락호락'하지 않은 증시에도 불구하고 매매방을 떠나지 않고 전업투자 생활을 이어 나갈 수 있는 동력으로 작용했다. 그렇다면 그 이후, 2015~현재에 이르기까지 매매방의 일상 문화는 어떻게 변화했을까?

긴장과 갈등의 공간(2015~현재)

2015년이 넘어가면서 초기이자 전성기의 매매방 분위기도 서서히 바뀌어 갔다. 파생상품 매매하는 입실자의 손실이 점차 커지고 계좌의 잔고가 바닥나기 시작하면서 한 명 한 명퇴실하지 않을 수 없게 되었고 자연스럽게 국내주식 투자자 중심으로 '선수 교체'가 일어나면서 긴장과 갈등의 공간으로서의 매매방으로 변화하게 되었다.

이 시기의 가장 큰 특징은 바로 각 입실자는 자리만 공유할 뿐, 서로에 대한 관심도 간섭도 최소화하는 철저한 개인주의를 실천하고 있다는 점이다. 대화와 소통도 최소한에 그치고 모임과 회식도 거의 없다. 그나마 이어 오던 연말 송년 모임도 2018년 처음으로 하지 않았다. 장기 입실자는 친해져 봤자 얼마 있지 않아 또 나갈 사람들이란 것을 경험적으로 체득했기에 굳이 아는 척해서 친해지지 않는다고 말한다.

김성호 솔직히 연말에는 그래도 회식 한 번 했는데 올해는 아무것도 안 했어요. 점점 시장이 무너지면서, 개인들이 손실이 나면서 나가고, 교체되고, 그러면서 어떤 분은 '안녕하세요?' 인사하고 한 달 됐는데, 없어졌어요. 어떤 분은 또 한 2주 있다가 나가고. 그러니까 굳이 교류할 필요가 없는 거고, 그런 교류가 사라진 거죠. 뭐 친하게 지내 봤자 언젠가 금방 나갈 사람인데……. 그래서 지금은 누가 새로운 사람이 와도 그냥 인사만 하지, 서로 각자 알아서 매매하고 가는 거예요.

내가 매매방에 처음 입실했을 당시 매매방에는 오로지 컴퓨터 마우스와 타자 소리만 '타닥타닥' 나는 정적인 분위기가 감돌았다. 장이 열리는 중간에는 대화도 거의 없고, 점심 식사하러 갈 때 "식사 맛있게 하십쇼." 혹은 퇴실할 때 "내일 뵙겠습니다." 정도의 인사치레가 다였다. 로알매매방이 아니라 다른 매매방에 과거 입실한 경험이 있던 윤택수 씨는 그러한 개인주의적인 분위기가 보편적인 매매방의 모습일 것이라 말했다. 매매하는 사람들은 '교활하고 등골 빼먹는 사기꾼'이라는 이미지가 있는 것처럼, 서로를 믿을 만한 자로 신뢰할 수 있는 근거가 아무것도 없기 때문이다. 때문에 간단한 자기소개 이외의 깊은 이야기는 하지 않으며 질문하는 것은 실례로 간주된다.

이러한 분위기에서 돈을 빌려 달라는 부탁은 전혀 일상적이지 않은 행동이다. 윤택수 씨는 과거 매매방에서 '그나마' 친하게 지냈던 한 입실자가 '20만 원'을 빌려 달라며, 자신의 반지를 '담보'로 내놓았다는 사연을 소개하며, 그것이 매매방 내 인간관계의 한계라고 말한다. 아무리 친하게 지낸다 하더라도, 사람 간의 믿음에 기반해 '돈거래'도 할 수 있는 '신뢰 관계'로 발전하는 것은 매우 드물다는 것이다.

윤택수 매매방에 1년 가까이 있으면서 나랑 그나마 친한 사람이 있었는데 어느 날 그 양반이 막 얼굴색이 똥색 사색이 돼서 돈을 좀 20만 원만 빌려 줄 수 있냐고 물어봤어. 근데 그런 질문이나 요구는 굉장히 일상적인 건 아니거든. 굉장히 예외적인. 어떻게 매매방에서 만난 사람들끼리 돈을 빌려 달라고 하냐. 이런 게 이제 그런 분위기인데, 그래도 내가 "어, 그래요 빌려 드릴게요." 했더니, 자기가 끼고 있던 반지를 딱 내놓는 거야. "이게 뭐예요?" 그랬더니, "아니, 내가 안 갚을 수도 있으니까. 뭐 그게 금반지니까 반지 가치는 20만 원 넘겠지. 그걸 담보로 해서." 내가 뭔 담보냐고 내가 뭐 전당포냐고. 사람들 사이가 이런 식이야. 그 사람도 빌리면서도 내가 저 사람한테 평소 좀 친하게 지내긴 했어도, 저 사람이 날 어떻게 받아들일까 그걸 걱정, 염려를 하는 거지.

이러한 개인주의적 분위기 아래에서 정보 공유는 전체 시장의 방향성에 대한 '확인' 차원의 간단한 문답만 가끔 오가는 정도가 되었다. 금융시장의 지표와 지수가 변동할 때, 예컨대 종합지수가 갑자기 급등락 할 때, "지금 무슨 발표 났나요?" 하는 식으로 묻는 것이다. 그 변화의 의미를 묻거나 자신의 해석이 타당한가를 확인하는 수준이다. 투자자는 자신의 해석을 바탕으로 시장에 대한 대응 전략을 세우기 때문이다. 하지만 이는 어디까지나 입실자의 판단에 보조가 되는 것으로 입실자의 개별 매매에 결정적인 방향성을 제시하지는 않는다.

이용철 가끔가다 던지듯이 '어? 연기금이 오늘 팔고 있네요?

언제까지 팔 거 같아요?' 그런 건 물어보는데. '디스커션(discussion)'이 아니고 짧게. 근데 그 이외는 뭐 별로 얘기 안 해요.

전문가의 유료 리딩을 통해 종목을 추천받아 매매하는 입실자는 평소 옆자리에 앉은 동료에게 리딩 문자를 보내 주는 등 선의로 정보를 공유하기도 했지만 보내는 사람과 받는 사람 모두 부담이 돼 곧 그만두게 된다. 시장 상황이 변화함에 따라 장중에도 리딩 문자는 몇 건씩 계속 오고 추천 전략도 계속 바뀌는데 급박한 거래의 순간에는 그 문자를 모두 다 보내 주는 것도 부담이 되기 때문이다. 혹시라도 상대가 내가 추천해 준 종목으로 손실을 보게 될 경우 내 책임은 아니지만 미안함도 남는다.

민종학 도로 실패한 적도 있어요. 마이너스. 예를 들어서 ○○○ 사장이 뭐 좋다고 그러는데, 이미 다 오르고 정점을 찍고 내려오는 시점에 사서 손해 본 적이 있어요. 그 사람이 나보고 사라고 한 건 아니기 때문에 뭐 내 책임이죠.

한 입실자는 그렇게 리딩 문자를 전달받아 자신도 동일한 종목을 매매해 보았지만, 결국 손실을 봤다고 고백하기도 했다. 비록 호의로 시작해도 정보를 공유하는 행동은 다른 입실자에게도 긍정적으로 인식되지 않고 있었다. 매매는 다른 사람에게 의존하지 않고 주체적으로, 개인적으로, 자신의 판단으로 하는 것이 가장 바람직하다는 인식이 팽배하다.

김성호 그 사람은 이게 도움을 준다고 주는 건데 과연 진짜 도움이 되는 것일까? 그게, 물론 자기는 선의지. 근데 예를 들어서 내가 그분한테 종목을 받았어. 근데 나는 평소에 사고 싶지도 않은 종목이야. 근데 갑자기 보내 주니까 나도 관심 있게 보다가 샀어. 손실을 많이 봐. 욕은 못 하지. 속으로는 '뭐야? 나는 관심도 없었는데, 왜 나한테 이런 거 보내서 내가 사게 됐잖아.' 속으로 원망을 해. 그래서 자기 일을 돈을 갖고 하는 건 쉽게 관여를 하면 안 돼요. 단돈 만 원이라도 손실을 보면 좋을 사람 없으니까. 그렇다고 책임져 줄 것도 아니잖아. 그래서 독자적으로 주체적으로 하는 게 제일 좋아요.

그렇다고 이들이 서로의 투자에 대해 아예 모르는 것은 아니다. 기본적으로 매매 분야, 예컨대 국내주식 중 테마주, IT주 등에 대해서는 파악하고 있으며, 가볍게 대화하기도 한다. 그러나 개인적으로 투자하고 있거나 투자했던 종목, 자본금과 수익률에 대해 직접적으로 캐묻는 것은 '실례'로 여겨진다.

박동일 밥 먹으면서, 오다가다, 장 끝나고 가볍게 대화. 돈 벌었다, 자기가 어떤 종목 한다. 서로 이야기(하는 거죠). '와! 그거 갖고 있어요?' '아 그럼요.' 이러면서 알게 되는 것. 벽을 쳐 놓고, 아예 일말의 교류도 안 하는 사람도 가끔 있지만, 거의 대부분 오랫동안 하다 보면 얘기를 아예 안 하고 지낼 순 없죠. 그것도 몇 년씩 얼굴 봐 온 사람인데.

김성호 우리는 계좌에 대해서는 이야기 안 해요. 누가 얼마가 있고, 얼마를 벌고. 그런 건 거의 이야기를 안 한다고 보면 돼요. 굳이 알아야 할 이유도 없고. 그걸 물어보는 것도 실례고. 불문율처럼.

특히 매매방 내에서 다른 입실자에게 수익 경험에 대해 '자랑'하는 것은 터부시된다. 같은 날 손실을 본 사람도 있을 텐데 자신이 수익을 봤다고 자랑하는 것은 상대에 대해 배려 없는 행동일뿐더러 전업으로 매매하는 사람은 일희일비하면 안 된다는 생각 때문이다.

김성호 물론 본인이 먼저 말하는 사람도 있어요. ○○○씨는 본인이 계좌를 깠다고 하더라고요. 본인이 얼마 벌었다고. 근데 그건 굉장히 위험한 거거든. (······) 이 시장은 자만심이 사람을 망쳐요. 되게 위험해지죠. 베팅도 늘어나고, 뭔가 자신감이 들어가니까 매매도 자주 하게 되고. 매매를 자주하는 것과 실패가 비례하는 것은 아니지만, 실패할 확률이 높죠.

이런 분위기 때문에 매매방 내에서는 서로 간섭을 피하고 갈등을 줄이기 위한 여러 규칙과 규범이 존재하며 매매방 내 입실자들 간의 상호작용은 규범에 의존하는 경향을 보인다. 매매방의 규범은 원래 매매를 위한 최적의 환경을 조성하기 위한 수단이다. '실내 흡연 금지', '실내 통화 금지'와 같은 상식선에서 타 입실자를 배려하기 위한 조항으로 이해할 수 있을 것이다. 하지만 최적의 환경 조성에 앞서 더 우선시되는 규범의 목적은 사실 입실자 간 감정적 반목 없는 환경을 마련하기 위함이다. 입실 시 모든 입실자는 정숙, 과도한 매매참견 및 관찰 금지, 금연, 청결과 같은 준수사항을 지킬 것을 약속한다. 하여 그것을 지키지 않으면 예민해진 입실자들끼리 갈등을 유발하기도 한다.

실제 입실자 준수사항 각각의 조항은 사실 과거 갈등이 빚어진 사태로 인해 하나 둘 신설된 것이다. '사무실·건물 내 금연' 조항은 비흡연 입실자들의 항의와 비흡연·흡연자 간 말다툼으로 생긴 조항이며, '매매방 내 정숙' 조항은 '시끄러운 매매습관'으로 유발된 갈등과 입실자들의 퇴실 사태로 인해 만들어졌다. 각 조항은 곧 매매방 내 갈등의 역사를 반영하는 거울인 셈이다.

박동일 [매매방에서 지켜야 할 규칙이 따로 있나요?] 실내 금연. 예전에 나도 내 방 안에서 담배를 피웠었는데. 비흡연자들은 그런 게 또 냄새 난다고 싫다고 항의하기도 하고. 그러니까 아예 건물 밖에서 담배 피우는 걸로 됐죠. (……) 그리고 시끄럽게 매매하는 사람이 있어요. 가끔 보면. 막 혼자 주저리주저리 혼잣말하면서. 장중에는 다 예민하니까 그런 것도 항의가 들어와서 싸움도 나고. 이러면서 나간 사람도 있고.

매매방 내에는 이와 같은 공식적 준수 사항 이외에도 암묵적으로 지켜야 할 규범도 있다. 예컨대 '친한 척하지 않기', '아는 척하지 않기'와 같은 것이다. 개인전업투자는 '고독한 싸움'이기 때문에 자기 감정을 스스로 통제하지 못했던 어느 입실자는 다른 사람들과의 친목을 과도하게 추구하기도 했었다. 이런 행동은 생판 모르는 다른 입실자들에게 의심을 사거나 불쾌함을 유발하기도 한다.

박동일 [매매방에서 또 지켜야 할 게 뭐가 있을까요?] 아! 그리고 친한 척하지 않기. 다른 목적을 갖고 있거나. 이게(매매가)

외로우니까 친해지고 싶어서 막 친한 척하는 사람이 있어요. 그게 경우에 따라서는 불쾌하기도 한 거죠. 생판 모르는 사람인데.

'아는 척·잘난 척하지 않기'는 과거 종목 추천을 해 주고, 결과적으로 손실을 보게 된 입실자들 간의 갈등으로 인해 매매방 내에서 불문율처럼 통용되고 있다. 하지만 매매방에서 투자 관련 이야기를 아예 하지 못하게 막는 것은 합당하지 않기에 이에 관한 명문 규정은 없다. 대신 투자는 투자자 본인의 책임임을 주지시켜 실패에 따른 불미스러운 갈등의 발생을 방지한다. 따라서 입실자 간에 '리딩'을 하거나 가끔씩 자발적으로 종목 추천도 일어나지만 장려되지는 않는다.

박동일 예전에 종목 소개시켜 줬는데, 손실 나서. 투자한 본인 책임이긴 하지만, 어쨌든 그런 일로 갈등이 있어서, '다른 사람 옆에 가서 코치하지 마라', '개입하려고 하지 마라', '내가 많이 안다고 가르치려고 하지 말라'고 하죠. 예전에는 상대 파악도 안 하고, 내가 더 많이 한다고 전제하고 코치하는 사람이 많았어요. 한번은 ○○증권 HTS 차트 개발팀장이 와서 으스대면서 코치하고 돌아다니더라고요. 한번은 누가 그랬대요. "저도 많이 아니까 안 가르쳐 줘도 돼요."(웃음)

이러한 현상은 매매방 초기의 일상과 분위기와는 사뭇 다른 것이다. 입실자들 간의 활발한 상호작용이 매매방에 유입되며 투자를 지속하는 '메리트'로 작용했던 것과 다르게 증시가 점점 더 어려워짐에 따라 개별 투자자들의 마음의 여유도 사라져 서로 '예민하게 날을 세우게' 된다. 따라서 후기 매매방에서는 입실자들 간의 갈등이 누적되게 되었고, 갈등을 방지하기 위해 상호작용의 범위를 축소하고 경직되게 만드는 규범이 공식·비공식적으로 유통되게 된 것이다. 매매방은 더 이상 입실자 간 활발한 상호작용의 공간이 아닌, 그저 매매를 위한 물리적 공간으로서 기능한다.

김성호 장(주식시장)이 안 좋을 때는 사람이 훨씬 더 예민해지지. 순간순간의 판단도 평소보다 굉장히 어렵고, 고뇌도 많고. 그러니까 사람들이 옆에서 뭘 해도, 뭘 물어봐도 안 들리거나, 자기 꺼(매매)에 초집중하다 보니까, 굉장히 예민해져 있지.

이처럼 정적인 분위기 기저에는 언제라도 터질 수 있는 갈등의 긴장감이 감돌고 있다. 표면적으로는 평화로워 보일지라도 입실자는 서로에 대해 내면의 적대감을 갖고 있었으며 표현하지 않더라도 속으로 상대를 판단하는 경향이 있다. 가끔 매매에 대한 대화를 하게 될 경우, 토론은 갈등으로 이어지기 쉽상이라 서로가 회피하게 된다.

> **김성호** 옆에서 듣고 (그 말이 틀렸더라도) 우리는 그냥 그러려니 하지, 거기다 대고 '아 그렇게 하시면 안 됩니다.' 그런 얘기 안 해요. 그리고 또 누구(다른 입실자)는 ELW를 하시는 거 같더라고. 아효! 내가 해 봤거든. 100프로 손실 보는 게임인데. 내가 해 봐서 아는데. 그건 이길 수 없는 게임이에요. 그러니까 왜 하는 건지 모르겠어요.(근데 이런 말은 안 하지.)

적대감은 주로 OB와 YB라는 나이와 입실 기간에 따라 나뉜 두 집단 간에 형성됐다. OB와 YB의 변별점은 나이뿐만 아니라 주식시장과 매매방에서의 경험의 차이다. OB는 YB에 비해 상대적으로 나이와 직장 경험이 풍부했고, YB는 OB에 비해 나이는 다소 적었지만 주식시장과 매매방에서의 경험이 풍부한 '베테랑' 개인전업투자자였다.(표 3-1 참조) OB는 표면적으로는 매매방엔 상하 관계가 없다고 말하지만 무의식적으로 나이에 의한 위계를 강조하려는 경향이 있었으며 그것이 충족되지 못할 경우 못마땅하다는 마음을 갖고 있었다. 그리고 그것이 종종 갈등의 형태로 드러난다.

나이에 상관없이 열린 마음으로 서로 반박할 자유가 용인되었던 전반기 매매방의 분위기와 달리 후반기 긴장과 갈등의

	OB	YB
나이	50대 후반	40대 후반~50대 초반
입실 기간	5년 이하	10년 이상
이전 직장 경험	기업체 20~30년 근무 후 명예퇴직	개인사업
주요 입실 위치	홀	룸

[표 3-1] **OB와 YB의 특징**

시기의 매매방에서는 나이에 대한 강조로 인해 토론과 소통의 가능성이 차단되고 있었고 이것이 주요 갈등의 원인으로 작용하고 있다. 특히 OB 입실자들은 한국 경제의 성장기 시절 가난한 가정환경에서 나고 자랐으며 20~30년 가까이 힘들게 일해 '처자식 먹여 살리며' 한평생 가정을 일군 것에 자긍심을 가지고 있었다. 그래서 비교적 젊은 나이부터 매매방에서 금융으로 '쉽게 돈 벌기를 바라는' YB에 대해 못마땅한 감정을 갖고 있었다. OB는 '젊은 사람이 궂은일 안 하겠다고, 자금 조금 있다고 가만히 앉아서 매매하는 것은 반대다.'라는 입장을 면담 시 여러 차례 강조했다.

또한 OB는 YB와 투자에 대한 이야기를 하다가 상대가 자신의 의견이 틀렸음을 지적한 경우 감정적으로 반응하기도 한다. 상대적으로 개인전업투자 경력이 오래된 YB가 OB가 모르는 사실을 전달하는 경우가 많았는데 이를 투자에 도움이 되기 위한 토론의 과정으로 인식하지 않고 '나이도 어린 사람이 내 말에 대든다.'라는 식으로 받아들이는 것이다. 이러한 상황에서 YB는 OB가 '꼰대'처럼 느껴질 것이다. 이러다 보니 상호간에 소통을 시도하는 것은 갈등의 씨앗이 되기 십상이었다. 김성호(YB) 씨는 △△△(OB) 씨가 투자에 관해 토론하다 자신이 반박한 것을 타당한 재반박으로 맞서지 않고 '기분 나빠 하며' 감정적으로 반응한 것을 보고 이후 대화를 하지 않게 되었다고 말한다.

김성호(YB) 항상 그분(△△△, OB)이 먼저 꺼내는데 나나 그 형 (조민식, YB)이나 반박을 시작했지. 근데 이분이 거기에 대해서 약간 기분이 나쁘셨나 봐. '삔또'가 상한 거지. 한 번 두 번 세 번 계속 반박을 하니까, '아니 내가 말하는 게 진리는 아니지만, 그래도 그거에 대해서 그렇게 반박하고 하면 약간 기분이 나쁘다'는 투로 말씀을 하시는 거야. 어! 나도 깜짝 놀랐지. 우리는 여태까지 열린 사고방식으로 했는데, 이분은 기분이 나쁜 거야. 자기 말에 자꾸 토 다는 거 같고. 그분은 여기 오신 지 얼마 안 됐으니까 여기 문화를 잘 모르는 거지. 그러니까 여기 와서 여기 사람들이랑 특별한 토론도 안 해 봤고. 그 문화를 모르니까. 우리는 자연스럽게 대화를 한 것뿐인데.

또한 입실 기간이 상대적으로 오래된 YB는 굳이 또 금방 나가게 될 사람들이라는 생각에 새로 들어온 OB 입실자들과의 깊은 유대 관계를 맺지 않았다. OB는 YB를 전업 내공 10년 이상의 '고수'로 인정해 주는데도 그들이 자신을 상대하지도 않고, '나이도 어린' 사람이 친목의 손길을 먼저 건네지 않는 것을 '콧대'를 세우는 것이라고 받아들였다.

OB는 회사 조직 문화와 다르게 매매방은 상하 위계 관계가 없다는 점이 장점이라고 말했지만, '나이'에 대한 의식을 완전히 탈피하지 못한 모습을 보였다. YB는 OB의 독선적인 태도를 소통을 저해하는 원인으로 지적한 반면, OB는 나이 차 때문에 어울리기 편하지 않은 것으로 분석했다. 개인주의가 팽배한 현재의 매매방에서도 세대 간의 문화적 갈등이 엄연히 존재하고 있는 것이다.

OB와 YB 간 갈등의 절정은 2018년 한여름 에어컨을 둘러싸고 일어났다. 이 사건의 전개 과정은 40~50대 '아저씨들'의 싸움이라기에는 다소 유치하다. 1994년 이후 최대 폭염으로 인해 유난히 더웠던 8월의 어느 날, 김성호(YB), 조민식(YB) 씨가 입실하던 룸 1의 에어컨의 성능이 떨어져 냉방 기능이 잘 작동하지 않아 룸 1의 실내 기온이 OB가 입실한 홀보다 높았다. 10년이 넘는 세월 동안 룸 1은 항상 방문을 열어 두었는데, 홀에 입실한 ○○○(OB) 씨는 "더운 걸 못 참는 성격"으로 텁텁한 바람이 불어 나오는 룸 1 방문을 계속 닫았다. 참다 못한 김성호 씨가 홀에 나가 "누가 계속 문을 닫으시냐?"라고 물었고, 언쟁이 시작됐다. 이 갈등은 표면적으로는 매매방 운영자의 중재로 마무리되었지만, 그 앙금은 아직까지 남아 있다. 이후 YB와 OB 간의 대화나 상호작용은 거의 '끊어진' 것이나 다름없다.

김성호　○○○ 사장이 자기가 닫는다는 거야. (……) '아! 그건 댁네 사정이지. 내가 더운 걸 왜 피해 봐야 되냐'는 거야. (……) 그 뒤쪽에 있는 다른 사람(□□□, OB)은 나한테 하는 말이 텃세를 부리지 말래. 황당해 가지고 그 사람들이랑 싸웠어요, 큰소리로! 난 그분이 그렇게 꼰대인지 몰랐어. 소장님(운영자)도 그러더라고 나한테 저분(○○○)은 정말 보수의 보수, 꼴보수라고.

전기 매매방의 시기에는 개인전업투자자가 투자를 지속하게 만드는 일상의 문화가 목격되었다. 이 시기에도 개인투자자의 손실은 흔한 것이었지만 입실률이 평균 절반 이상을 유지했으며 입실자 사이의 끈끈한 동료 의식과 유대감이 존재했다. 정서적 지원과 매매에 대한 자유로운 토론도 나이에 상관없이 활발하게 이루어졌으며 친목 행사도 주 3회 이상 열렸다. 비록 손실 경험의 공유를 통한 위안의 문화가 입실자의 수익률에 부정적 영향을 주기도 했지만 개별 종목 투자 경험이나 '알짜' 정보의 공유처럼 매매에 도움이 되는 활동도 활발히 이루어졌다.

후기 매매방의 일상적 문화는 이와 사뭇 다르다. 여러 규제의 여파로 금융시장이 침체되고 입실자 수가 급격히 감소했기 때문이다. 이 시기의 매매방 입실자들은 공식·비공식 규범과 개인주의에 기초해 표면적인 평화를 유지하고 있다. 대화의 소통을 최소화하고 정보의 공유도 제한적으로 이루어지고 있다. 특히 YB와 OB 사이의 세대 갈등으로 인해 토론도 가급적으로 회피하고 있다. 친목을 목적으로 한 모임이나 회식은 거의 찾아볼 수 없으며 정적인 분위기 기저에는 적대감과 긴장감마저 도사리고 있다. 손실의 경험에도 불구하고 매매는 할 만한 것이라는 의미를 창출하는 공간이 아니라 매매 활동을 진행하는 작업장이 되어 버린 느낌이다. 이런 변화는 무엇보다 금융시장의 침체와 개인투자자의 실적 부진에 기인한 것이다.

장기 박스권 증시와 정부의 파생상품 규제 여파로 후기 매매방의 입실률은 절반 이하로 저조한 수준이다. 전기 매매방에서 관찰되었던 입실자 간 활발한 상호작용이 축소되며 철저한 개인주의, 소극적 정보 공유, 공식·비공식적 규범의 강조, 긴장과 갈등의 반복이 매매방의 일상을 구성하고 있었다. 입실자들 간의 풍부한 화학작용이 사라졌기에 매매방은 더 이상 손실에도 불구하고 개인투자를 지속할 만한 동인을 제공하는 공간이 아니게 된 것이다. 오로지 '가장'의 체면을 차리기 위해 출·퇴근할 수 있는 공간, 사회의 부정적인 인식을 면피할 수 있는 공간으로서만 기능한다. 그렇다면 이러한 매매방에서 어떠한 담론과 인식이 공유되기에 여전히 입실자들은 손실에도 불구하고 투자를 할 만한 것으로 내면화하게 되는 것일까?

4장

간파와 믿음

개인전업투자자는 자신의 거듭되는 실패를 만들어 내는 금융시장을 어떻게 간파하고 이에 어떻게 대응하고 있을까? 개인전업투자자는 투자 실패를 거듭하면서 금융시장의 속성을 꿰뚫어 보고 있다. 하지만 투자를 포기하기보다는 이러한 속성을 활용하여 이익을 실현하려고 노력한다. 어떠한 매매 전략과 원칙을 세워야 손실을 최소화하고 궁극적으로 수익을 도모할 수 있을지를 고민한다.

[그림 4] 재도전의 반복

1
금융시장에 대한 간파

금융에 대해 무지한 상태로 '초심자의 행운'을 맛보고 개인전업투자 생활에 접어든 직후의 초보 투자자라면 몰라도, 개인전업투자 생활을 최소 2년 이상 지속한 로알매매방의 입실자는 금융시장의 성공 담론을 그대로 받아들일 만큼 순진하지 않다. 금융시장에서 성공하기가 얼마나 힘든지부터 '눈 뜨고 코 베이는' 금융시장에는 무지한 사람을 '등쳐 먹는' 사기꾼으로 득실댄다는 사실까지 '빠삭'하다. 우선, 입실자가 금융시장을 어떻게 인식하며 '간파'하는지 살펴보자.

"10년에 한두 차례 하늘 문이 열린다!"

한국경제TV 와우넷 파트너이자 투자 전문가인 박문환 씨는『아들에게 보내는 편지』에서 다음과 같이 말했다.

10년에 한두 차례는 가난한 사람들에게도 자신을 위해서 운명을 얼마든지 바꿀 수 있는 기회가 열린다. '양적 완화'라는 하늘 문이 열리는 시기에 평민이 귀족이 될 수도 있고 반대로 빈민으로 전락할 수도 있는데, 그것이 모두 너의 선택에 따라 결정된다는 것을 명심하여라. 네가 지금 가난하게 산다면, 그것은 부끄럽지 않은 일이다. 하지만 앞으로 10년 혹은 20년 후에도 가난하게 살고 있다면, 그것은 핑계일 뿐이다.[61]

박문환 씨가 중요하게 언급한 '양적 완화(quantitative easing, QE)'란, 더 이상 금리를 인하할 수 없는 때[62] 중앙은행이 (독점하고 있는 화폐발행 권한으로 찍어 낸 돈으로) 국채나 채권 등을 매입해 시중에 유통되는 돈의 양을 늘려 실질 금리를 더 낮추는 통화 정책이다. 돈이 풀리면 풀릴수록 그 가치인 금리는 떨어지기 때문이다. 경기침체를 해소하기 위해 중앙은행은 돈을 더 많이 찍어 내 시장에 공급할 수 있는데, 이와 같이 장기적으로 금리를 인하하면 이자 부담이 내려가 소비와 투자를 진작시켜

61　박문환, 『아들에게 보내는 편지1』(행복을여는 사람들, 2016), 94쪽.

62　경제 개념에 익숙지 않은 독자는 금리가 무엇인가 궁금증을 가질 수 있다. 금리(金利)란 돈을 빌려 줬을 때 받을 수 있는 이자율을 나타낸다. 쉽게 말해 돈의 가치다. 예컨대 한국은행이 기준금리를 올리면 100만 원을 빌려 주더라도 이자를 더 많이 받을 수 있기에 돈의 가치가 높아진다. 반대로 금리를 내리면 같은 100만 원을 빌려 주더라도 이자로 받을 수 있는 돈이 적어지므로 돈의 가치도 상대적으로 하락한다. 달러, 엔, 원 등 화폐의 기준금리는 각국의 통화를 찍어내는 중앙은행이 정한다. 전 세계 기축통화, 달러의 기준금리는 미국의 중앙은행, 연방준비제도(Fed, 엄밀히 따지면 정부 기관이 아니므로 중앙은행으로 보기 어렵지만, 하는 일로 봤을 땐 실질적으로 중앙은행의 범주에 속한다.)가 정하고 있다. 금리를 내리면 시중에 더 많은 돈이 풀려 소비를 진작할 수 있고, 금리를 올리면 시중에 유통되는 통화량이 줄어 화폐의 가치가 상승해 물가를 내릴 수 있다.

경기를 활성화하는 효과를 거둘 수 있다.

하지만 금리의 인하, 즉 화폐가치의 하락은 물가가 상승하는 것과 같다. 돈의 가치가 떨어진 만큼 화폐의 실질 구매력도 하락하기 때문이다. 고로 양적 완화가 진행되는 동안 돈의 가치가 떨어지는 만큼 실물자산의 가치는 상승하게 됨으로써 '주식회사의 가치'인 주식의 가격 또한 오르게 된다. 때문에 양적 완화가 시작되는 시기에 투자할 수 있는 여윳돈을 마련하여 자본주의 사회에서의 '경제 신분'을 바꾸자는 것이 박문환 씨를 포함한 21세기 금융전문가들의 제안이다.

양적 완화 정책의 시초는 2008년 서브프라임 금융위기로 거슬러 올라간다. 미국 중앙은행인 '연방준비제도(Federal Reserve System, Fed)'는 경기부양책으로써 전통적으로 사용하던 기준금리 인하의 효과가 충분하지 않자 유동성 공급을 위해 이전에 없던 수단인 양적 완화를 도입했다. 하여 주택 경기 활성화를 위해 2008년 11월부터 2014년 10월까지 총 3차에 걸친 양적 완화를 실시했고 총 4조 달러에 이르는 천문학적 규모의 돈을 시중에 풀었다.[63] 이 시기가 바로, 증시와 부동산 시장의 자산 가격이 상승하며 경기가 호전된 호황기다.

---

63 「버냉키, 3차 양적완화···글로벌 통화전쟁 다시 불붙나」,《한국경제》, 2012. 9. 21.;「가계부채 1500조, 집값마저 하락땐 하우스푸어 대란」,《중앙일보》, 2019. 3. 13.

하지만 2017년 말부터 2018년 초 미국이 금리를 올리기 시작하며 거시적 흐름이 완화에서 긴축으로 바뀌었다. 주가도 상승세가 둔화하거나 하락하는 국면에 접어들었다. 금융위기 직후에는 주식을 사야 하고 작년 말 이후부터는 주식을 팔거나 매수에 신중해져야 하는 시기란 뜻이다. 윤택수 씨는 주식투자자로 성공하기 위해서는 개인의 투자능력이 뛰어난 것보다 거시경제의 흐름이 주식을 통해 '돈을 벌기 쉬운 때,' 즉 투자에 최적의 타이밍에 현금을 실물자산으로 교환하는 것이 더 결정적이라고 믿는다.

윤택수 호황기 때는 아무나 해도 성공했어. 거의 90%가. (한국종합지수 그래프를 가리키며) 요럴 때 (2009년도 같은 양적 완화 시기) 시작하면 아무나 성공할 수 있는데, 요런 국면(양적 완화 정책이 느슨해지는 2011년도)에 들어가면, 반은 실패해. 그리고 요런 국면(2018년도 이후의 긴축 시기)에 들어가면 90%가 실패하고. 2008년도서부터 금융위기 서브프라임 모기지 사태 터져가지고, 주가가 바닥을 길 때, 이럴 때 하면 아무 주식이나 사도 올라가니까. 여기까지는 한 거의 90%까지는 성공할 수 있어요. 근데 여기서부터 횡보하잖아. 이게 2011년부터. 이때는 한 50% 정도 성공하면 잘하는 거야. 근데 이제 금년(2018년) 1월부터 꺾이잖아. 여기서는 10명 중 한 명이나 성공할까?

즉 투자에 성공하기 위해서는 '하늘 문'이 열리는 때를 기다리면 되는 것이다. 김성호 씨는 매매방에 입실한 2008년 금융위기를 겪으며 거시경제 흐름의 변화에 따라 '버티면' 기회는 언젠가는 온다는 것을 깨달았다고 말했다. 그렇기 때문에 증권시장에서는 '돈을 버는 것'보다 "리스크를 관리하며 버티는 능력"이 훨씬 중요하다고 한다. 이 시장에서 '아웃(퇴출)' 당하지 않고, 손실을 줄여 최적의 때를 기다린다면 경제는 상승과 하강을 반복하기 때문에 언젠가 "크게 돈을 벌 수 있는 때"가 오기 때문이다.

김성호 2008년 8월 달부터 시장이 조금씩 안 좋아졌어. 종합지수가 1300pt일 때인가? 그게 2000pt에서 당시 1300pt까지 왔으니까. 어우! 점점 나에게 좋은 기회가 왔다. 여기(로알매매방)에 온 건 나에게 천운(天運)이다. 어떻게 보면 장이 안 좋고 시장이 무너지면 돈 있는, 그러니까 현금을 가진 사람에게는 굉장히 좋은 기회이니까. 그니까 유아인(윤정학 역)이랑 똑같은 생각을 한 거지. 이건 나에게 정말 큰 기회다. 내가 이 기회를 어떻게 잡느냐에 따라서 내 앞날이, 내 미래가 바뀔 수도 있다.

영화 「국가부도의 날」에서 국가부도에 거금을 '베팅'한 금융맨 윤정학 역을 맡은 배우 '유아인'처럼 김성호 씨도 위기를

"인생 일대의 기회"로 보았다. 그래서 종합지수가 급격하게 빠지기 시작한 2008년 8월부터 주식을 사 모으기 시작했다. 그가 선택한 주식은 건설주, '○○산업'이었다. 3만 원 중반대부터 사기 시작했다. 이전 최고가는 10만 원 이상으로 김성호 씨는 주가가 충분히 내린 이후라고 판단했다.

김성호 그게 10만 얼마까지 갔었거든, 그게 그렇게 떨어졌으니까. 나는 당시 종합지수가 많이 빠져 봤자 한 1200pt로 봤거든. 왜냐하면 2000pt에서 특별한 위기가 없었고, 그 당시에. 1300pt까지 왔으니, 지금까지 사서 모으면 IMF 때처럼 기다리면 가겠다 싶었지. 근데 이미 사업은 망하고, 자금은 얼마 안 남았고. 그래서 이제 '레버리지'를 쓴 거죠.

종합지수가 많이 빠졌으니 앞으로는 오를 일만 남았다는 그의 거시경제 진단은 들어맞았다. 그러나 그는 레버리지[64]를 '엄청 땡겨 쓰는' 실수를 저질렀다. 당시 그는 친구와 동업한 사

---

64 레버리지(leverage)의 사전적 의미는 '지렛대'다. 지렛대의 원리를 이용하면 적은 힘으로도 훨씬 무거운 물건을 들 수 있게 되는 것처럼, 금융의 세계에서는 자기자본이 적을 때 대출을 받아 목돈을 만들어 투자하는 것을 뜻한다. 자기자본만으로 투자할 때보다 훨씬 큰 수익을 낼 수 있지만, 반대로 주가가 하락할 경우 원금 이상의 손실을 볼 가능성도 포함한다. 하여 '레버리지를 쓴 투자'라고 하면 일반적으로 투자위험이 상대적으로 키진 경우를 말한다.

업에 실패한 뒤, 개인 파산한 이후로 자금이 충분하지 않았기 때문이다. 일생 일대의 기회의 효과를 극대화하기 위해 그는 증권사에서 제공하는 '신용대출' 서비스를 통해 자기자본과 동일한 액수의 돈을 과감하게 빌렸다. 그리고 오로지 '○○산업' 주식을 원금의 두 배 이상의 돈을 투자해 모았다. 그러나 2008년 9월 15일 미국 월가에서 150년 역사의 투자은행 '리먼 브라더스'의 파산을 시작으로 부실금융의 '폭탄'이 터지며 그 영향이 전 세계로 확장되었다.

김성호 근데 9월달부터 막 뭔가가 터지기 시작하는 거야. 미국에서 '리먼 브라더스'라는 은행이 파산하고, 막 환율은 급등하고. 미국이 파산으로 들어간 거지. '리먼'이 파산하면서 모든 은행이 줄줄이 파산했어. 근데 생각해 봐. 우리나라가 망했으면 그냥 그러려니 해. 왜냐면 다시 IMF 때처럼 차관을 빌리고 환율 안정을 시키면 되니까. 근데 미국이 망한 거잖아. 그건 우리나라 IMF 때 망한 거랑은 차원이 다르다고. 미국이 망하면 당연히 전 세계가 도미노로 망하니까.

한국의 종합지수도 이내 곤두박질치기 시작했다. 김성호 씨가 갖고 있던 '○○산업'은 평균단가 기준 40%의 손실을 기록했다. 하지만 그는 이미 레버리지를 쓴 상태로 총 자금 대비

80%의 손실이었다. 신용대출을 쓴 상태였기에 증권사에서 예치금을 더 입금하라는 '마진콜'[65](margin call)이 쇄도하기 시작했다.

김성호 내가 레버리지를 썼으니까 80%가 깨진 거 아냐. 그러면서 증권사에서 문자(마진콜)가 와. 반대매매. 돈이 부족하니까 원금을 집어넣으시라고. 근데 돈이 어디 있어. 다 때려 박은 건데. 근데 처음 느껴 본 거야. 강제청산매매 당할지 모르니까 돈을 빨리 채워 넣으라는 걸. 아니면 증권사에서 강제로 매매를 하겠대. 내가 그런 문자를 그때 처음 받아 봤는데, 그 신용불량자들한테 압박 들어오듯이, 그런 거야. 막 공포가 쌓여 가지고, 난생처음 경험해 봤으니까. 이런 문자를 보고 어떻게 해야 할지 머리가 하얘지는 거야.

김성호 씨의 기억에 따르면, 당시 주식시장은 아침에 개장 이후 '−10%'에서 시작하고 매일이 하한가인 '−15%'의 '행진'이었다. '미네르바'[66]가 종합지수가 500pt까지 하락할 것이

---

[65] 신용대출을 통한 주식투자나 레버리지를 이용한 파생상품 거래의 경우, 원금(증거금) 이상의 손실이 발생할 때, '마진콜'을 통해 증거금을 더 입금하도록 한다. 마진콜에 응하지 않으면, 거래소는 시장가에 의한 자동적인 반대매매(강제청산)를 통해 원금을 보전한다.

[66] 실명은 '박대성'으로 "2008년 온라인 커뮤니티 '다음 아고라'에서 '미네르

라고 예언하면서 분위기는 더욱 흉흉해졌다. 결국 그는 80%의 손실을 보고 주식을 몽땅 손절했다. 통장 잔고에는 500만 원이 남았다. 끝났다는 생각이 들었다.

김성호 도저히 못 버티겠더라고. 그냥 주식을 다 팔아 버렸어. 다른 방법도 있었는데, 지금 와서 보니까 그렇게 안 했어도 됐어. 그러니까 전체 안 팔고 부족한 금액만 팔았으면 됐어. 근데 그걸 모르니까, 주식을 다 팔아 버렸어. 뭐 원금이 뭘 남아 안 남지. 내 계좌에 거의 500(만 원)인가 남았어. 아! 끝났다는 생각이 들더라고.

하지만 시장이 안정을 찾기까지는 그리 오랜 시간이 걸리지 않았다. 평단가 3만 5000원대의 '○○산업' 주가는 점점 올라 6개월도 채 되지 않아 8만 원대에 진입했다. 그는 주가가 연속적으로 하락했을 때의 공포보다 손실보고 매도한 주식이 오를 때의 감정이 더 고통스러웠다고 고백한다. 주식시장이 곧 안정되고 떨어진 주가는 다시 회복되리라는 그의 예측은 맞았기에 더욱 전업투자를 포기할 수 없었다고 한다.

바'라는 닉네임으로 활동했다. 그는 2008년 리먼 브라더스의 부실 금융과 환율 폭등을 예견하며 유명해졌는데, 2009년 '허위 사실 유포 혐의'로 구속됐다가 무죄로 풀려났다.

김성호 와! 거기서 또 미쳐 버리겠는 거야. 생각은 맞았잖아. 생각이 틀렸으면 포기를 하겠는데, 분명히 내 생각이 맞았고, 방향이 맞았는데, 내가 잘못된 매매 기법을 쓴 거지. 펀딩 전략이 잘못된 거지. (……) 다시 마음의 안정을 찾고. 매매를 해 보자. 그러면서 침착하게 매매하기 시작해서 조금씩 조금씩 돈이 생긴 거지. 그러면서 다시 1000만 원, 2000만 원, 3000만 원 이렇게 생긴 거지. 그리고 나서 지금까지 돈을 그렇게 조금씩 벌어서 안정을 찾은 거야.

2008년 금융위기를 '온몸으로 견디며' 그가 내린 결론은 '리스크 관리'의 중요성, 즉 손실을 줄이는 것이 수익을 내는 것보다 훨씬 중요하단 것이었다. 그가 10년이 넘는 세월 동안 매매방에서 '버틸' 수 있었던 비결 역시 전업투자를 시작하자마자 불어닥친 금융위기를 통해 얻은 이 교훈 때문이었다.

김성호 그리고 나서 내가 느낀 거지. 아, 이 주식이라는 건 돈을 버는 것도 중요하지만, 손실을 줄이는 게 더 중요한 거구나. 왜냐? 돈을 갖고 있으면 기회가 와요. 내가 샀던 종목이 잠깐 떨어지고, 한 달 두 달, 힘들었는데. 1년 지나고 2년 지나고 막 두 배 세 배 올라가. 버티니까. 근데 버티는 건 어떻게 가능하냐. 자기 나름의 리스크 관리를 하면서 버틴다는 거시.

그 결과 김성호 씨는 폭락장에 대한 두려움으로부터 자유로워졌다고 말한다. 2018년 4분기처럼 폭락장은 언제라도 예측하지 못한 방식으로 찾아올 수 있지만, 그는 어떻게 하면 그 위기를 잘 극복해 나갈 수 있는지 노하우를 터득했기 때문이다. 그는 활황과 불황의 반복이라는 주기가 있음을 알고, 각 시기마다 어떻게 대처해야 할지를 체득했다고 말한다.

김성호 그래서 나는 시장에 대해서 별 두려움이 없어요. 시장이 폭락해도 그걸 잘 극복할 수 있다는 거지. 시장이 하락해도 올라가도 나는 나름대로 내 노하우로 찾는 길을 알고 있다, 방법을 알고 있다 그거죠. 왜? (상승-하락의) 사이클은 항상 반복되거든. 거기서 내가 어떻게 해야 이전 같은 실수를 안 할지 배웠으니까.

상승장과 하락장은 반복되고, 손실을 줄이며 '버티는 놈이 승자'라는 담론은 다른 연구 대상자와의 면담 시에도 반복적으로 드러났다.

민종학 폭락장 경험하면서 하한가 몇 번 먹어 봤는데 그래도 또 올라와. IMF, 리먼 브라더스도 그렇고. 한 한 달 두 달 세 달 있으면 다시 올라와요. 솔직히 이건 투자라기보단 투매인데.

그래도 기회인 걸 아니까 (투자 안 할 수가 없지).

박동일 만약에 돈이 없어서 쉬거나 다른 일 하고 있는데, 어느 날 차트 딱 보고 있는데, 오늘이 그날이야. 지금 들어갔어야 해. 그런 날이 있어요. 항상 (예측이) 안 맞는 게 아니에요. 오늘 같은 날 들어가면 최소 열 배 먹는 날이야. 포기만 안 했으면 또 그때 잠깐 들어가서 먹고 나올 수가 있거든.

이처럼 금융시장에서 기회는 기다리면 언젠가 반드시 온다는 것을 경험적으로 간파한 개인투자자에게는 손실을 봐도 이 시장을 떠나지 않고 버틸 동기 부여가 자동적으로 제공되는 셈이다.

해피엔딩은 없다

개인전업투자자에 관한 오해 중 하나는 이들이 '한 방'에 대한 비현실적이고 낙관적인 기대로 전업투자를 선택하게 되었다는 것이다. 그러나 면담 결과 이들은 실패를 직·간접적으로 누구보다 많이 접하고 경험하고 있다. 그렇기에 이들은 금융 매매를 통해 성공하는 자가 극소수에 불과하고, 성공하지 못한 개인전업투자의 말로가 좋지 못하단 사실을 잘 간파하고 있다. 심층면담 시 각각의 개인전업투자자가 접한 성공과 실패 사례에 대해 질문했는데, 그에 대한 답으로 동일 인물이 싱공한 뒤 실패한 사례에 대해 이야기하는 경우가 많았다. 윤택수 씨의 지인은 파생상품 투자를 통해 2000억 원을 벌었지만, 결국은 500억 원대의 빚을 져 개인파산했다. 현재는 신용불량자 생활 중이라고 한다. 때문에 윤택수 씨는 언제라도 '큰돈'을 운 좋게 벌게 되면, "털고 나와야 한다"는 생각을 늘 갖고 있다.

> **윤택수** 전업투자자 중에 가장 전설적인 사람이 있었는데, 개인적으로 아는 사람 중에 한 3억 갖고 시작해서 3년 만에 2000억을 만들었어. [2000억을 벌었다고요?] 근데 그 2000억 한 1년 만에 다 날아갔지. 지금은 신용불량자야 그 사람. 다 손실 보고 증권회사에 한 500억 빚을 진 거야.

책을 출판하며 대중에게 잘 알려진 개인전업투자자의 성공담, 리딩 전문가가 인증하는 '대박적' 수익률 또한 신뢰할 만한 것이 못 된다. 한철 운 좋게 예측이 잘 '맞아서' 수익률을 온라인에 인증하면 전문가 행세를 할 수 있다. 그러나 박동일 씨에 따르면 그 이후 예측이 맞지 않아 '문 닫는' 개인전업투자자가 매매방에서 숱하게 목격된다. 단순 운이나 전체 시장이 좋아 수익을 낸 것을 자신의 실력이 좋았기 때문이라고 오인한 결과다. 이처럼 스스로 성공했다고 광고하는 전문가 중 실제로 성공을 유지하는 이는 드물다. 박동일 씨는 투자전문가가 스스로 적중률이 좋음을 자신한다면, 애초에 왜 회원을 모집하고 리딩비를 받는 전문가 활동을 시작하게 되었는지 의심해야 한다고 강조한다.

박동일 사무실에 74년생 충청도 출신의 전문가 (출신이) 리딩했다가 안 맞아서, 리딩을 접고 해외선물옵션 했다가 20억 날리고…… 여기 와서 사업자등록하고 재기하려고 온 사람이 있었어요. 리딩하는 카페를 만들었대요. 그래서 가 봤더니 대문짝만 하게 홈페이지 맨 앞에 300만 원으로 1억 만든 거를 거래 내역 전체를 인증을 딱 (해 놨더라고). 다른 사람들이 봤을 때는 "와 이건 진짜 전문가다!" 하겠지만 나는 왜 이 사람이 300(만 원)으로 시작했는지를 알죠. 거기에 사람들은 다 당하는 거예요. 처음에는 잘 맞았어요. 몇십만 원씩 받고. 재기할 거라고 그랬는데, 몇 달 뒤에 가 봤더니 문 닫았더라고요. 또 (예측이) 안 맞는 거죠. 처음부터 의심을 해야죠. 왜 이 사람 계좌 잔액이 300(만 원)이 됐을까. 수십억 날리고 300(만 원) 된 걸 내가 알거든요. 그런 전문가들이 90%예요.

이런 인식은 주식·파생상품 시장에서 신화적인 존재로 여

거지는 '네임드'[67] 투자자에 대해서도 마찬가지로 관찰된다. 경기도에 있는 ○○매매방의 운영자인 안길상 씨는 '알바트로스(성필규),'[68] '압구정 미꾸라지(윤강로),'[69] '목포 세발낙지(장기철)'[70] 등 모두 성공한 개인투자자로 유명해졌고, 여전히 '성공'

67　게임이나 온라인 커뮤니티에서 ID나 닉네임이 알려진 사용자.

68　미리 설정한 매매 조건에 따라 자동적으로 거래가 이뤄지는 시스템매매가 주특기인 전설적인 파생상품 투자자. 그의 저서 『돈을 이기는법』(2013)의 책 소개에 따르면, "종잣돈 150만 원으로 무려 1만 배 이상의 누적수익률"을 기록했다. 2010년 PK투자자문사를 설립했지만, 2017년 자진 폐업했다. "업계에서는 피케이투자자문이 변화된 환경에 효과적으로 대응하는 데 실패했다고 평가하고 있다. (……) 업계 관계자는 "피케이투자자문의 폐업은 결국 개인들에게 선물옵션 특화 전략으로 원하는 수익률을 내기가 얼마나 어려운지를 보여 준 것"이라며 "성 회장도 제도권 진입 이후 도이치옵션 사태 등이 터지고 당국이 파생상품시장에 대한 규제를 강화한데다 시장이 축소되면서 영업에 어려움을 겪은 것으로 안다"고 말했다."(「선물옵션 고수들의 눈물… 투자자문사 문닫거나 매물로」,《파이낸셜뉴스》, 2017. 3. 19.)

69　"윤씨는 선물투자로 투자 원금 8000만 원을 1300억 원까지 불린 것으로 유명하다. 윤씨는 1996년 국내에 선물거래가 도입됐을 당시 재직하던 서울은행을 퇴사한 뒤 서울 압구정동에 사무실을 내고 주식투자에 뛰어들었다. 위험을 미꾸라지처럼 요리조리 잘 피한다고 해서 '압구정 미꾸라지'라는 별명이 붙었다. 8년간 코스피지수 선물에 투자해 큰 수익을 올린 그는 2004년 한국선물을 인수해 KR선물로 사명을 변경하며 회장직에 올랐다. 그러나 KR선물은 2004년부터 3년간 매년 500억 원, 100억 원, 45억 원 손실을 봤다. 결국 2014년 IDS홀딩스에 인수되면서 윤씨는 회장직에서 물러났다. 지금은 KR트레이딩아카데미를 운영하며 개인투자자들에게 투자 전략을 강의하고 있다."(「'압구정 미꾸라지' 투자 아카데미 운영, '목포 세발낙지' 사기혐의로 징역 1년」,《조선비즈》, 2017. 10. 16.)

70　"'목포 세발낙지' 장씨는 1990년대 후반 한 증권사 목포 지점에 근무하면서 하루에 9000억여 원을 중개하는 성과를 내 유명해졌다. 목포에서 증시를 쥐락펴

해 있는 것으로 착각하는 사람들이 많지만, 실제로는 처참하게 '망했음'을 지적한다.

안길상 요새 인터넷에 정보가 워낙 많고 과장 섞인 성공 신화가 많으니까 사람들은 돈 벌기 쉽다는 착각을 하죠. 파생 쪽에서는 성공 신화로 해서 전설적인 사람이 여럿 있어요. 근데 지금 망해서 거지꼴 된 게 현실인데, 사람들은 그걸 몰라요. 압구정 미꾸라지, 목포세발낙지, 알바트로스…… '해피엔딩'이 없어요!

금융시장에는 애초에 성공한 적이 한 번도 없는 그야말로 '사기꾼'도 많다. 손실 난 종목과 총 수익·손실액은 제외하고, 오로지 수익 난 종목의 '수익률'만을 인증하는 '힌트 계좌'를 사용하여 '대박'을 냈으니 자신에게 유료로 '사사(師事)' 받으라는 것이다.

김성호 한 100종목을 사 놓고, 한 종목씩 다 사. 그래 놓고 그중

락한다는 의미로 목포의 명물인 '목포 세발낙지'란 별명이 붙었다. 그는 1999년 퇴사 후 수퍼 개미로 승승장구했으나, 2002년 이후엔 현물주식에 투자했다가 막대한 손실을 보는 등 성과가 좋지 않았다. 2012년 장씨는 투자자 2명으로부터 투자금 2억 5000만 원을 받아 6개월 내 원금 회수를 보장했다가 실패했고, 이 때문에 2015년 사기 혐의로 법원에서 징역 1년을 선고받기도 했다."(위의 글)

에 한 종목이 50% (수익) 났다고 올려. 그럼 그게 돈을 번 거예요? 안 번 거지. 실제 자기가 투자한 금액을 보여 줘야 하는데. 아니면 그걸 싹 지우고 포토샵 하는 거지. 실제 '원형○○'이라고 있어요. 실제 수익률이 그 사람은 다 거짓말이었지. 책도 거짓말이었고. 여기서 우리끼리는 '원형탈모'라 부르고.(웃음) 사기꾼이지 뭐.

투자에 있어서 '해피엔딩은 없다' 혹은 '해피엔딩은 드물다'라는 간파는 개인투자자가 이후 금융시장에 대한 대응 전략을 세울 때 지침으로 활용된다. 이들은 이 지침을 마음에 품고 과도한 욕심을 절제하고, 수익과 손실에 일희일비하지 않고, 늘 겸손한 마음가짐을 유지해야 한다는 가치관을 스스로에게 되뇐다.

7할의 성공률도 망할 수 있다

금융시장은 아무리 고수라도 '한 방'에 망할 수 있는 세계다. 평소에 10번 거래를 했을 때 7번 수익을 봐도, 세 번의 거래에서 7번의 매매를 통해 얻은 수익 이상의 손실을 입을 수 있기 때문이다. 이러한 실패의 가장 중요한 원인은 손실확정력의 부족이다. 손실확정이란, 진입한 주식 혹은 파생상품이 마이너스 수익률을 보일 때, 청산거래를 통해 남은 투자자금을 확보하는 것이다. 이는 투자에 입문한 이라면 늘 명심해야 할 투자의 '기본 중의 기본'으로 꼽힌다. 하지만 '승률이 높은' 개인투자자일수록, 손실확정에 취약한 경향이 있다. 스스로 '똑똑하다'고 여기는 투자자일수록, 평소 장이 자신의 예상과 반대 방향으로 전개될 때, '조금만 버티면 다시 자신의 예상대로 회복될 것이다.'라는 믿음으로 손절을 꺼린다는 것이다.

'경제'는 살아 숨 쉬는 생명체와도 같아서 시장을 정확히 예측할 수 있는 법칙은 존재하지 않는다. 투자자들이 개발하는 '기법' 역시 기관 및 외국인 투자자의 작전 세력, 정부의 발표, 예상치 못한 경제 변동 등 변수를 고려한 것이 아니라는 사실을 순간적으로 잊기 쉽다. 이러한 교훈을 망각한 채 손절에 실패하면 주식과 파생상품매매가 가진 위험으로 야기된 손실을 보상받을 길이 없다. 변동성이 큰 파생상품거래를 하는 개인투자자는 손실확정력이 부족하면 더 큰 타격을 입는다.

박동일 파생으로 수익을 내는 사람이 거의 없다는 게 한순간에 자기 '멘탈'이 붕괴가 되면 게임 끝이에요. 1년치를 다 날려요. 막 승률이 좋은 사람들 있잖아요, 70%, 80% 이상 되는 사람들은 그 손실을 확정을 못해요, 자존심 때문에. 조금 많이 배웠던 사람들, 예를 들어 내가 증권사 출신이었는데, 내가 펀드매니저였는데, 내가 한때 전문가였는데, 내가 명문대 나왔고 그럼 안 꺾어요. 또 그게 대부분 맞았으니까. 이게 진짜 위험한 거거 든. 그래서 오히려 크게 망가진 사람들은 고학력자들. 똑똑하 다고 자타공인한 사람들이 크게 망가져요. 자주 망가지진 않지 만, 아주 크게 망가져요. 망가지면 아주 끝까지 가.

이처럼 입실자는 70%가 넘는 투자 성공률에도 언제든 처 참하게 실패할 수 있으며, 투자 승률이 높을수록 더 크게 실패 할 수 있다는 점을 간파하고 있다. 하여 이들은 자신의 수익률 이 어떠하든 상관없이 늘 긴장감을 유지하며 자만심에 빠지지 않도록 경각심을 가지려고 노력하게 된다.

'작전'은 어디에나 있다

개인투자자들은 주식 매매에 있어서 실패에 취약한 이유 를 이른바 '큰손'에 의한 '작전'[71]에 취약하기 때문으로 파악한

---

[71] 주가조작 또는 시세조종(manipulation)을 의미하며, '세력', '작전 세력'이라고 도 불린다. 시장질서에 따라 가격이 자연스럽게 형성되도록 두지 않고, 시세차익 을 얻기 위해 투자자가 의도적으로 주가를 올리거나 내리는 비도덕적인 행위를 말 한다. 「자본시장과 금융투자업에 관한 법률」 제176조(시세조종행위 등의 금지), 제 177조(시세조종의 배상책임)에 의거한 명백한 불법이다. 한국의 대표적인 주가조 작 사건으로 '루보 사태'(2007)와 '도이치증권 사태'(2010)가 있다.

다. 전체 개인투자자의 소유주식수 총합은 기관과 외국인 투자자의 소유주식수를 압도하고, 전체 시가총액의 1/4에 가까운 자본금을 소유하고 있다. 그럼에도 불구하고, 개인투자자 개개인이 동시에 '일심단합'하여 종목의 호가를 견인하지 못한다. 때문에 주가는 대규모 자금을 운용할 수 있는 자들이 설계한 '작전'에 따라 요동치게 되며 개인투자자는 그들이 친 그물에 걸려 손실을 입는다. 작전 세력의 주체는 주로 외국인투자자 혹은 기관투자자로 지목되지만 개인 중 수십에서 수백억 대의 자산을 운용하는 '슈퍼개미' 또한 세력이 될 수 있다. '사채업자'도 '복부인'도 작전을 할 수 있다.

김성호 세력이 꼭 증권사 세력만 의미하진 않아. 명동의 '쩐주'들. 대주주하고 결탁해서 하는 거지.

'작전'의 본질이란 자신이 돈을 벌기 위해서 상대 투자자를 '속여 먹는' 일이다. '이 주식을 사면 떼돈을 벌 수 있다.'라며 개인투자자를 유인하지만 어느 정도 개인투자자가 종목을 매수했다 싶으면 매도를 통해 보유 주식을 '눈먼' 개미들에게 떠넘겨 수익을 취하는 비윤리적 행태다. 김성호 씨가 13년간 주식시장에서 전업투자자로 '싸우며' 얻은 결론은 주식은 개인과 작전 세력 간의 심리 싸움이라는 것이다. 그에 따르면 2200여

개에 달하는 코스피와 코스닥 시장의 모든 종목에는 '세력'이
있다.

김성호 세력들이 돈을 벌기 위해서는 누군가를 속여야 돼요.
예를 들어서 애들(개미)한테 100원 200원 던져 주면서 그 사람
들이 돈을 많이 갖고 오면 싹 긁어모으는 거예요. 자기가 사고
싶은 종목이 1% 올랐다고 쳐요, 근데 못 샀어. 근데 다음 날 됐
는데 또 3%가 올라가. 근데 또 못 샀어. 그럼 다음 날 되면 무조
건 살 생각을 해요. 사, 5%가 올랐는데도. 1% 올랐을 때도 안
샀으면서 5% 올랐을 때 사. 세력들이 그렇게 해 놓는 거예요.
걔네들은 보여요, 개미들이 들어오는 게. 이 개미들의 '쩐'들이
들어오는 게 보여. 그럼 처음부터 실망을 주지는 않아요. 실망
을 주면 나가니까. 맛을 쪼끔 보여 줘요. 5%에 들어와도 돈을
벌 수 있다. 7%에 들어와도 돈을 벌 수 있다. 그래 놓고 그 사람
들이 안심을 하고 있을 때 뒤통수를 딱 때리죠. 기관이 사는 것
처럼 보여 줘요. 근데 그것도 알고 보면 다 속임수야.

'작전'은 크게 네 단계로 이뤄진다. 첫째, 종목의 매집이다.
작전을 시작하면 세력은 낮은 가격에 조용히 해당 종목을 매집
하기 시작한다. 이 시기 '큰손'은 사고팔고를 무한 반복함으로
써 가격엔 큰 변동 없이 종목을 모으기 때문에, 작전이 시작됐

음을 알 수 있는 유일한 단서는 '거래량'이다.

김성호 일단 종목을 세력이 굉장히 오랜 시간 매집을 해. 눈에 안 띄게. 시장에서 차곡차곡 매집을 해. 근데 제일 속일 수 없는 게 거래량이거든. 주식시장에서 다른 건 다 속여도 거래량은 못 속여. 근데 계속 주가는 안 오르는데 막 거래량이 요동치는 게 있어. 그럼 그건 이제 누가 매집했다는 거지. 그럼 개인들은 그런 걸 참고로 어 이게 작전이 들어왔구나, 판단하는 거지.

둘째, 뉴스와 차트의 생성이다. 낮은 가격에 매집을 끝낸 이후 세력은 해당 종목의 호재 뉴스를 생성함으로써 언론의 이목을 끈다. 그 종목에 관심을 갖게 된 투자자들의 매수 진입을 유인하기 위해, 종목의 차트 또한 소위 '대박의 패턴'[72]대로 형성한다. 이 종목은 곧 급등하리라는 확신을 주기 위함이다. 세력은 애써 시간과 비용을 들여 차트를 만들기 때문에 작전이 들어간 종목의 주가는 작전이 끝날 때까지 일정 수준 이상으로 유지가 된다.

김성호 그렇게 1년이고 2년이고 매집이 끝나면 뉴스를 생성해.

---

72 '원형바닥 형 패턴 이후 급등', '5일선 위 가격 형성' 등 급등과 상승의 '조짐'으로 여겨지는 차트의 특징을 인위적으로 형성함으로써 개인투자자를 유인한다.

뉴스는 세력이 만드는 거거든. 시장에 소문내고. 주가 뉴스 띄우고. 부양시키고 올리고, 그러면 사람들이 어 긴가민가하면서 어 주식이 막 뉴스가 생성되면서 관심이 급증하면서 오르니까. 매매를 하고, 단타를 치든 뭘 하든. 그러면서 그 종목은 요동을 치면서 올라가고 떨어지고 올라가고 떨어지고 하다가 어느 순간에 한 방에 제일 큰 뉴스를 내보내. 그러면 사람들이 막 열광을 하면서 주식을 사. 이미 세력은 다 사놨는데. (……) 차트도 5, 10, 20(분봉) 예쁘게 다 곱게. 그걸 누가 만드냐? 세력이 만드는 거야. 그걸 만드는 게 하루아침에 만들어지는 게 아니야. 적어도 1개월 1주일 2주일 이상의 시간과 돈을 투자해서 세력이 차트를 만들어. 근데 세력이 그렇게 차트를 힘들게 만들어 놨어. 근데 그게 시장이 오늘 빠졌다고 해서 그걸 갑자기 뭉개? 자기 돈 손해 보는데? 그런 짓은 안 한다고. 시장에 큰 변화가 없으면 자기 종목은 웬만한 건 관리를 해. (……) 자기네가 수익을 취할 때까지 가격이 일정 이상으로 유지가 되도록.

셋째, 물량 떠넘기기다. 뉴스와 차트를 보고 개인투자자들이 '불나방'처럼 종목 매수에 달려들면서 주가가 오르게 되면, 작전 세력은 그들에게 자신이 확보한 물량을 떠넘기며 '손을 턴다.' 이 과정은 한 번에 이뤄지지는 않는다. 단번에 대량의 매도 주문이 들어가면, 개인투자자들이 작전이 끝났음을 눈치채고 더 이상 매수하지 않기 때문이다. 그들에게 주가가 계속 오를 것이란 희망을 주면서 물량을 떠넘기기 위해, 매도 또한 단계적으로 이뤄진다.

김성호 그러면서 그걸 한 번에 때리는 게 아니라 '탁탁탁' 좀 올려 주고, 개미보고 더 들어오라고 하고, 거기다 다 쳐 버리지.

박동일 세력이 가능한 건, 욕심이 많은 사람들을 상대로 이게 먹히니까 가능한 거예요. 과욕이죠. 과욕. 고점인데도 이게 더 오를 거라는 욕심에 눈이 멀어서 고점에서도 사는 사람이 사 주니까, 세력은 팔수가 있는 거잖아요. 욕심이 극대화된 상황일 때 물량을 떠넘길 수가 있으니까.

증권사에서 10년간 근무한 윤택수 씨에 따르면 '작전 세력'은 개인투자자와 기관·외국인투자자 간 정보의 비대칭성에 기인한다. 기업의 실적이나 기술개발에 관한 호재가 공시되기 이전에 그 '정보'를 접한 기관·외국인투자자들은 해당 종목을 매집하기 시작하고 뒤따라 들어온 개인투자자들에게 '물량을 떠넘기며' 매도하게 된다. '정보'라는 무기가 있으니 더 싼 가격에 '오를' 주식을 살 수 있게 된다는 것이다.

윤택수 주식시장은 기본적으로 소위 작전이 가능하거든. 특히 기관 외국인들 얘들이 정보로, 이게 어떤 식이냐면, 증권회사에 종목 분석하는 애널리스트들 이런 친구들이 어느 회사, 이 회사를 왔다 갔다 탐방하고 조사해 보니까 실적이 엄청나게 좋아진 거야, 근데 아직 시장에 발표는 안 됐어요. 그러면 이 애널리스트가 원래 법에 금지된 건데, 이 회사 실적이 엄청 좋아진다는 것을 알면, 기관 펀드매니저, 외국계 펀드매니저한테 얘기를 해 줘요. 이 회사 실적이 무섭게 좋아집니다. 왜 해 주냐 그러면 걔들은 그 주식을 사게 될 거 아냐 좋아진 걸. 그러면 그 주식 사는 창구를 이 애널리스트가 속한 회사에 주문을 내 준다고. 그렇게 다 서로 짝짜꿍이 돼 가지고, 이 회사의 실적에 대한 코멘트가 전혀 없는 상태에서 이 회사 주식은 거래도 많이 되지 주가가 하루 종일 올라가. 그래서 사람들이 어, 저거 뭐지 뭐 작전 걸렸나? 그런데 나중에 보면 실적이 엄청 좋아졌다고 발표가 나. 그러면 개인들이 그때서야 뛰어드는 거야. 그때 사기 시작하는 거야. 이런 정보의 비대칭성.

이러한 개인전업투자자들의 정보 격차를 중심으로 한 금융시장 간파는 어느 정도로 의미가 있는 것일까? 대형 전자사의 주식 담당자로 근무했던 문가은 씨는 기업의 내부정보를 알기 힘든 개인투자자의 사정에는 동의한다. 그러나 정보의 우위를 이용해 부당하게 기관이 이득을 취하는 경우는 극히 제한적이라고 말한다. '가물에 콩 나듯' 기업이 큰 사업을 해외에서 수주했지만, 공시 규격 준수 때문에 바로 발표하지 못하는 드문 경우가 아닌 한 주식 담당자도, 심지어 사장도, 자사의 주가가 당장 내일에라도 어떻게 될지 예측하지 못한다는 것이다.

개인투자자들이 정보의 측면에서 압도적 우위를 차지하고 있다고 보는 기업의 내부자조차도 시시각각 우연에 의해 끊임없이 변화하는 '복잡계'[73] 영역에 위치한 주식의 세계를 온전하게 예측하기에는 역부족이며, 이러한 사정은 기관, 외국인, 개인투자자 모두 매한가지일 것이라는 주장이다. 그녀에 따르면, 기업 내부자인 '주식 담당자' 역시 자사주가 오늘, 내일 어떻게 변동할지 절대 알지 못한다. 내일도 모르는데 한 달 뒤나 1년 뒤, 10년 뒤는 당연히 모른다. 그녀는 자신이 경험한 일화를 통해 이러한 주장의 타당성을 보여 주고자 했다.

---

[73] "복잡계에서는 어느 장소에서 일어난 작은 사건이 그 주변에 있는 다양한 요인에 작용을 하고, 그것이 복합되어 차츰 큰 영향력을 갖게 됨으로써 멀리 떨어진 곳에서 일어난 사건의 원인이 된다고 생각한다. 자연과학, 수학, 사회과학 등 다양한 영역에서 연구되고 있으며, 초기 경제학 영역에서는 현대의 복잡한 경제 현상을 해명하기 위해 사용되었지만, 현재는 온갖 분야에 적용해 사용할 수 있는 이론으로 쓰이고 있다."([복잡계] 두산백과 검색 〈https://terms.naver.com/entry.nhn?docId=1224678&cid=40942&categoryId=32202〉)

문가은 우리 회사 주식이 막 갑자기 급등했어요. 그러면 사장실에서 전화가 와요. "우리 회사 주가 지금 왜 이러는 건가?" 한 회사의 사장님이! 근데 일개 직원인 전들 알겠어요? 저도 몰라요 주식 담당자인데. 10년 동안 한 주식만 담당한 우리 과장님도 몰라요. 과장님도 인터넷으로 찾아봐요.(웃음) 근데 보면 몰라요. 우리가 할 수 있는 답변은 '외국인매수, 기관매수, 개인매도.' 사장님한테, "아 지금 외국인이 사고 있어서 그럽니다. 외국인이 오늘 많이 삽니다." 이게 저희가 할 수 있는 최선의 답변인 거예요.(웃음) [외국인은 왜 사냐고 사장님이 물어보면 뭐라고 대답하셨어요?] 거기까지 물어보신다면 '저희는 모릅니다'라고 대답할 수밖에 없고, 사장님이 그런 건 물어보지도 않아요.(웃음) 모른다는 것을 뻔히 알기 때문에 묻지도 않아요. 미국, 홍콩 이런 데 있는 외국인 애들이 (우리 회사 주식을) 왜 사는지 저희가 어떻게 알겠어요.

금융업에서의 전문성을 지니고 정보에 정통하다고 여겨지는 기관투자자조차 실제로는 '의미 있는' 정보를 얻는 데 제약이 따르며, 자신이 뭘 모르는지조차 모르는 무지한 시장행위자임은 매한가지다. 기관투자자는 미래 주가를 예측하기 위해 각 기업의 문가은 씨와 같은 주식 담당자에게 자료를 요청한다. 기업의 입장에서는 대외적으로 주가가 오르는 데 도움이 될 만한 자료만 제공하고 싶기 마련이다. 때문에 기업은 주가에 부정적 영향을 줄 수 있는 자료라는 판단이 들면 '대외비'라는 명목으로 거절하거나 '(그런 자료) 없다'고 둘러대기도 한다. 문가은 씨는 기업 주식 담당자들이 주지 않는 자료까지 접근해서 분석 리포트를 작성할 능력이 있는 정말 특출한 애널리스트가 아닌 한, 거의 대부분의 애널리스트들은 기업이 주는 자료에 한한 리스크 분석을 하기 마련이라고 말한다. 그러다 보니 사실 그들 역시 정확한 리스크 분석을 하는 데는 한계가 있다. 그들은 기업 분석 리포트의 최종 결론에서 '매수(buy)' 혹은 '매도(sell)' 추천 의견을 제시하는데, 그 의견 역시 균형 잡힌 자료를 바탕으로 객관적 관점에서 엄밀한 검증을 거쳐 도출한 것이 아니다. 문가은 씨의 표현에 따르면 "본인의 감"에 따라 제안하게 되며, 갖고 있는 불충분한 자료는 그저 그 의견을 "서포트" 하기 위한 용도로 사용된다.

문가은 오늘 주가가 왜 오르냐고 물어보는 분들 중에, 사장님 말고도 증권사 애널리스트 분들도 있어요. 저희 회사에 전화해서 "오늘 ○○ 전자 왜 올라요? 무슨 일 있었어요? 내가 놓친 거 있었나?" 물어봐요. 그러니까 전자주 담당 증권 전문가조차도 모르는 거죠. (애널리스트가) 똑똑하고 아는 것도 물론 많죠. 근데 그들도 모르는 게 많기 때문에, 어떻게 될지 결국은 모른다고 보는 게 맞아요.

한 기업의 주가를 예측할 때 작전 세력의 '힘'이 되는 '정보'의 측면에서 개인투자자가 열위를 차지하는 것은 사실이지만, 그 정보에 누가 더 빨리 접근 가능한가로 수익과 손실이 갈리는 경우는 극히 제한적이다. 매일매일 변동하는 주가를 예측하고 리스크를 측정하는 것은 현실적으로 불가능하다. 이러한 한계는 기업의 주식 담당자나 증권사 기업분석 전문가도 개인투자자와 동일하게 경험한다. 2018년 10월부터 시작된 4분기 폭락장에 대한 소위 '대한민국에서 가장 자산을 많이 굴리는' 증권사 리서치 센터장들의 예측이 전부 빗겨 간 사실이 이를 뒷받침한다. 2018년 초에 국내 20개 증권사의 '코스피 밴드'[74]는 고사하고, 2000pt 붕괴를 예측한 곳은 단 한 곳도 없었다. 이들이 추천한 '올해의 종목'의 수익률은 모두 -10%~-30%의 적자 수익률을 기록했다.[75] 아무도 증시의 폭락으로 인한 위기를 예상하지 못했던 것이다.

10월의 폭락장은 '도널드 트럼프'라는 예측 불허한 '괴짜'

74　코스피종합지수를 포함한 금융시장의 지수는 장의 상황에 따라 시시각각 변화하기 때문에, 예측을 할 때 단일한 수치보다 최소~최대 변동가능 폭을 언급한다. 이를 밴드(band)라고 부른다.

75　「증권사 예측 낙제… 코스피 2000 붕괴 한곳도 못 맞혀」,《매일경제》, 2018. 12. 30.

정치인 주도의 보호무역주의와 미·중 무역 전쟁이라는 악재로 인한 것임을 십분 이해해 준다 해도, 10월 폭락장이 시작된 이후조차 이들의 예견은 가을바람에 쓰러지는 추풍낙엽처럼 빗나갔다. 우선 '검은 목요일'이라 불린 대폭락의 날이었던 10월 11일 국내 주요 증권사들은 코스피지수의 저점을 2200pt대로 예상했다.[76] 하지만 불과 나흘 후 낙관론을 대폭 수정하며 2000pt 중반에서 2100pt 밑으로는 떨어지지 않을 것이라는 예측을 내놓았다.[77] 그러나 10월 말에 가서는 2000pt가 붕괴될 가능성이 높다고 점쳤고, 그제야 비로소 이들의 예측이 현실화되었다.[78]

대한민국 '금융머니'와 '정보'의 '허브'로 여겨지는 증권사 리서치 센터의 금융전문가의 진단도 이렇게 하루아침에 '손바닥' 뒤집듯 바뀐다는 것은 결국 위험의 측정과 위기의 예견은 '신의 영역'에 있다는 뜻이다. 2020년 중국 우한에서 바다를 건너온 '코로나 바이러스'가 전 세계를 공포로 몰아넣을 줄, 그 여파로 주식시장이 역사적인 폭락과 폭등을 겪게 될 줄 누가 예상이라도 할 수 있었을까. 이러니 눈가리개를 한 원숭이가 다트를

---

76 "11일 금융투자업계에 따르면 주요 증권사들은 10월 코스피가 2270~2420pt 사이에서 움직일 것으로 내다봤다." 「증권사 전망 무색하네… 월초 주가 반등 전망에 투자자 어리둥절」, 《연합 인포맥스》, 2018. 10. 11.

77 「낙관론 사라진 증시, 코스피 2100 밑돌수도」, 《뉴스토마토》, 2018. 10. 15.

78 「증권가, 지수 2000 붕괴 가능성 높다… 보수적 대응 필요」, 《이투데이》, 2018. 10. 28.

던져 맞춘 종목이 펀드매니저가 심사숙고 끝에 선별한 종목보다 수익률이 좋았다는 실험 결과[79]가 계속 회자되는 것이다. 기관과 외국인 투자자는 '모든 것을 알고 있다'고 여기고 추종하는 것은 과대평가이며 이들도 자기 스스로에 대해 '알지 못하는 것이 더 많다'고 생각하는 것이 옳은 판단일 것이다. 개미도 이러한 사실에 대하여 최소한 '부분적 간파'(partial penetration)를 할 능력을 갖추고 있으며 이에 대한 대응책을 세우려고 노력한다.

2
개미의 대응 전략

작전 세력의 역이용

박동일 (대부분의 개미가 벌지 못하는 이유는) 기관이라는 큰손들이 개인들 지갑을 터는 거죠. 그게 우리나라뿐만 아니라 전 세계

---

79 "펀드매니저들을 희화화할 때 흔히 인용되는 사례가 있다. 원숭이와 전문가의 수익률 게임이다. 세기말을 갓 지난 2000년 《월스트리트저널》은 원숭이와 투자 전문가의 수익률 게임이라는 선정적인 실험을 진행한다. 원숭이가 무작위로 던진 다트에 미리 적어 놓은 종목과 전문가들이 선정한 종목의 수익을 비교하는 방식이었다. 저명한 경제지에 실려 지금까지 회자되고 있는 만큼 승자는 원숭이였다." 「패시브 한국 펀드매니저 大해부」, 《매일경제》, 2017. 12. 29.

모든 주식 파생 뭐 그런 시장이 다 그렇잖아요. 근데 그거 알면서도 희망을 갖고, 나는 이게 맞다 그러면 들어와서 하는 거고. 기관들에게 휘둘리지 않게끔 어느 정도 내가 공부를 했고, 욕심 안 부리고 하면 될 거라는 판단이 서니까 투자를 하는 거죠.

작전 세력에 의해 주가가 움직인다는 사실을 간파한 개인 전업투자자는 투자를 포기하는 것이 아니라 작전 세력의 심리에 편승하여 작전을 역이용함으로써 수익을 취할 것을 계획한다. 외국인·기관투자자의 '눈치'를 보며 다른 개인들이 몰려들어 주가가 오르기 전에 매수하고 주가가 하락하기 전에 매도한다는 목표를 잡는 것이다. 즉 개인투자자는 작전 세력에 의해 이용당하는 개인투자자의 매매 행태를 보이면 '털리게 되고', 작전 세력의 관점과 시야에서 매매에 임해야 수익을 낼 승산이 있다는 믿음을 가지고 있다. 개미가 개미를 털어서 생존하는 대응책을 세우는 것이다. 흔히 개인투자자 집단의 적은 외국인투자자나 기관투자자로 일컬어지지만 이들은 사실 경쟁자가 아닌 숙주요, 개미의 진정한 적은 또 다른 개미인 셈이다.

세력을 '역이용'해서 수익을 도모하겠다는 전략은 단순하지만 실천하기에는 만만치 않다. 개인투자자는 세력이 작전을 진행하는 패턴을 익혀 이들의 전략을 간파했다고 여기고 투자에 착수하지만 실제로는 제대로 긴파하지 못한 것일 수 있다.

김성호	"그럼 나는 거기에 발을 살짝 담그고 먹으면 돼. 큰손들이 지네 돈 들여서 (차트) 만들어 놨는데, 손실 보면 누가 손해야? 나보다 걔네가 더 큰 손해. 그러면 나는 걔네한테 조용히 발을 담가. 소리 안 나게. 큰돈이 들어가면 걔네가 또 알기 때문에 페이크를 줘. 큰돈이 들어온 순간 걔네는 그걸 눈치를 채고 눌러 버린다고. 그러면 개인 들은 놀라서 반강제적으로 청산하게 되지. 근데 솔직히 1~2억 정도는 표가 안나. 수급은 크게 의미는 없어. 페이크니까. 오늘 갑자기 기관 외국인이 두들겨 패. 사람들은 공포에 질려, 잘못 샀다는 생각에. 근데 내일이면 조용히 사. 개인들 털게 만들려고 전날 공매도로 밀어 버린 거야. 엄청 많아. 그래서 나는 별로 신경을 안 써."
민종학	"기관과 외인이 있는데, 철저히 개인 돈 빼먹고, 등쳐 먹는 패턴이에 요. 그래서 아직도 더 배워야 되고, 아직도 모르는 게 많지만, 차트 를 보면서, 여기 들어온 외인과 기관의 평단가가 얼마인가를 분석해 야 되고, 어느 때쯤 올라가면 저항으로서 매물대가 나오겠는가를 다 분석해야 해요. 그걸 잘 못 하면 도태되는 거죠."
이용철	"개인들이 힘든 이유는 주식엔 시장을 종목을 리드하는 세력이 있어 요. 리더. 이끌고 가는. 세상은 뭐든지 리더가 있어요. 우리(개인투자 자)는 리더가 안 되잖아. 그럴 때는 리더가 어디를 가는지 잘 지켜봐 야 해요. 그러면서 거기에 편승해서 수익을 낼 수밖에 없어요."

[표 4] **작전 세력을 역이용하는 개미**

또한 '역이용'하겠다는 이들의 계획마저 세력에게 또다시 '역
이용'되기도 한다.

임성원 참 오래된 얘기인데. 옛날에 대선 관련 테마주를 들어
가서 50% 손절한 적이 있었는데. 대선테마주 같은 경우엔 그

자체가 뭐 큰 호재가 있어서, 그러니까 뭐 경영실적이 좋아서 오르는 게 아니잖아. 그냥 단순히 대선주자 누구랑 무슨 관련이 있어서 주가가 천정부지로 올라가는 케이스거든. 근데 내가 들어갔을 때가 한 중간 정도 올랐을 때라고 생각하고 들어갔는데 그때가 거의 정점이었던 거야. 그래서 슥 빠지는데 그게 페인팅모션(feinting motion)이라고 생각을 했지. 그니까 개미털이 한다는 생각. 큰돈을 갖고 있는 사람들이 테마주를 움직이는데 그 사람들이 중간에 개미도 한번씩 털고 또 올라가거든. 그렇게 하는 페인팅 모션이라고 생각했는데 계속 내려 버리더라고. 보통 그런 테마주는 내려갈 때도 한 번 내려갔다가 다시 한 절반 정도 다시 올라갔다가 내려가는 그런 드리블이 많은데 그땐 바로 내려 버리더라고. 그땐 뭐 어쩔 수 없지. 그런 경우는 큰 호재 때문에 들어간 게 아닌데, 그런 건 무조건 털어 버려야 하는 거야.

이런 어려움에 개인전업투자자는 투자전문가의 지식과 경험을 빌리는 방법을 활용하기도 한다. 개인전업투자자는 아무리 공부해도 투자전문가만큼의 '내공'을 갖기 힘들다는 생각을 가진 투자자는 유료 리딩하는 전문가에 의존해 매매한다. 어느 입실자는 내게 다수의 전문가를 '갈아탄' 경험을 들려주며 현재 유료 리딩을 받고 있는 전문가는 세력을 완벽하게 간파하는 눈을 가졌다며 방송을 들어볼 것을 몇 차례 강력하게 권유했다. 이처럼 전문가에게 의존해서 매매를 진행하는 경우도 있는 반면 전문가 리딩을 타산지석으로 삼아 자신의 투자실력을 높이겠다는 투자자도 있다.

> **민종학** 주식 시장은 똑똑하고 돈 많은 사람들이 들어와서 하는 치열한 두뇌 심리 싸움이잖아요. 주가는 수급에 의해 결정되고. 누가 사 주질 않으면 내 걸 못 팔아요. 기관과 외인이 있는데, 철저히 개인 돈 빼먹고, 등쳐먹는 패턴이에요. 그래서 아직도 더 배워야 하고, 아직도 모르는 게 많지만, (……) 만 3년까지는 돈 내고 유료방송 들어서 실력을 키우고 이후에 안정적으로 가자는 게 목표예요. 유료방송 안 듣고 내 나름대로 했었을 때는 실적이 엄청 안 좋았는데 이걸 들으니까 좀 낫더라고요.

다음은 매달 66만 원의 회비를 받는 어느 전문가가 유료 고객을 유치하기 위해 '맛보기' 체험으로 하루 한 번 전송하는 메시지다.[80] 전문가는 종목명과 종목코드, 매수가와 손절가, 추천사유를 구체적으로 공지한다. 왜 이런 전략을 구사하는지 좀 더 친절한 설명을 덧붙이는 전문가도 있다. 이처럼 전문가의

---

80 「'주식 리딩방'에 떠도는 개미들의 곡소리」,《시사IN》, 2021. 3. 9.

유료 리딩을 받는 개인투자자는 종목을 선정하고, 시황을 분석하며, 투자전략을 세우는 수고와 부담을 줄인 채 전문가의 지시를 수행하며 수익을 추구할 수 있다.

21/02/23
@@@@@@매수(사세요)@@@@@@
■ 종목명: OOO(######)
■ 매수가: 시초가(9시 시작가격) 이하
■ 손절가: 3,800원
추천 사유: 대두 관련주

■ 종목명: △△△(######)
■ 매수가: 시초가(9시 시작가격) 이하
■ 손절가: 4,400원
추천 사유: 수산물 관련주
무료거부: 080#######

[그림 4-1] **유료 전문가의 리딩**

그러나 유료 리딩 방송에 대해 회의적인 입장을 가진 이들도 있다. 소위 전문가라 불리는 사람들은 대개 '사기꾼'이며, 주식에는 정답이 없는데 마치 정답이 있는 양 말하는 것은 기만이라는 것이다. 이들은 모두 자신의 투자성향을 파악해서 자신이 주체적으로 투자의 '답'을 찾아 나가야 한다고 말한다.

김성호 (전문가 방송은) 예전에 들어본 적 있는데 여기 있는 사람들 아마 한 번씩은 다 들어요. 지금은 안 들어. 사기꾼이니까. 그게 내 돈을 훔쳐 가서 사기꾼이 아니라 그냥 지식을 가지고 입놀림 하는 거예요.

임성원 주식은 정답이 없는 게임이라 투자 성향을 어떻게 정할지 하는 부분은 어떤 경제 공부나 회사의 사정을 고려해서 할 수가 있는데 누가 A주식이 얼마 오르니까 사세요 파세요 이런 말은 그건 그 사람도 모르고 하는 소리일 뿐이야. 누가 족집게처럼 탁탁 맞출 수 있는 문제가 아니란 말이야. 아니, 주가는 누구도 맞출 수 없는 거야. 그 맞출 수 없는 거를 맞출 수 있다고 얘기하는 게 엉터리지. 리딩을 해 준다는 그 자체가 자기의 지식으로 판단한 결과지 그게 뭐 수익을 보장하고 그런 게 아니라는 거지.

금욕주의 가치관의 내면화

박동일 11년 동안 봐 온 결과, 여긴(파생시장) 거대한 합법적 사기판이에요. 이길 수가 없구나. 간혹 대박 난 사람들이 나오니까, 희망을 갖고 나도 더 해 보자 하는데, (성공한 사람이) 내 주변에는 없어요. 안정적인 수익이 어느 정도 담보되고, 직장 다니는 거보다는 좀 더 많이 벌고 싶어서 왔을 텐데, 그렇게 하는 게 1%의 확률도 안 된다. 열심히 해도 벌까 말까, 아무것도 확정할 수 없는 거대한 사기판이라는 걸 알아야 욕심을 안 부리고 하는데. 초보일 때 생각으론 이건 굉장히 쉬운 거고, (돈 벌 수 있다는) 자신감 있다. 쉬우니까 노다지판이라고 생각하는 실수를 저지르죠.

개인전업투자자는 실질적인 대응 전략을 익히는 것 외에도 정신적인 대응 방식으로 절제와 겸손의 가치를 내면화하려고 노력한다. 쟁쟁한 경쟁자들 사이에서 돈을 벌고자 할 때, '욕심'이야말로 세력의 작전에 걸려드는 미끼이자 '패망에 이르는 지름길'이라고 생각하기 때문이다. 그래서 돈을 많이 벌고 싶어서 투자를 시작했지만 돈을 실제로 벌기 위해서는 금욕주의적 가치를 나침반 삼아야 하는 역설이 작용한다. "살고자 하면 죽을 것이요, 죽고자 하면 살 것이다.(必生則死 必死則生)"라는 이순신 장군님의 말씀은 "벌고자 하면 잃을 것이요, 잃고자 하면 벌 것이다.(必贏則失 必失則贏)"라는 식으로 현대 금융경제의 '소우주'에서 변주되는 것이다.

장기적으로 높은 승률을 유지하는 개인투자자일수록 일확천금을 노리는 '욕심'을 경계하며, 자신이 사전에 매매하지 않기로 설정한 종목은 쳐다보지도 않는다. 고점일 때 매수하고 싶은 욕망도 꾹 눌러 참는다. 또한 손절을 아무리 하기 싫어도 자신이 사전에 설정한 청산의 원칙을 지킨다. 그 바탕에는 언제든지 자신의 분석과 예측이 빗나갈 수 있다는 겸손이 자리해야 한다고 믿고 이를 실천하려고 노력한다.

김성호 [돈을 벌기 위해 중요한 가치가 있을까요?] 사람들이 돈을 벌면 자신감에 차기 시작해. 그러면 어깨에 뽕이 딱 들어간다고. 근데 그때부터가 위험한 거거든. 자신감이 넘칠 때 실수를 많이 해요. 내 원칙이 있었어. 근데 원칙이 아닌 종목이 딱 눈에 보여. 누가 말해 줬거나, 내 눈에 보여. 근데 하면 안 돼. 원칙이 아니니까. 근데, 하! 내가 돈도 이만큼 벌었는데, 이런 거 뭐 그냥 좀 잃어도 상관없다 하는 마음으로 들어가 봐. 재미 삼아. 처음에는. 근데 어이씨! 손실을 본 거야. 열받네? 기분이 나빠진 거야. 내가 씨, 이거 뭐 별것도 아닌 종목에 왜 이걸 들어가서 손실을 봤지? 팔고 나와야 되는데, 안 그래. 자존심이 상해 그러면서 돈을 더 들어가. 열받아서. 그러면서 돈은 더 들어가. 그러면서 장난으로 한 게 불장난이 되는 거야. 자기가 갖고 있던 매매 방식이랑 루틴이 다 헝클어지면서 엉망이 돼 버려. 그러면서 자기가 뭘 하는지 몰라 어느 순간. (……) 시장 앞에서 자존심 내세우면 안 돼.

매매방 입실자가 지키고자 하는 이러한 원칙의 목적은 하나다. 리스크를 관리함으로써 '통제력'을 잃지 않는 것이다. 시장은 늘 불확실하며 100% 예측 가능한 것은 아무것도 없다. 개인전업투자자들이 그런 불확실성으로 가득 찬 '복잡계'에서 지속적인 투자 수익을 올리는 방법은 단 하나다. 자기 나름의 매매 원칙을 수립해 특정 조건이 충족되어서 수익을 얻을 확률이 높을 때만 매수를 한다. 손실이 늘어나면 곧바로 손절해 리스크를 관리한다.

하지만, '돈을 좀 벌어 봤다고' 자신감에 차서 겸손하지 못하거나, 더 큰돈을 '단시간에' 벌고자 하거나, 손실을 '한 방'에 메우려는 욕심을 부려 절제하지 못하는 경우, 자신이 사전에 설정한 매매 원칙을 어기고, 리스크가 높은 종목·상품, 변동성이 큰 때에 매매를 하게 된다. 이때 통제력을 잃고 흥분하게 돼 손실을 확정하지 못한다. 개인전업투자자들은 입을 모아 '멘탈 관리' 혹은 '마인드 컨트롤'이야말로 성공적인 투자를 위해 가장 중요한 가치라 말한다. 여기서 '마인드 컨트롤'이란 자신이 흥분할 만한 상황을 만들지 않고, 최대한 예측 가능한 상황에서, '확실성'이 높은 때에만 매매하는 것을 뜻한다. 그러기 위해서는 자신이 어느 선까지의 불확실성을 용인할 수 있는지 아는 '리스크 감수성'에 대한 사전 파악이 필수다.

이용철 주식도 자기의 분수나 자기가 감당할 수 있는 여력을 정확하게 알아야죠. 메타 인지(스스로에 대해서 잘 아는 거) 그게 핵심이에요. '멘탈'이 약하면 주식하다가 '멘붕'와요. '멘탈' 컨트롤. 보통 사람들은 주식에서 사실 겸손하지 않아요. 다 살수 있고, 팔 수 있고. 사실 학벌이 필요해 뭐가 필요해. 다 나도 할 수 있다고 생각하죠. 여기는 뭐 인터넷만 있으면 다 할 수 있고. 지능이 높든 낮든 상관없죠. 그것도 기회를 다 주잖아요. 벌때도 있고. 그러니까 다들 자기가 잘한다고 생각을 해요. 나르시시즘. 나는 벌 수 있다는 생각에 빠지게 되는데, 그게 매우 위험한, 돈을 까먹을 수 있는 매우 위험한 요소다. 나 자신을 잘 알아라. 그래서 나는 10% 제시했어요. 전업하면서 1년에 10% 벌겠다. 은행이자 1.5%인데 엄청나게 큰 거예요. 근데 따블! 두 배! 대박! 이렇게 노리다가는 그게, 대박이 쉽겠어요? 안 되는 사람 마찬가지로, 자기 분수와 자기 목표에 따라서 원칙을 세워야지.

매매 원칙의 수립
마음 다스리기

금욕주의 가치관을 내면화하기 위해 개인전업투자자들이 가장 많이 사용하는 방법은 매매 원칙을 수립하는 것이다. 매매방에 들어서면 각 파티션마다 입실자가 프린트해서 붙여 놓은 개개인의 매매 원칙이 눈에 띈다. 컴퓨터나 휴대폰의 배경화면으로 설정해서 늘 읽고 가슴에 새긴다. 매매 원칙의 강조는 그만큼 원칙을 지키기 어렵다는 것, 즉 장중에 흔들리는 마음을 다스리기 힘듦을 의미한다.

박동일 (투자) 기법은 10%고 90%가 심법(心法)이에요. 심법이라는 건 기법을 실제로 실행하기 위해서 내 마음을 다스리는 거. 마음을 다스리지 못하면 아무리 좋은 기법도 그대로 못하는 거예요. 실행이 안 돼요. 나도 요새 하도 안 되어 가지고, 이렇게 '절대 원칙'이라고 만들어 둬요.

다음은 박동일 씨의 매매 원칙이다. 그는 그간 여러 번 손실 경험을 토대로 '하지 말아야 할 때'와 '하지 말아야 할 것'을 설정했다. '마음이 급할 때', '진입 타이밍을 놓쳤을 때', '매매에 집중하지 못할 때', '손실을 봤을 때', '이미 수익을 봤을 때' 매매를 하지 않도록 매매 원칙을 세웠다. 이런 원칙을 세운 것은 그가 흥분하기 쉬운 시기에 여러 번 손실의 쓴맛을 봤기 때문이다. 이 밖에도 그는 야간시장, 즉 미국장이 개장하여 파생상품시장의 변동성이 극대화된 때 매매하지 않고자 하며, 자신의 주력 매매 분야(옵션)가 아닌 선물거래 또한 스스로 금지했다. 마지막으로 그는 옵션 매매 시 수익이 날 수 있는 확률이 높은 '신호'가 오는 때까지 인내하고 기다린나는 주분을 외운다. 이를 위해 박동일 씨는 HTS에서 제공하는 여러 지표를 통해 매수와 매도 시기를 판단한다.

이와 별도로 그는 면담 시 '자금을 빌려서 하지 말 것', '컨디션이 좋지 않을 때 매매하지 않을 것'이라는 매매 원칙을 덧붙였다. 스트레스를 많이 받거나, 과음·감기·수면 부족으로 인해 컨디션이 좋지 않은 경우 판단의 오류가 생길 수 있으며, 자금을 빌려서 하는 경우에는 그만큼 '잃으면 안 되는 돈'이라는 압박감에 평소보다 더 '무리해서' 투자를 하게 되기 때문이다. 이 밖에도 그는 자신의 실패 경험을 토대로 세운 원칙도 지키려고 노력한다고 한다. 예를 들어, 파생상품 중에 금 종목에서 손해를 자주 보았고 이제는 이 종목을 다시 다루지 않겠다는 원칙을 세웠다.

박동일 '금 거래하면 내가 개××다.' 이렇게 사무실 벽에 붙여 놨었는데, 해외선물하던 다른 입실자가 그거 보고 엄청 웃더라고요. 자기도 똑같다고. [왜 금은 안 하세요?] 손실을 많이 봤으니까.(웃음) 손실을 많이 봤다는 건 그만큼 그 종목이 등락이 심하고, 그만큼 더 많이 벌 수 있다는 욕심을 심는 종목이라는 뜻이니까.

매매 원칙은 투자자 개인의 성향에 따라 모두 다르지만,

1.급한 마음이면 진입금지.
2.많이 간 상태에서는 추격금지.
3.상황 못 보게 되면 진입금지.
4.손절 필수다!
5.손절하면 푹쉬고 제정신으로
6.욕심 내면 지옥이다.
7.먹튀했으면 끝~
8.야간,해선 절대금지! 삭제!
9.옵션만 한다!
10.기회가 올때까지 인내

<지켜라. 죽고 싶지 않으면>

[그림 4-2] **매매 원칙 십계명**

그럼에도 모든 개인전업투자자들이 공통적으로 꼽은 매매 원칙은 바로 '손절매'다. 1장에서 살펴보았듯 동일한 정도라도 수익의 기쁨보다 손실의 고통에 더 민감한 인간 심리의 특성상, 손절매를 실행하기가 어렵기 때문이다.

민종학 손절해야 되는데, 손절하면 돈이 아까워요. 손실이잖아 손실. 근데 그게 마음을 도려내야 된달까. 그걸 못한 게 참 후회가 많이 돼요. 지금은 마음이 아파서 무조건 잘라 내려고 하는데, 그게 잘 안 돼요. 말로는 표현이 잘 안 되고 해 봐야 알아요. 그 심정은. 나는 주식투자 스타일이 손절 안 하고 계속 들고 있다가 나중에 반등하면 본전 오면 쌀자 그런 식이었는데. 존버,

그게 잘못된 거더라고. 기회비용 다 날아가고. 1~2년 기다려야 되고.

이처럼 매매 원칙을 강조하며 스스로 새기는 이유는 이를 막상 실천으로 옮기기가 만만치 않기 때문이다. 그렇기 때문에 오히려 더 강조하는 것이다. 컴퓨터 배경화면으로 설정한 것도, 종이에 프린트해 파티션에 붙이는 것도 투자자가 기억을 하지 못해서가 아니라 그만큼 실행에 옮기기 어렵다는 방증이다. 김성호 씨는 장이 시작함과 동시에 매매 원칙은 머릿속에서 지워지며, 흥분한 채 매매를 하게 된다고 말한다. '돈이 곧 나[我]'이기 때문에 흥분하지 않을 수 없다고 말한다.

김성호 주식시장이 딱 9시에 시작을 하면, 머릿속에 그 생각이 사라져요. 야구선수들이 맨날 폼을 교정하고, 연습을 하잖아요. 근데 막상 타석에 들어가면 그 폼이 흐트러지면서 타구가 안 돼. 주식도 똑같은 거예요, 막상 장이 9시에 시작하면, 머릿속이 백지장이 되면서, 막 흥분을 해요. 왜? 내 돈이 움직이니까. 특히 빨간색, 파란색 이건 또 사람을 흥분시키는 색깔이에요. 가슴이 쿵덕쿵덕해요. 그러면서 3시 반이 될 때까지 무아지경에 빠지는 거예요. 끝나고 나서야, '오! 내가 절제를 했나? 내가 조심을 했나?' 그때부터 후회를 하고, 반성을 해요.

이처럼 로알매매방의 개인전업투자자는 금융시장의 본질적 속성을 간파한 뒤, 이를 역이용하여 수익을 낼 수 있는 자신만의 대응 전략을 세운다. 하지만 이는 투자 성공을 위한 필요조건일 뿐 그 자체가 수익을 담보하지 않는다. 이와 더불어, 투자자 스스로 심리를 잘 다스려 대응 전략을 충실하게 이행하는 것 또한 만만치 않은 과제이다.

3
투자는 마약이다

개인전업투자자가 이처럼 금융시장의 속성과 자신의 불리한 위치를 성찰하고 간파함에도 불구하고 매매를 그만두지 못한 채 오히려 개인의 전략과 원칙에 의거하여 이를 극복하려고 시도하는 행태는 중독성과 연계되어 있는 것으로 보인다. 이들은 '수업료 치르기'나 '인생은 도전'과 같은 관념을 활용하여 자신의 실패를 합리화하고 손실로 인한 고통을 경감시키려고 노력한다. 이러한 관념은 주식매매로 인한 고통을 진통시키고 또다시 매매를 실행하는 중독을 부추긴다.

문제는 금융투자를 재미를 주는 게임의 한 종류로 간주하기에는 폐해가 너무 크다는 사실이다. 투자에의 중독과 이로 인한 실패는 경제적 손실만이 아니라 개인의 정신세계를 물질 만능주의에 사로잡힌 '주식의 노예'로 황폐화시킬 위험이 상존 한다. 이런 점을 인식하고 있는 로알매매방의 개인전업투자자 는 스스로 이런 상태에 빠지지 않기 위해 수양을 하거나 정부 의 소극적 규제를 비판하기도 한다. 하지만 이러한 실천이 매 매의 중독성을 극복시켜 줄 것 같지는 않다. 시장자본주의 국 가의 합법적 제도와 신자유주의의 문화적 추동 앞에 점점 더 많은 개인 투자자가 금융시장에 유입되며, 도전과 실패의 악순 환의 고리에서 성공과 희망을 꿈꾸며 버티고 있다.

실패는 희망의 어머니
고통을 은폐하는 언어

화투(花鬪). 꽃을 가지고 하는 싸움. 말이 참 예뻐요. 근데 화투 판에서 사람 바보 만드는 게 뭔 줄 아세요? 바로 희망. 그 안에 인생이 있죠. 일장춘몽.

— 영화 「타짜」 중
자료 출처 CJ ENM

개인투자가 불리함에도 전업투자자로서 도전하는 이유 가 무엇이냐고 묻는 질문에 대다수의 전업투자자들은 '그렇다면 도전하지 않는 것은 무엇이냐?'라며 반문했다. 이들의 주장대로 인생은 선택의 연속이며, 어느 것도 확실한 결과를 담보할 수는 없기 때문이다. 공무원 시험도, 취업 준비도, 개인자영업도, 하물며 학위를 위해 대학원에 진학하는 것 모두 보증되지 않은 결과를 얻기 위해 불확실성에 투신하는 것과 다르지 않을 수도 있다. 개인전업투자자들은 물론 개인투자가 불리한 측면이 있지만 도전과 경쟁은 어떤 선택을 하든 존재하는 상수(常數)로서 인식한다. '실패'의 위험이 있는 개인사업과 마찬가지로, 개인전업투자를 일종의 '개인사업'으로 인식하기에 '실패할 확률'은 선택과 동시에 받아들여야 하는 대상이 되는 것이다. 이처럼 "도전하지 않는 삶은 없다."라는 인식을 강조하는 것은 투자의 위험을 은폐하는 효과를 낳을 뿐 아니라 반복되는 손실에도 불구하고 재도전하는 것을 합리적인 선택으로 탈바꿈시킨다.

김성호 내가 이 사업을 했을 때 실패할 확률도 있지만, 한번 해 보고 싶다는 생각이 합리적일까? 비합리적일까? 예를 들어서, 요즘 편의점을 그렇게 많이 흔하게 하는데. 편의점 한다고 하면 주위에서, 그거 너무 많이 생겼고, 금방 망하는데, 너 그거 돈도 못 벌어. 인건비도 안 나와. 근데, 그 많은 사람들은 하잖아. 그럼 그 사람들은 비합리적일까? 마찬가지로 아이돌되고 싶어 하는 친구들도 요즘 많은데, 몇만 대 일의 확률을 뚫고 하는데. 그럼 그거 도전하는 친구들은 다 비합리적인 걸까?

이들이 자주 사용하는 또 다른 격언은 "수업료는 반드시 치러야 한다."라는 것이다. 주식과 파생상품 투자를 통해 '성공'의 맛을 보았던 사람들 중에 손실을 경험하지 않은 사람은 없다. 실패 경험의 쓴맛을 맛보아야만 수익의 단맛을 경험할 수 있다는 것이다. 이런 담론은 주로 '수업료'로 표현된다. 무언가 배우기 위해 돈을 지불해야 하는 것처럼, 투자 역시 배우기 위해서는 '수업료'를 지불해야만 한다는 것이다. 이 과정에서 손실의 경험은 수익을 '갉아먹는' 반의어로서 성공적인 투자를 위해서는 반드시 지양해야 할 대상이 아니라, 마치 '미래의 더 큰 수익'을 위한 투자처럼 인식된다.

김성호 내가 1000만 원을 잃었으면, 이게 '수업료'예요. 어디 가서 뭐라도 배우려면 돈을 내야 하잖아요. 사업을 하려면 어쨌든 실패를 하는 거고. 정주영도 한 번에 성공하지 않았다고요. 두세 번 망하고. 그게 수업료야. 여기서도 똑같은 거예요. 주식을 해서 손실을 보지만, 아 이 정도는 수업료야. 내가 더 큰돈을 벌기 위해서 이 정도는 지불해야 할 대가인 거예요. 처음부터 다 돈을 벌면 이 세상에 부자 아닌 사람이 어디 있어. 그러면서 거기서 희망을 본 거예요. 10%를 잃었어도 몇 백 프로의 희망을 본 거지.

그럼에도 불구하고 '개인투자를 지인에게 추천하는가?' 하는 질문을 던지면 개인전업투자자들은 추천을 꺼리거나, 손실의 경험이 당연함을 미리 고지한다고 대답한다. 수업료를 내는 것이 가치가 있는 것처럼 이야기하면서도, 지인에게 수업료를 내게 할 만큼의 확신이 없다는 것을 고백하고 있는 셈이다.

김성호 (초보투자자에겐) '돈 얼마 있어? 그 돈 다 날릴 수 있어?' (물어보고) 한 번 날리고 두 번까지 날릴 수 있는 돈 있으면 하라고 해요. 내가 1000만 원을 날려도 내 인생에 상관이 없다? '상관 없음 한 번 날려 봐.' 벌지 말고 날려. 당연히 날릴 거니까. '뻔'한 거죠, 답은 정해져 있는 건데. 왜? 다 보면 돈을 버는 것처럼 보이지만, 결국엔 다 잃거든.

정진석 주식투자는 수업료를 치러야 돼요. 많이 치르면 망하는 거고 적당한 수준에서 치르면 그 실패를 바탕으로 하게 되는데 주식투자 웬만큼 하는 사람들 만나서 이야기 들어 보면 처음에는 다 실패했어요. 안 치른 사람은 없어. 나는 운이 좋게 수업료가 감당할 만한 수준이었던 거죠. 그러다 보니 다른 사람들한테는 잘 추천을 못해 주겠더라고.

같은 이유로 로알매매방 안에서는 '입실 2~3년 차까지는 돈 못 버는 것을 당연하게 생각해야 한다'는 담론이 매매방에서 오래 버티는 데에 결정적인 도움이 되는 조언으로 통용되고 있다. 초보투자자니 경험도, 정보도, 기술도, 분석력도 모두 부족한 상태이므로 마음을 겸손하게 먹고 공부에 매진하라는 뜻이다. 예를 들어, 김성호 씨는 자신에게 '상담'을 요청한 한 코스닥 급등주를 거래하는 입실자에게 다음과 같이 말했다.

김성호 "형, 그런 거 하지 마세요. 그런 거 하면 여기 오래 못 버텨요. 하지 마세요 되게 위험해요. 돈을 빨리 벌 수 있을지 몰라도, 여기 오래 못 버텨요. 그리고 여기 오셨으면 1~2년간은 수업료 내신다고 생각하고, 손실 보신다고 생각해야 돼요. 절대 번다고 생각하면 안 돼요."

민종학 씨 또한 처음 로알매매방에 입실했을 때, 현재는 지병 때문에 퇴실한 한 원년 멤버 '김래현(가명) 선배' 사장이 "급하게 돈 벌려고 하지 말고, 천천히 해라. 2~3년 정도는 돈 좀 잃더라도 꾸준히 계속 노력하라."라고 충고해 준 게 가장 도움이 되었다고 고백한다. 이러한 격언은 실패의 원인을 자신의 실력이 부족하기 때문임을 직시하고 더 부단히 노력하면 수익률이 개선될 수 있다는 희망을 불어넣는다. 동시에 지금의 손실을 지속적으로 보고 있는 현실을 정식으로 문제 삼지 않으며 '괜찮다'고 인식하게 만든다.

> **민종학** 나도 김래현 사장 같은 선배 없었으면 돈 벌려고 달려들었을 텐데. 그만큼 급하게 달려들다가 복구가 안 되게 망한 사람이 많다는 뜻이겠죠. 전에 직장 다닐 때는 회사 일 때문에 주식도 제대로 못 봐서 이젠 원 없이 봐야겠구나 했는데. 그 사장님 말 듣고 조급함을 좀 고쳐먹었죠.

이와 같은 성찰에 기초한 실패를 은폐하는 언어를 활용하다 보면 돈을 잃는 과정에서 빠지게 되는 착각이 있다. 잔고는 줄고 있음에도 불구하고, 투자자는 스스로 돈을 벌고 있는 중에 있다는 환상에 빠지게 되는 것이다. 이것이 어떻게 가능한가? 원인은 개인전업투자자가 손실을 얻는 방식이 가진 특이성에 있다. 개인투자를 전업으로까지 전향한 자라면, 어느 정도의 투자 승률을 갖고 있으며, 개인투자를 통해 크게 수익을 본 경험이 있는 사람이다. 다시 말해, 한 번의 거래를 통해서 수익을 얻을 확률이 손실을 볼 확률보다 클 가능성이 높다. 이 과정에서 김성호 씨의 말을 빌리자면 '주식이라는 게 사람을 현

혹하게 만든다.' 잃고 있는데도 벌 수 있다고 생각하게 만든다
는 것이다. 아예 손실만 봤다면 애초에 전업투자에 뛰어들지
도 않았을 텐데, 대부분의 거래에서는 수익을 거둠으로써 돈
을 번 경험을 떠올리며 '이렇게 매매하면 되겠구나!' 하는 확신
을 얻게 된다. 또한 손실을 경험할 때는 실패의 원인을 성찰하
며 '이렇게만 안 하면 손실을 줄일 수 있겠다.'라는 희망을 불어
넣는다.

김성호 일단 주식이라는 게 사람을 굉장히 현혹하게 만들어.
벌 수 있다고 생각하게 만드는 거야. 이유가 뭐냐면, 아예 손실
만 봤으면 그런 생각을 안 해. 손실을 보다가도 또 어느 순간에
보면 돈을 벌어. 아 이렇게 하면 되겠구나. 그러면서 딱 자신감
을 가져, 사람이. 근데 어느 순간 보면 또 손실을 봐. 하, 정신
차리자. 다시 해 보자. 또 돈을 벌어. 이게 계속 반복이 돼. 근데
알고 보면 계좌는 점점 마이너스가 나오고 있어. 근데 어쨌든
돈을 벌어봤잖아. 한 번이라도. 잃어봤지만 또다시 벌어봤잖
아. 그러니까 계속 벌 수 있을 것 같은 거야, 그러다가 아 이제
는 됐다. 돈은 없지만 내가 돈만 생기면 이제는 내가 벌 수 있
는 길을 찾았다고 생각을 하는 거야. 그러면서 돈을 또 땡겨오
는 거지. [근데 그게 맞지 않던가요?] 결국은 잘못된 판단이지.
결국은 돈을 까먹고 있는 과정인데, 돈을 벌고 있다고 착각하

는 거지.

이와 같은 성찰, 은폐의 언어, 그리고 새로운 희망의 생성
이라는 연속된 과정 속에서 개인투자자는 투자를 지속할 동력
을 확보한다.

투자의 중독성
황폐화되는 삶

개인전업투자자가 자신의 실패를 합리화하는 언어와 인
식을 활용하면서 투자를 지속하는 이면에는 강한 중독성이 자
리잡고 있다. 투자가 가진 중독적인 측면의 본질은 재미다. 재
미는 개인전업투자자로 하여금 주식을 즐기게 한다. 주식이 재
미있다고 생각하기 때문에 손실의 고통은 겪을 만한 것이 된
다. 김성호 씨는 전업투자의 가장 중요한 덕목으로 "재미"를 꼽
았다.

김성호 [매매를 하면서 제일 중요한 덕목은?] 재미죠. 주식을
하면서 일단 즐겨야 돼. 고통스럽지만, 대부분 여기 있는 사람
들 즐겁게 해요. 그래서 떠나질 않는 거야. 주식이 재미있다고
생각을 해. 해 보면 실제 재밌어. '재밌죠? 시간 가는 줄 모르

죠?' 물어보면 거의 다 똑같은 말을 해.

　입실자들이 투자에 중독되는 것은 마치 중·고등학생들이 온라인 게임에 중독되는 것과 같다. 금융상품 매매는 게임의 원리를 그대로 갖다 박제한 것이라 해도 과언이 아니다. 게임이 무기를 사고팔면서 돈을 벌고, '레벨 업' 하면서 쾌감을 얻는 놀이라면, 주식은 실제 계좌에서 돈이 줄었다 늘었다 하면서 '짜릿함'을 선사하기 때문이다. 게임은 플레이어가 '현질'[81]을 해서 게임머니로 환전하는 것이기에 비용이 발생하는 것이라면, 금융상품 매매는 내가 직접 돈을 벌 수 있으니 더욱 시간 가는 줄 모른다.

　김성호 계속 사고팔고 사고팔고의 무한반복. 거기서 수익이 나오잖아. 10만 원 100만 원 막 계좌에 쌓여 가잖아요? 그게 얼마나 재밌어요. 게임은 막말로 내가 '현질'하는 건데 이거(주식)는 내 실제 돈을 가지고 하면서 돈이 쌓이는 게 보이니까. 재밌지. 시간 가는 줄 모르지. 얼마나 재밌는데. 안 재밌어요?(웃음) 잃는 거는 잠깐이고, 또 하면 다시 재밌어.

81　온라인 게임 속 유료 아이템을 게임머니가 아닌 현금을 주고 사는 일.

그래서 수익을 보게 되면 황홀한 쾌감을 느끼지만, 반대로 손실을 보게 되면 극도의 우울감에 사로잡힌다. 장중에 느낄 수 있는 몰입의 재미는 일시적이지만, 끝나고 나면 자괴감이 밀려온다. 우울감과 자괴감으로부터 도피하기 위한 일환으로 개인투자자는 다음 날 또다시 매매를 하게 되는 것이다. 마치 마약 중독자가 마약의 쾌락이 사라진 후 또다시 마약에 빠지는 것과 유사하다. 회가 거듭할수록 점점 더 많은 양의, 더 높은 강도의 마약에 손을 대게 되듯이, 개인투자자는 시간이 지날수록 투자에 더 많은 시간을 투입하고, 점점 더 '위험한' 종목을 매매하게 된다.

김성호 3시 반이 될 때까지 무아지경에 빠지는 거예요. 끝나고 나서야, (……) 후회를 하고, 반성을 해요. 그러면서 혼자 생각을 해요. '아 내가 뭐하는 건가, 미쳤나 내가.' 화장실에 있을 때 일인데, 누가 들어왔어요. 소변을 누면서 혼자서 궁시렁 궁시렁 해요. '아 내가 미쳤어. 아 내가 돌았어.' 자기도 모르게. 자기가 실수한 걸 자기도 모르게 읊조리는 거예요. 옆에 누가 있건 말건 생각을 안 하고 너무 스스로 자책감이 드니까. 영혼이 빠져나간 거야.

주식·파생상품 투자에 중독된다는 것은 정확히 무엇을 의미하는가? 그것은 바로 잃은 돈을 다시 복구하는 '본전 심리'의 충동이 끊임없이 일어난다는 뜻이다. 손실을 본 순간 마음이 쓰리고 잃은 내 돈이 아까워 잠을 못 이루는 마음 자체가 마음의 주도권을 주식에 빼앗겼다는 것이다. 이러한 본전 심리의 충동은 다혈질 성격의 소유자 혹은 쉽게 흥분하는 사람에게 더욱 강하게 작용한다. 김성호 씨는 과거 이런 성격을 '빼다박은' 한 입실자의 사례를 소개하며 본전을 '한 방'에 복구하겠단 욕심을 갖는 것은 일확천금을 노리는 '도박쟁이'의 심리와 다르지 않다고 말했다.

김성호 그 사람은 파생을 했는데 손실 보고 열 받는 순간부터 전쟁이 시작돼. 니가 죽나 내가 죽나. 밥도 안 먹고, 움직이지도 않아. 이겨야지만 게임(매매)을 끝내. 되게 위험해. 근데 자기는 지는 게임은 죽어도 안 한다는 거야. 근데 결국 망해서 사라졌어.

술, 담배, 도박, 마약과 같은 중독의 대상에 강하게 집착하고 의존하며, 그것 없이는 살 수 없는 지경에 이른 삶은 자유로울 수 없다. 때문에 투자가 주는 재미에 중독된 개미의 삶은 쉽게 황폐화되기 마련이다. 모든 것을 투자와 연계하여 생각하면서 개인투자자의 삶에서 여유가 사라지는 것이다. 이런 중독에 빠지면 장중 이외에도 하루 종일 투자 생각밖에 나지 않는다. 투자에 사로잡힌 영혼은 다른 것에 온전히 그리고 적극적으로 자신의 정신을 몰입하기 힘들어진다. 이러한 심리 상태는 화투 도박판을 소재로 다룬 영화 「타짜」에서 '고니'(조승우)와 '평경장'(백윤식)의 대화에 드러난 도박사의 심리와 유사하다. 화투에 중독된 도박사의 눈에 아름다운 봄밤의 벚꽃은 화투짝 3의 그림인 '사쿠라'만을 연상시킬 뿐이다.

이러한 상태를 김성호 씨는 '주식의 노예'가 된 상태라고 부르며, 절대 그렇게 되지 않도록 경계할 것을 강조한다. 주식의 노예가 된 삶이란, 자신이 주식을 수단으로 활용하는 것이 아니라 주식에 내가 '이끌려 다니는' 삶이기 때문이다. 개인전업투자자들에게 경제적 자유란 '내가 주인이 되는 삶'을 위한 수단으로 추구하는 것이라는 점을 3장에서 살펴본 바 있다. '주식의 노예'가 된 삶은 바로 이 목적과 수단이 전도된 불행한 삶의 형태다.

김성호 돈 벌어서 행복하게 살려고 하는 건데 자기가 여기서 주식의 노예가 되면 안 되는 거지. 주식의 노예가 되는 순간 폐인이 돼 사람이. [주식의 노예가 뭔가요?] 손실 나든 수익 나든 하루 종일 주식 생각만 하는 사람. 장이 끝나면, 여기서 나가면 주식 생각 안 하는 게 좋아요. 근데 집에 가서도 주식 생각. 뭘 해도 주식 생각이 막 떠올라. 자기가 뭘 하는지 몰라. 완전히 주식에 내가 묶여 있는 거야. 예를 들어서 아! 내가 그때 왜 손절을 못했을까. 이거 어떡하지? 덜덜 두려움. 두려움에 갇혀 있는 거지. 막 암흑의, 어두운 그림자가 온몸을 감싸고 있는 거. 그러면 사람이 생각을 해도 누가 뭐라고 하든 못 들어. 누구랑 대화를 해도 내가 무슨 이야기를 하고 있는지 몰라.

윤택수 씨도 지인들에게 주식은 절대 하지 말라고 늘 말리는 이유로 삶이 피폐해지기 때문이라고 강조했다. 그는 파생상품 투자야말로 도박 중 최고로 중독성이 강한 도박이라고 말한다. 그는 2013년 옵션 투자로 도저히 갚을 수 없는 빚을 지게 되어 개인파산 신청을 하고 노가다 현장을 전전하며 돈을 벌었다. 고된 육체노동과 개인파산자가 된 현실보다 훨씬 슬펐던 점은 놀랍게도 '다시 투자를 할 수 있는 기회가 없을 것 같았기 때문'이라고 고백한다.

윤택수 내가 실패해서 노가다 갔었다고 얘기했잖아. 그때 노가다 가서 하는데, 제일 슬픈 게 뭐냐면, 이거(옵션매매)를 다시 못할 것 같다는, 다시 할 수 있는 기회가 없을 것 같다는. 이게 제일 슬퍼. [옵션투자를요?] 응. [왜 다시 못할 것 같으셨어요?] 기회가 있겠어 이제? 노가다 뛰러 가서, 먹고살려고 최저 시급 받고 일하는데. 다시 이걸 할 수 있는 기회가 오겠나 하는 생각이 드는 거지.

투자에 중독된 개미의 일상이란 어떤 것일까? 개인투자자가 꼽는 개인전업투자의 장점 중 하나는 공휴일과 휴식 시간이 보장된 것이다. 그러나 중독으로 황폐화된 개미는 그 시간에 온전히 휴식할 수도 없다. '내가 왜' 손실을 봐야 했으며, 무엇을 잘못했으며, 내일은 어떻게 해야 할지 두려움에 사로잡힌 채 생각이 꼬리에 꼬리를 물며 계속 떠올라 쉬어도 쉰 것 같지 않다. 김성호 씨는 특히 금요일 장을 손실로 마무리한 경우, '찝찝한 감정'이 뇌리에 남아 주말 동안 편히 쉴 수 없다고 말한다.

김성호 특히 금요일 날 손실을 안고 장을 끝마치면 주말이 토요일 일요일이 있잖아. 그러면 굉장히 안 좋은 게 그 이틀 동안을 마음속에 이게 찝찝함으로 남아. 편안히 못 쉬는 거지.

개인투자자들이 무엇을 보든 매매 생각이 나게 하고, 중독 현상을 가중시키는 중요한 이유는, 실제로 우리의 삶에 주식과 파생상품과 연관되지 않은 것이 거의 없기 때문이다. 영화 「타짜」 속 '정마담'의 말마따나 화투짝에 인생의 희로애락이 다 담겨 있다면 주식에도 21세기 지구촌이 모두 담겨 있다. 돈으로 살 수 없는 것이 없는 세상이 도래한 와중에 주식은 형태만 다른 돈의 또 다른 이름이기 때문이다. 따라서 주식·파생상품 투자를 하게 되면 이 사회와 세상의 모든 것을 총망라해서 관심을 가져야 한다. 개인투자자는 정치와 경제, 문화, 예술, 통신, 의료, 국제 등 사회의 모든 영역을 이해하고 분석할 줄 알아야 한다. 심지어 연예 뉴스도 보아야 한다. 연예 소속사도 상장된 주식회사이기 때문이다.

주식투자자는 이웃 나라 정치인의 신변, 특히나 그것이 강대국 정치인일수록 의미 있게 귀담아 들어야 한다. 한 대통령의 친기업주의적 정책이 그의 신변 변화로 인해 '물거품'이 되어 버리면 그 기업들이 상장되어 있는 주식시장에 미칠 부정적 파장은 머릿속에서 상상되는 것 이상으로 엄청나다. 또한 주식은 '물거품'이 되지 않고, '물거품이 될 수 있는 가능성이 제기된 것'만으로도 불확실성에 기인한 위험이 주가에 음의 형태로 반영되기 마련이다. 일례로 도널드 트럼프 전 미국 대통령은 2018년 8월 탄핵론이 제기되자, (기업 규제를 완화하고 감세를 이뤄 종합지수 고공행진을 이끌어 내는 등 대통령직을 이렇게나 잘 수행한) "내가 탄핵된다면, 미국 주식시장이 붕괴하고, 모두가 매우 가난해질 것"[82]이라고 말하기도 했다. 금융투자에 직접적으로 관여하지 않고 직장에서 받는 월급을 통해 생계를 유지할 수만 있다면 이러한 지구촌 구석구석에서 일어나는 변화는 한 인간에게 직접적 영향을 주지 않지만, 금융투자를 업으로 삼는 개인전업투자의 경우는 다르다.

김성호 일반 사람들한테 트럼프가 탄핵이 되건 말건 무슨 상관이 있어, 없잖아. 남들은 이런 거 상관없이 살지만 우리한테는 굉장히 중요한 거거든. 트럼프가 탄핵이 되면 우리한테 손실이 엄청 커, 주식하는 사람 입장에서는. (주식은) 풋(put)이 아니니까. 그러니까 굉장히 노심초사할 수 있는 거고. 남들한텐 아무 문제없는 이야기를 우리는 굉장히 심각하게 받아들여야 되고. 늘 걱정거리가 많아져.

때문에 김성호 씨는 주식투자자들은 대체로 '평화주의자'라고 말한다. 평화롭고, 아름다우며, 세상이 행복해야 주가도 오르고, 예상치 못한 악재가 발생할 불안으로부터 조금이나마 자유로워질 수 있기 때문이다.

김성호 그래서 주식하는 사람은 평화주의자가 돼. 아름다운 것

---

82 「트럼프, 내가 탄핵되면 美 주식시장 붕괴될 것」, 《한국경제》, 2018. 8. 24.

만 좋아해. 항상 행복했으면 좋겠어, 모든 게. 전쟁도 없고, 경제도 좋아지고, 그럼 다 잘살게 되니까. 나도 잘사는 거고.

　돈은 인간의 삶에서 더욱더 중요한 요소로 자리잡아 가고 있다. 이 세상에 돈으로, 주식으로 이해할 수 없는 것은 점점 줄어 가기에 인간은 늘 자신이 '투자자'임을 상기하지 않을 수 없다. 이런 현상은 후기자본주의(late capitalism)의 문화인 신자유주의(neoliberalism)의 특성이다. 사회적 문제의 해답은 시장의 확대로 결론지어지고, 모든 것은 투자의 대상으로 전환된다. 이런 풍토가 비도덕적인 게 아니라 합리적이라는 신자유주의적 이념이 금융가의 문턱을 넘어 사회에 확산됨으로써 재생산되고 있기 때문이다. 신자유주의의 실용적 측면은 인정되지만, 이는 종종 시장에 대한 종교적 신념 내지 물신화를 낳는다. 이런 시장의 마술적(magical) 측면은 '카지노 자본주의(casino capitalism)'로 명명된다. 노동에 대한 자본의 완전한 승리로 아무도 실체를 알지 못하는 금융의 주술과도 같은 작용으로 부를 증식하는 장이 바로 금융시장이라는 것이다. 카지노 자본주의에 대한 비판과 우려는 2008년 아무도 예측하지 못한 서브프라임 모기지 상품으로 인한 전 세계 경제의 붕괴로 현실화되었다.

　신자유주의 사회의 비극은 인간의 관점과 금융투자자의 관점이 언제나 일치하는 것은 아니기 때문에 발생한다. 금융투자자의 관점에서 세상을 분석할 때, 인간의 불행은 온전한 인간의 불행 그 자체로 남지 않는다. 한 인간의 불행이 다른 투자자의 불행 또는 행운이 되기 때문이다. 예컨대 1995년 삼풍백화점이 붕괴[83]했을 때, 주식하는 사람들은 이 비극과 건설사와 같은 관련 주식의 폭락과 연계시키지 않을 수 없었을 것이다. 이처럼 '자본주의의 꽃'인 주식의 투자는 인간이 가지고 있던 인본주의적 가치를 물질만능의 사고로 전환시키는 마력을 가지고 있다.

김성호 사람이 죽어 나가도 근데 주식하는 사람은 건물 보면서, '아 저거 어디 건설이지.' 한다고. 옛날에 '삼풍' 무너졌을 때. 실제 그랬다잖아. 하! 나 저 주식 갖고 있는데. 사람 죽은 건 생각 안 하고, '하! 나 죽었다, ○○건설 주식 갖고 있는데. 저기 관련된 회사들 주식 갖고 있는데. 나 저기 입점되어 있는 주식 갖고 있는데.' 이게 얼마나 비참한 거야. 사람의 생명보다 자기 주식을 더 중요하게 생각한다는 게.

2001년 9월 11일 이슬람 무장 테러 단체 '알 카에다'에 의해 납치된 항공기가 미국 뉴욕 맨해튼의 세계무역센터 빌딩을

---

83   1995년 6월 29일 오후 5시 57분, 서울 서초동에 위치한 삼풍백화점이 부실 공사로 인해 붕괴한 사고. 1445명의 사상자가 발생했다.

들이반으며 발생한 충격적 자폭 테러가 전 세계 실시간으로 방송된 직후인 9월 12일 한국의 종합지수는 12.02%(64.96pt) 하락했다. 이 여파로 그날 코스닥 시장도 90%에 달하는 591개의 종목들이 하한가로 종료됐다. 뿐만 아니라, 일본, 중국, 중동, 인도, 유럽 등 전 세계 증시가 일주일 동안 도미노 폭락을 이어갔다.

전 세계 증권시장은 폭락의 충격에 허덕이는 와중에 한국의 코스피200옵션 시장에서는 무려 500배가 넘는 '잭팟'이 터졌다. 풋옵션을 100만 원어치 매수했었다면, 단 하루 만에 무려 5억을 손에 쥐게 된 것이고, 1000만 원어치를 샀다면, 50억을 벌어 '인생역전'한 환희의 날이 되는 것이다. 3000명에 가까운 무고한 사람들이 희생되고, 6000명 이상의 사람들이 부상당해 전 세계 사람들이 비통함에 슬퍼하고 있을 때, 그들의 슬픔이 곧 나의 기쁨이 되는 비참한 역설이 현실화한 것이다.

김성호 반대로 주식시장이 폭락을 하고, 파생에서 풋(옵션)을 산 사람이 돈을 벌어. 굉장히 소수야. 남들은 다 죽어 가는데 그 사람은 돈을 벌었어. 아 기분이야 좋겠지, 남들 다 손해 봤을 때 혼자만 돈 벌었는데 얼마나 그게 짜릿하겠어. 근데 봐. 대다수, 자기 주변의 친척, 형제, 친구 다 망해 가. 근데 자기만 돈을 벌어. 그게 얼마나 기쁠까? 그건 기쁘긴 하겠지만 정말 기쁜 것 같지는 않아. 계속 뭔가 나쁜 일이 생기길 더 바라는 거잖아.

영화 「타짜」에서 '고니'가 성수대교가 무너졌다는 소식을 듣고 탄식을 내뱉자, '평경장'이 아름다운 세상에서는 도박꾼의 '먹이'가 없다고 지적하는 것과 일맥상통하는 대목이다.

도박의 세계와 파생상품의 세계는 공통적으로 누가 돈을 따면, 그만큼 누군가는 돈을 잃게 되는 제로섬의 세계다. 때문에 나의 이익을 추구하기 위해 남을 '등쳐 먹거나,' '벗겨 먹는' 악의가 통용된다. 이런 현실 때문에 9·11 테러 직전 며칠간 '보잉', '유나이티드 항공' 등 항공사 주식 중심의 대규모 풋옵션 거래가 있었다는 사실에 기반해 누군가 "사전에 테러 정보를 알았다는 증거"라는 음모론이 유행하기도 했다.[84] 미리 알고도 모른 척 풋옵션을 샀을 수도 있고, 테러를 일으킨 세력 중 누군가가 사놓은 것일지도 모른다. 2016년부터 유사한 가상의 인물을 그린 드라마가 '넷플릭스'에서 방영되기도 했다. 미국 드라마 「빌리언스」의 주인공 '바비 액스로드'는 헤지펀드사의 펀드매니저로 9·11 테러 때 세계무역센터 남쪽 건물에서 일하는 중이었는데, 북쪽 건물이 비행기와 충돌하는 장면을 두 눈으로 목격하고는 동료가 죽어나가는 현장에서도 곧장 항공주를 공

84　「[하수정 기자의 티타임]산은지주 IPO '음모론'」,《마겟인사이트》, 2012. 4. 23.

매도해 막대한 부를 일군 인물로 묘사된다.[85] 국내에서도 2011
년 주가를 떨어뜨린 뒤 미리 매수한 풋옵션에서 시세차익을 얻
을 목적으로 사제폭탄을 고속터미널 사물함에 설치한 폭탄테
러 미수 사건도 있었다.[86]

> **김성호** 옛날에 고터(고속터미널)에서 사물함에 누가 폭탄 터트
> 린다고 지랄을 한 적이 한 번 있었어. 떨어지는 방향으로 매매
> 를 하는 사람은 굉장히 사람들의 심리가 사악해지는 거야. 왜?
> 안 좋은 일이 생겨야지 나에게 행운이 오니까.

이처럼 금융투자에 중독된 사회는 공동체에 대한 가치가
상실되고 극단적인 이기주의가 본인과 타인을 삶을 모두 황폐
하게 할 가능성을 내포하고 있다. 때문에 김성호 씨는 투자에
중독되지 않기 위한 노력을 게을리해서는 안 된다고 말한다.
스스로 자신을 수련하고 마음을 단련해 주식의 노예가 되기를
거부하는 것이다. 예컨대 그는 매매방에서 일과를 마친 뒤 집

---

85   심지어 '바비 액스로드'의 모티프가 된 실제 인물은 2013년 불법 내부자정보
를 이용한 공매도 거래로 18억 달러의 벌금을 내고, 폐업한 'SAC캐피탈'의 설립자,
스티브 코헨이다. 그는 "지난 1월 '게임스톱 사태' 당시 공매도를 주도한 헤지펀드
에 거액을 투자했다가 개미 투자자들의 표적이 됐던 장본인"이기도 하다. 「9.11 테
러 희생자 주식 훔쳐 팔아 억만장자가 된 남자 [왓칭]」,《조선일보》, 2021. 4. 19.

86   「(사설) 지하철 사물함 등 테러가 좋아해」,《헤럴드경제》, 2011. 5. 17.

에 가면 컴퓨터도 켜지 않고 핸드폰으로도 주식을 하지 않는다. 의도적으로 주식투자와의 거리를 형성하여 주식에 사로잡히지 않을 수 있는 환경을 주체적으로 설정하는 것이다. 오늘 아무리 손실을 많이 봐도 이미 끝난 마당에 바꿀 수 있는 것은 아무것도 없기에 마음을 비우는 셈이다.

김성호 그래도 나는 여기서 나가면 다 잊어버리려고 해. (매매방) 딱 나가면 그냥 별 상관 안 해. 난 집에 가면 컴퓨터를 안 켜요.

마음의 수양을 통해 주식의 노예로 남지 않고, 주식을 '컨트롤'할 수 있는 가능성을 긍정적으로 보는 김성호 씨와는 달리, 박동일 씨는 주식은 제어가 불가능한 것이기에 애초에 절대로 발을 들이면 안 된다고 만류한다.

박동일 이것만 기억하면 돼요. 사람이 자기 의지로 무슨 일을 하려고 하면, 의지로 제어가 되는 일을 해야지 제어가 안 되는 일을 하면 그건 절대 안 되는 거예요. 난 나를 포함해서 너무나 많은 사람들이 제어가 안 되는 걸 봤기 때문에.

박동일 씨가 인간의 의지와 주식의 통제 가능성에 대해 이토록 비관적인 생각을 갖게 된 것은 자신 때문에 친구 인생까지 '망치게 한 것은 아닐까' 하는 자책감에 기인한다. 처음 파생상품을 배울 당시 손실을 봤음에도 본전 심리로 다시 시장에 재진입해 더 크게 손실을 보길 반복했던 동일 씨는 매매방에 자신의 친구를 데려와서 '자신이 손실을 봤다고 하면, 니가 욕을 해서라도 컴퓨터 끄고 여기서 날 데리고 나가 줄 것'을 부탁했다. 그러나 결국 그 친구 역시 박동일 씨에게 파생상품 투자를 배워 큰 손실을 보고 말았다. "파생투자를 하는 친구가 있다면 그 친구를 멀리해라, 그 친구는 이미 인생 망가진 애다."라는 그의 말에서 '친구'란 바로 이미 이 중독의 굴레를 벗어나지 못하게 된 자기 자신을 두고 하는 말이었던 셈이다.

박동일 걔(친구)한테 내가 막 흥분하면 못하게 해라. 컴퓨터 꺼 버리고. 욕을 해도 좋다. 근데 그 친구 나 때문에 배워 갖고 같이 망했어. 걔가 손실 본 것도 다 아는데, 나 몰래 대출까지 받아서 더 하다가 다 잃었대요. '야 니가 날 도와주려고 했는데, 어쩌다 너까지 이 구렁텅이에 빠졌냐?'(웃음) (……) 파생투자 하는 애가 있다면 걔는 멀리해라. 인생 이미 망가진 애다. 금융투자를 해서 돈을 벌 수 있다는 거는 모르는 사람이 들었을 때는 처음에는 혹하지만. 결국 나중엔 친구도 잃고 돈도 잃는다. 차라리 처음에 친구 하나만 잃어라.

박동일 씨는 투자 중독의 위험은 정부에 의해 '합법'이라는 이름으로 유통됨으로써 은폐된다고 말한다. 정부에 의해 주식과 파생상품 시장은 합법적 거래시장으로 제도화되었기에 누구나 참여할 수 있다. 하지만 결국 손해를 보게 되는 쪽은 언제나 '개미'투자자다. 손실의 책임은 늘 개인 자신에게로 환원된다. '현명하고 똑똑한' 경제적 네안데르탈만 생존하고, 이외의 종들은 진화의 경쟁에서 도태돼 멸종에 이르게 된다. 박동일 씨는 그것을 알고 있음에도 이 시장을 내버려 두는 것은 결국 정부가 개인의 손실을 유도한 것이나 다름이 없다고 보며 비판적인 입장을 드러냈다. 정부는 일부 투자시장을 규제하기도 하지만, 이 시장을 합법의 이름으로 만들고 유지하고 있는 주체이기 때문이다.

박동일 합법적이라고 했을 때, 가장 큰 밑밥이 깔려 있는 건데. 안전하고 나쁜 게 아니고 노력하면 할 수 있다는 거대한 사기극이에요. (……) 주식(과 파생상품)이라는 제도가 있기 때문에 누구나 다 들어가고, 허위 정보로 회계 장부 조작하고. 거품을 양성화하고, 개인은 벌떼처럼 불나방처럼 들어가서 손실을 보게 만들고. 근데 그 심리는 '다 니가 잘못한 거 아니냐.' 다 알면서도 그렇게 하는 거예요. 그걸 유도하고 방치한 것도 죄죠.

개인투자자는 자신의 실패를 경험 삼아 금융시장의 속성과 도덕적 결함을 어느 정도 간파하고 이에 대응하기 위하여 자신만의 기술적, 정신적 전략을 세우고 실천한다. 그럼으로써 전업투자자는 거듭되는 손실에도 불구하고 금융시장에 대한 희망을 유지한다. 또한 이들은 일상의 언어와 담론을 활용하여 손실의 고통을 승리를 위한 필연적 과정으로 합리화하는 자기위안의 전략을 구사한다. 이러한 노력에도 불구하고 이들은 금융시장의 기울어진 운동장에서 거듭 미끄러지는 경험을 피하기 쉽지 않다. 이를 간파한다고 해도 개인적인 노력만으로 투자가 가진 매력적인 중독성과 물질 만능의 신자유주의의 언설에서 벗어나기란 쉽지 않다. 자본주의국가의 합법화와 제도화 속에서 오늘도 개인투자자는 금융시장에서 생존하려는 몸부림을 이어 가고 있다.

로알매매방[87]에서의 현지 조사 후 2년의 시간이 흘렀다. 흥분과 열광의 도가니였던 2002년보다 더 강력하게 각인될 혼돈과 절망의 2020년. 코로나 바이러스 창궐 이후 전세계 경제는 급속도로 악화되었다. 하늘길이 막히면서 비즈니스는 중단될 수밖에 없었고, 뚝 끊긴 손님 발길에 자영업자의 애간장은 타들어 갔다.

하늘길은 막혔지만 역설적이게도 동시에 '하늘문'은 다시 활짝 열렸다. 종합지수가 3월 19일 결국 1457pt까지 풀썩 주저앉자, 그로부터 일주일 뒤 한국은행은 경기를 부양하기 위해 한국 경제 역사상 처음으로 양적완화 시행을 발표한다. 이름

---

[87] '로알'은 키보드를 영어 타자로 설정한 뒤 '개미'를 치면 'ROAL'이 되는 것을 그대로 읽은 것으로, 연구참여자 보호를 위해 저자가 직접 붙인 가명이다.

만 들어서는 도무지 뭔지 알 수 없을 것만 같은 '환매조건부채권(RP)'을 무제한으로 매입한다는 게 골자였다. 그 이후, 기약도 없고, 섣불리 희망을 단언할 수도 없는 실물경제의 불황 와중에도 주식시장은 빠르게 회복돼 전에 없는 대호황을 누렸다. 2020년 한 해 동안 종합지수는 무려 30%가량 상승하고, 이듬해 1월, 최초로 3000pt를 돌파했다.

이를 두고 오남수 씨(가명·30)는 연준(Fed), 한국은행과 같은 중앙은행이 경제 위기 타개를 위해 천문학적인 유동성을 시중에 풀었기 때문이라고 보았다. 정말 그럴까? 그의 여자 친구 홍서연 씨(가명·30)는 "근데 그 풀린 돈을 갖고 개인들이 주식을 샀기 때문 아닌가?"라고 반문한다. 그렇다. 사람들은 풀린 돈으로 왜 하고많은 것 중 주식을 샀을까? 그저 '남들이 사니까' 혹은 '오를 거라고 하니까 (돈을) 넣는다'는 순진한 투기꾼의 발상이라고 이들을 이해하는 건 지나치게 단순한 판단이다. 질문은 또 다른 질문으로 이어진다. 줄어들거나 없어진 근로소득을 코로나 걸릴 걱정 없는, '비대면' 주식투자로 메워 보자는 마음이었을까? 그리고 왜 하필 그간 주식에 별 관심이 없던 2030 청년들이 대거 새롭게 이 시장에 뛰어든 걸까?[88] 이들

---

88   코로나 사태 이후 주식시장에 새로 발을 들이게 된 무수한 동학개미 중 절반 이상이 2030 투자자다. 「취준생도… 직장인도… 2030 주식투자 열풍」, 《동아일보》, 2020. 7. 18.

은 주식투자에 대해 도대체 어떤 생각을 갖고 있을까?

개인투자자의 주식투자에 대한 관심과 참여는 점점 더 커져 감에도 불구하고, 우리가 금융을 이해하고 소비하는 담론 안에는 주식투자하는 인간에 대한 질문을 던지고, 답하거나, 성찰하려는 시도는 부재하다. 사람들이 궁금해하는 건 딱 한 가지. "그래서 요즘 무슨 종목이 좋대?" 아니, 한 가지가 더 있다. "그래서 얼마 벌었는데?" 주식의 세계에서 개인투자자는 한 명의 인간으로서가 아니라, 수익률의 꼬리표로서 존재한다.

이를 드러내는 가장 상징적인 예가 바로 '동학개미'라는 프레임이다. 우리나라의 인구 약 5명 중 한 명이 개인투자자로 그 수는 900만이 넘는다. 하지만 언론은 이들을 모두 한데 뭉뚱그려 "주가가 폭락했을 때, 밑바닥에서 (외국인 투자자가 매도한 주식을) 받아내 우리 주식시장을 지탱한 동학개미"로 명명했다.[89] 그리고 그 동학개미 덕에 우리 주식시장은 기적적으로 상승한 것이라는 자축만이 이어졌다. 마스크 때문에 안경에 김이 서린 채 내다본 흐릿한 세상 풍경처럼 기억 저편에 흐리멍덩히 지워져 버린, 암울한 2020년, 주식은 거의 유일하게 반가운

「2030 너도나도 주식투자… 개인계좌개설 올들어 4배」, 《매일경제》, 2020. 12. 13.

[89] 언론의 탓만은 아닐 것이다. 증권시장에서 모든 매매 참여자의 인간성은 철저히 지워진 채 오로지 기관, 외국인, 개인이라는 이름표, 더 정확히는 기관 돈, 외국인 돈, 개인 돈이라는 돈의 꼬리표만 남는다.

뉴스거리였다. 주식으로 돈 번 사람이 많기에 개인투자자 자신
도, 정부[90]도, 뉴스도, 예능 방송도 (심지어 클래식 라디오에서도!)
모두가 한목소리로 동학개미의 행보와 주식시장의 상승을 조
명하고, 칭송했다.

하지만 슬프게도 동학개미라는 간편한 프레임에는 외국
인 투자자의 매도세에 헐값이 되어 버린 주식을 기민하게 '주
워 담는' 행위만이 남아 있었지, 모바일 MTS 호가 창을 뚫어져
라 바라보는 투자자가 정작 누구인지 ─ 이들의 투자 동기와
꿈, 믿음, 일상, 계획과 실천의 일치와 어긋남 그리고 그로부터
파생된 희로애락 ─ 에 대해서는 아무것도 말해 주지 못하는
것 같다. 또한 '자유로운 결정자'로서 모든 손실은 투자자 개인
의 책임이라는 무미건조한 약관하에 이들의 고통에 무감각한
세태는 합리화된다.

물론 주식투자에는 '수익 실현'이라는 명확한 존재 목적이
선행한다. 그리고 이 목적만 잘 성취할 수 있다면 그 이외의 모
든 부분은 부차적인 것으로 취급되어도 좋다고 생각할 수도 있
겠다. 하지만 오로지 수익만이 전부인, 이런 거대한 담론의 세
계에 살아가는 한 명의 동학개미는 수익률로 자신을 증명해 내

---

90 「이낙연, "주식시장이 국민 재산 증식 무대 되게 할 것"」,《머니투데이》, 2021. 1. 8.

지 못할 때 스스로를 잃어버리고 마는 실존적 위험 속에 놓이게 된다. 자신을 잃어버리는 고통을 아무도, 심지어 그 자신마저도 들을 만한 가치가 있는 것으로 여기지 않은 채 사회로부터, 자신으로부터 소외되고 마는 위험 또한 병존한다. 주식시장의 단순한 규칙에 따르면 주가가 영원히 계속 오르지 않는 이상 누군가는 반드시 돈을 잃게 됨에도 불구하고 말이다.[91]

그렇기 때문에 더욱이 주식투자를 오로지 재산 증식의 수단으로 바라보는 시선을 잠시 거두고, 주식투자하는 사람에 대한 따뜻한 관심을 기울일 수 있었으면 좋겠다. 주식투자라는 행위에는 투자하는 인간과 그가 살아가는 사회가 투영되기 마련이다. 주식투자는 보이지 않는 인간의 믿음과 관념을 비춰 주는 거울이다. 그리고 동시에 뜻한 바가 언제나 마음처럼 되지만은 않는, 지극히 인간적인, 관념과 실천의 간극과 이를 불러일으키는 인간의 불완전성을 가장 잘 드러내 보여 준다. 이러한 어긋남의 지점을 잘 포착해 낼 때, 우리는 스스로에 대해 더 깊이 성찰할 수 있고 타인에 대한 이해의 폭을 넓힐 수 있다. 수익률로 환원되어서는 안 될, 목적 그 자체로서의 자신과 타인을 감싸 안아 줄 수 있다. 수의 논리에, 청색과 적색의 이분법에 함몰돼 두들겨 맞고 망가진 인간의 육체와 영혼을 구해 낼

---

91 누군가 비싼 값에 주식을 팔아 돈을 벌었다는 것은 그 가격에 주식을 사 준 사람이 있다는 뜻이고, 그 가격에서 더 오르지 않는다면 그는 결국 돈을 잃게 된다.

수도 있을 것이다. 종목과 수익률에 관한 질문이 아닌, 주식투자하는 한 인간의 투자 동기와 꿈, 믿음, 일상, 계획과 실천의 일치와 어긋남 그리고 그로부터 파생된 희로애락에 대해 묻고, 귀 기울이며, 그 의미를 곱씹어 보는 작업이 지금 우리 사회에 꼭 필요한 이유다.

에필로그에서 새로이 주식투자의 세계에 뛰어들게 된 청년 세대의 목소리를 조금이나마 소개하려는 시도에는 이런 배경이 있었다. 서두가 너무 길었다. 주식에 관심을 두지 않던 청년 세대가 주식투자를 시작하게 만드는, 그리고 계속할 수밖에 없게 만드는 믿음의 원천은 무엇이며 이들은 투자와 일상을 어떻게 영위해 나가고 있을까? 그리고 청년 세대가 간절히 원하는 경제적 자유란 추상명사는 도대체 어떤 실체의 그림자인가? 이들은 계획과 실천이 어긋나는 순간에 어떻게 대처하며 그 고통과 아픔을 어떻게 해석하고 처리하는가? 이러한 전 과정에서 청년 세대의 투자는 로알매매방의 중장년 전업투자자들을 비롯한 기성세대의 투자와 어떤 점에서 유사하고, 또 어떻게 다를까? 이런 질문에 대한 답변을 몇몇 청년투자자의 목소리를 통해 재구성해 보았다.

청년투자자와 중장년 개인전업투자자의 가장 근본적인 차이점은 '손절매'에 대한 인식이다. 20년에 이르는 투자 기간 동안 상승장, 폭락장, 횡보장 등 투자의 '단맛, 쓴맛, 똥맛'까지 모두 맛본 개인전업투자자의 경우, 잘 되든 안 되든 '손절매'를 가장 큰 철칙으로 삼고 있었다. 반면 청년투자자들은 손절매의 중요성을 강조하는 중장년투자자의 절절한 고백에 그다지 공감하지 않는다. 오히려 그 반대다. 자신의 투자는 '수익이 날 만한 투자'로, 손절매를 할 거면 애초에 그 주식을 샀으면 안 됐다고 말한다. 그간 투자의 정석에 위배되는 새로운 전략이다. 다소 맹목적으로 보이는 청년들의 투자법의 근거는 과연 무엇일까?

청년 세대가 추구하는 투자의 밑바탕에는 '우상향'에 대한 믿음이 깔려 있다. 우상향(右上向)이란 무엇인가? 말 그대로 풀이하면, 주식 차트의 x축이 오른쪽으로 갈수록, 즉 시간(t)이 흐를수록, y축인 주가/지수 역시 상승한다는 뜻이다. 국내주식을 하는 투자자의 경우 한국 경제의 미래가 지금보다 더 밝을 것이란 믿음, 종합지수가 계속해서 상승할 것이란 믿음을 말하며, 미국 주식에 투자하는 자의 경우 다우, 나스닥, 에스엔피(S&P) 등의 지수가 계속해서 우상향 그래프를 그리며 상승할 것이란 믿음을 말한다.

예수 그리스도의 죽음과 부활을 믿는 그리스도교, 알라를 믿는 이슬람교, 인간 붓다의 가르침을 진리로 삼는 불교, 그리고 주식시장을 지배한, '우상향 신'의 재림을 믿는 '우상향교'. 이를 일컬어 주식시장에 새로이 등장한 하나의 종교적 믿음으로 이해하는 것은 다소 어지스러운가?[92]

아무튼, 이 우상향교도들이 우상향 신에 대한 믿음을 지키기 위해 실천하는 가장 중요한 교리가 바로 '존버'다. 개인투자자는 자신이 매수한 종목의 수익률이 마이너스인 경우, 다시 말해 현재가가 내 평단가보다 내렸다면, '더 떨어지면 어떡하지?' 하는 불안에 늘 '팔아 치워 버리고 싶다.'는 시험에 들기 마련이다. 하지만, '기다리는 자에겐 복이 있다.'는 우상향의 믿음을 지키기 위해서는 제1교리, '존버'를 실천하며 인내해야 한다. 매도를 통해 손익을 확정하기 전까지는 결코 돈을 잃은 게 아니기 때문이다. '부디 저를 시험에 들게 하지 마소서.'라는 기도문을 마음속으로 되뇌며, 주가 곡선을 따라 흔들리는 멘탈을 다잡아야 한다. 팔지 않고, 참아야만 한다.

'존버'는 여전히 기관과 외국인 투자자에 비해 열위에 있는 개인투자자[93]가 그들에 비해 지니고 있는 거의 유일한 '주특

---

92   우스꽝스럽게 보이게 만들어 조롱하기 위함이 아니다. 투자자의 믿음과 실천을 효과적으로 설명하기 위해 믿음의 요람인 종교를 빌려 온 것으로 봐 주었으면 한다.

93   청년투자자들은 정보의 비대칭이 개선되고 투자 접근성이 높아졌다고 이 시장이 본질적으로 공정해졌다고 생각하진 않는 것 같다. 주식투자에 공부든 노력이든 투입을 늘리면 결과도 그에 비례해 늘어날 것이라는 생각은 이들을 너무 물정 모르는 바보로 본 순진한 발상이다. 청년들은 여전히 기관과 외국인 투자자의 작전과 공매도에 취약하고, 물량 공세에 당해 내기 어려움을 인지하고 있다. 또한 경제 불황으로 주식시장이 침체되어도, 장기적으로 봤을 때 결국은 정부가 유동성

기'로 여겨진다. 그리고 그들을 상대로 주식시장에서 매매를 해도 '개미털이' 당하지 않을 수 있는, 어쩌면 유일한 승산의 근거로 통한다. 손절선이 매뉴얼로 정해져 있는 기관과 외국인 투자자의 경우, 손절은 반드시 해야만 하는 것이지만, 개인투자자들에게는 다르다. 자기 돈을 자기가 운용하는 것이므로 자기 마음만 다스릴 수 있고, 생계를 위해 매수해 둔 종목을 급하게 처분해서 보태야 하는 상황만 아니라면, 무한정 '존버'할 수 있다. 청년투자자들은 외국인과 기관투자자와의 경쟁에서 이겨서 수익을 얻겠다는 생각보단 보유 과정에서 얼마나 큰 등락을 겪든 간에 '존버'하기만 한다면 결국 '우상향'이 실현돼 수익을 볼 수 있다고 믿는다.[94] 그리고 그런 완전무결한 믿음이 있는 한 불안하지 않다는 생각으로 주식시장에 발을 들인다. 시간이 조금 걸릴 뿐이지, 수익을 낼 수 있다는 건 틀림없다는 확신이 들 때, 주식을 산다.

공급으로 경기를 부양하게 될 수밖에 없음을 알고 있는데, 이러한 간파는 더욱더 우상향에 대한 믿음을 강화한다.

94   이런 이유로, 청년투자자를 '외국인 투자자의 매도세'라는 '외세의 침략'에 맞서 싸운 동학농민에 빗대는 것은 청년투자자가 투자를 결행하게 하는 본질을 왜곡하는 프레임이다. 결국 외세에게 무참히 진압되어 실패로 돌아간 동학농민운동의 결말을 생각하면 동학개미라는 명명은 불길하게 느껴지기도 한다. 청년투자자에게 맞서 싸워 이길 적군과 외세는 없다. 청년들은 '외세'와의 정면 승부에서 승리하겠단 생각으로 투자하지 않는다. 오히려 전체 경제의 흐름을 간파하고 이에 편승해 수익을 얻겠다는 생각이 강하다.

그래서인지 '절대 망할 리 없을 것 같은' 우량주를 중심으로 한 주식투자는 과거와 다르게 비교적 '안전한' 재테크 축에 속한다는 인식이 형성되어 있는 듯하다. 하지만 이론과 현실 사이, 계획과 실천 사이에는 언제나 괴리가 있기 마련이다.

우선 주식시장에서 개인투자자가 '존버'하면 언젠가 반드시 '우상향'한다는 명제가 과연 타당할까? 마치 '죽으면 인간은 어디로 가나요?' 같은 질문처럼 불확실한 미래에 대한 예측은 전지전능한 신이 아닌 이상 아무도 확언할 수 없는 게 아닐까? 주가는 '시간이 지나면 올라 있다'라는 생각은 비록 검증할 순 없지만, 과거에 비춰 보면 일견 타당하게 여겨지기도 한다.[95] 사실 우리나라 코스피 그래프만 보더라도 처음 출범한 1983년 1월 4일 122pt에서 시작해 37년 만에 3000pt를 돌파하지 않았던가! 미국의 여러 지수 그래프를 보아도 '우상향'은 진리로 삼아도 무방한 게 아닐까 생각할 수 있다.

그렇다면 질문을 바꿔 보자. 우량주를 사서 장기간 보유하기만 한다면 누구나 주식투자로 수익을 낼 수 있다는 이 단

---

95 투자전문가 앙드레 코스톨라니(1906~1999)는 이와 관련해 다음의 말을 남겼다. "나는 지난해 마지막 방법을 지시했는데, 그것은 수면제와 우량주를 동시에 사서 사이사이에 올리는 천둥 번개를 의식하지 말고 몇 해 동안 푹 자라는 것이다. 이 조언대로 하는 사람은 잠에서 깨어나는 순간 기쁘고도 경이로운 순간을 체험하게 될 것이다." 앙드레 코스톨라니, 김재경 옮김, 『돈, 뜨겁게 사랑하고 차갑게 다루어라』, (미래의 창, 2015), 215쪽.

순명료한 방법론에도 불구하고, 왜 사람들은 주식투자로 돈을 버는 게 쉽지 않다고 말하는 걸까? '굳은 확신'이 있다는 청년투자자는 왜 '평정심'과 '인내'를 주식투자에 가장 필요한 덕목이라고 말할까? 이는 역설적으로 '좋은 주식'을 사서 '존버'한다는 단순한 방법론을 지키기가 말처럼 쉽지 않음을 시사한다. 중장년투자자들이 손절이라는 쉽고 간단한 원칙을 제대로 지키지 못한 것을 '천추의 한'으로 꼽는 것처럼 말이다. 주식투자의 정수(精髓)가 과거 '손절매를 잘하기 위한 기술'이었다면 2020년대엔 '손절매를 하지 않기 위한 기술'로 변모했다. 언뜻 보기엔 정반대의 기술이라 주식투자의 방식이 전혀 다른 것으로 바뀐 게 아닐까 생각할 수 있지만 실상 투자자가 '참고 참아야 성공적인 투자를 할 수 있다'는 본질은 변하지 않은 듯하다.

'우상향'을 근거로 우량주에 장기투자하겠다는 이론적 흠결 없는 청년투자자들의 계획표는 과연 잘 지켜지고 있는가? 우상향에 대한 믿음의 타당성을 따지기보다 청년투자자들이 그 믿음을 과연 지킬 수 있을지를 물어야 한다. 지금까지의 청년투자자의 경우에는 별로 그런 것 같지 않다.[96] 왜 그럴까? 우선, 주가지수가 우상향하기는 한다. 단, 아주 큰 파동을 그리면서. 상승할 때 존버하는 것은 물론 쉽다. 아무리 오랜 시간이 걸

---

96 「배보다 배꼽」… "동학개미, 투자 수익보다 거래 비용이 더 커"」,《한국경제 TV》, 2021. 2. 23.

려도 기꺼이 기쁜 마음으로 기다릴 수 있다. 문제는 그다음이다. 이전 고가를 본 상태에서 다시 하락의 파동을 견디기란 쉽지 않다. 예를 들어 30만 원대 주가를 봤는데, 이후 20만 원대, 10만 원대로 떨어지는 걸 지켜보고, 다시 오르기만을 기도하고, 기약 없이 기다려야 한다고 생각해 보라.[97] 그 기다림의 시간 동안 자책하지 않고, 불안하지 않고, 스트레스 없이 생활할 수 있는 사람이 과연 몇이나 될까. 아무런 동요도 후회도 없이 "기다리면 다시 오르겠지." 태평할 수 있는 사람이 과연 있을까. 그런 인간은 상상하기 힘들다. '우량주 장기투자는 안전하다'는 달콤한 언설은 저성장 시대, 미래에 대한 희망이 없고, 그렇다고 지금 당장 도전에 치를 비용도 없는 오늘날 안전지향형 청년들에게 가장 확실하게 경제적 자유를 획득할 수 있으리라는 희망을 팔아 이들을 주식시장터로 유혹한다. 그러나 희망은 그저 바람일 뿐 약속어음이 아니다. 아무런 법적 효력도, 보장도 없다. 희망이 떼여도 떼인 자는 할 말이 없다.

또한, 긴 시간이 걸리는 존버는 여유자금으로만 투자할 때 가능하다. 하지만 모아 둔 돈도 없이 이제 막 경제활동을 시작

---

[97] 서강대학교 경제대학원 김영익 교수는 "미국에서 가장 좋은 종목이라고 하는 마이크로소프트(MS) 같은 데도 2000년에 IT (버블이) 붕괴되면서 제자리로 오기까지는 10년이 걸렸다."라며, "10년 기다리기는 상당히 힘들다."라고 말했다.(MBC 다큐플렉스 20회 「벼락거지가 될 순 없어」 중)

한 청년들에게, 인생 과업을 치를 때마다 목돈 나갈 일이 줄서서 차례로 기다리고 있는 청년들에게 10년, 20년 보유할 수 있는 여유자금은 언감생심이다. '동학개미'의 '정신적 지주'로 통하는 존 리 씨는 주식투자에 대한 그간 한국 개인투자자들의 잘못된 사고방식을 지적했다. 주식투자의 본질은 저점에 사서 고점에 파는 '타이밍'이 아니라, "부자 될 기업의 주주가 되어 사는 것", 즉 "별다른 이유가 없는 한, 안 팔고" 오래 보유하는 것이라고. 구구절절 옳은 말이다. 다만 '월급은 통장을 스칠 뿐'인 대한민국 청년들에겐 오랫동안 쓰지 않고 묵혀 둘 돈의 여유가 없다. 존버를 하려 해도, 할 수 없는 조건에 놓인 청년투자자들은 어떤 역경이 닥쳐도, '존버하면 승리한다'는, 이 지켜질 수 없는 믿음을 다시 강조함으로써 마음의 위안을 얻을 뿐이다. 존버가 가능하지 않게 된 원인은 하나도 건드려지지 못한 채. 존버할 것을 되새기는 청년투자자의 서사는 결국 존버가 이행되지 못함의 방증이다.

시시각각 변화하는 주식시장에서 경험도 일천하고, 지식도 부족한 개인투자자는 매일매일 확신과 믿음이 흔들리는 시험대에 오른다. 개인투자자가 투자 판단을 내릴 정보가 부족했던 과거에도, '투자 확신의 근거'를 세울 질료가 양적으로 질적으로 풍부해진 현재에도 주식투자란 투자자의 생각과 믿음대로 실천하기 어려운 괴리에서 발생한, 자신과의 싸움인 점만은 변하지 않는 듯하다.

청년투자자들이 일상 속에서 투자하는 방식은 개장 시간 내내 '각 잡고' 컴퓨터 앞에 붙어 앉아 촌각을 다투며 전쟁 치르듯 단타매매에 임하는 개인전업투자자들과는 확연히 다르다. 이들에게 주식투자는 시간과 노력을 들여 의식적으로 '해야 할 일'이 아니라 '카톡 확인하듯' 일상 속에 자연스럽게 습관으로 스며들어 있었다. 왜일까?

돈은 당연히 시간과 등가교환 하는 것(마치 최저임금처럼)이란 인식이 사라지고 있기 때문이다. 청년투자자들은 주식투자에 몰입하는 것보다 자신의 삶에 충실히 사는 게 훨씬 중요하다는 생각을 강하게 갖고 있다. 이들이 궁극적인 목표로 지향하는 '경제적 자유' 역시 근로소득을 벌 시간을 금융소득으로 대체해 자신의 인생을 일하는 데 바치지 않고 자기 자신이 원하는 대로 누리겠다는 데에 본질이 있다. 그래서 청년투자자가 실제로 하루 일과 중 투자에 할애하는 시간은 로얄매매방의 입실자들에 비해 상당히 적다.

이런 인식의 변화를 현실 속에서 구현하게 된 것은 바로 기술의 발전 덕택이다. 청년투자자들은 주로 모바일 MTS로 투자한다. 스마트폰은 항상 휴대할 수 있기에 언제 어디서나 자신이 원할 때 매매하고 확인할 수 있기 때문이다. 대학생 투자자 백승수 씨(가명·23)는 휴대폰의 인터넷 창을 켜면 자신이 매수한 종목의 주가 창이 바로 뜨도록 설정했다. 한 번 보는데, '1초'씩 걸리는데 매일 30번 정도는 보게 되니 하루에 주식투자에 할애하는 시간은 '30초' 정도라고 말한다. 로알매매방의 중장년 개인전업투자자들이 주식시장이 개장했을 때 온종일 컴퓨터 앞에 앉아 HTS 프로그램을 통해 매매에 참여하는 것과 대비된다. 인식의 변화와 기술의 발전이 맞물린 새로운 일상의 풍경이다.

청년투자자는 일상의 영역에서 주식 걱정으로부터 자유롭기 위해(주식의 노예가 되지 않기 위해) 손실의 위험을 관리해야만 한다. 이를 위해 중장년투자자들은 손실을 사전에 제한하는 방편으로 손절매 실행을 강조한다고 설명했다. 하지만 청년투자자들은 이와 달리 손절매를 곧잘 하지도, 중요하게 여기지도 않는다. 그렇다면 이들은 어떻게 손실의 위험을 제한하는가?

이에 대한 답으로 청년투자자들은 '지금 당장 없어도 되는 돈', 즉 '잃어도 다시 벌면 되는 돈'인 여유자금으로만 투자할 것을 강조한다. 손실의 위험이 커지면 자신의 일상과 정신 그 모두가 주식에 얽매이게 되는데, 자기 삶의 주도권을 주식에게 빼앗기는 건 바로 청년투자자들이 가장 두려워하는 사태이기 때문이다. 주식투자하는 청년에게 행복의 정의는 즐거움과 기쁨으로 들뜬 마음의 상태라기보단 불안과 걱정에 압도되지 않은 마음의 안정에 더 가까워 보인다. 불교에서 말하는 행과 불행이 반복되는 윤회의 쳇바퀴를 벗어난 해탈의 경지처럼 말이다.

하지만 여기서도 관념과 실천 사이의 간극이 빚은 현상은 또다시 되풀이된다. 존버를 강조하면서도 잘 지키지 못하는 행태와 마찬가지로, 여유자금 내에서만 투자하겠다는 청년투자자의 원칙도 잘 지켜지는 것 같지 않다. 2020년 역사에 길이 남을 상승장에서 '빚투'라는 신조어가 등장한 모순은 어떻게 이해할 수 있을까?[98] '손절매', '존버'에 이어 '여유자금으로만 투자'에 이르기까지, 머리론 지켜야 한다는 걸 알지만 막상 잘 실천할 수 없어서 '투자원칙'으로 못 박고 성문화(成文化)한 것은 아닐까.

자기자본이 아닌 남의 돈으로 투자할수록 불안감은 커지고 마음 다스리기는 더욱 어려워진다. 나중에 원금에 이자까지 쳐서 상환해야 하는 돈이라 수익률이 잘 나지 않을 때 존버하기에도 더욱 부담이 된다. 주식시장에서 투자자들이 강조하는 원칙이란, 모두가 동의하는 '투자의 정석'인 동시에 그럼에도

---

98 "한국은행이 발표한 「금융안정보고서」에 따르면 (……) (2020년) 3분기 말 기준, 30대 이하 청년층 가계 대출은 전년 동기 대비 8.5%(32조 2000억 원) 늘어난 409조 3000억 원으로 집계됐다. 1년 전인 2019년 3/4분기(6.1%)는 물론, 여타 연령층(6.5%)에 비해서도 빠른 증가세를 기록했다."(「"월급만 모으다간 벼락거지"…'빚투' 2030 영끌 대출 32조」,《머니투데이》, 2020. 12. 24.)

불구하고 인간이기에 늘 어기게 되는 '지켜지지 않는 약속'과
같다.

> 믿고 싶었던 거겠죠. 믿을 수 있어서가 아니라, 믿고 싶어서. 믿
> 지 않으면 견딜 수 없었으니까. 근데 그거 알아요? 희망은 원래
> 재앙이었다는 거.
>
> ──드라마 「청춘시대」 중 '윤 선배'의 대사

오늘날 청년세대는 재테크에 일찌감치 눈뜨고, 유독 돈을
좋아하며, 그 관심을 숨기지 않는 이상하고 영악한 세대로 통
한다. 하지만 청년세대가 추구하는 경제적 자유란 사실 주식투
자로 일확천금을 벌고야 말겠다는 뜻은 아니다. 돈 때문에 아
쉽고 곤란한 상황이 생기지 않도록 적은 돈이라도 안정적으로,
지속적으로 벌 수 있는 수단을 마련하겠다는 소박한 바람에 가
깝다. 장래희망으로 공무원을 선호하는 이유와 크게 다르지 않
은 거다. 그렇게 해서 돈에 집착하지 않겠다, 더 엄밀히는 집착
하지 않고 싶다!는 청년세대의 의지의 발현이다.

그런데 이런 현상을 뒤집어 생각해 보면 보이는 것은 청
년세대가 돈을 우선시하고 집착적으로 경제적 가치를 추구해
야만 하는 구조에 놓여 있다는 사실이다. 계속해서 경제적 가
치를 좇고 추구해야만 하는 현실에 놓여 있게 되면 자연스럽게

지신의 삶을 돈에 목줄 잡히지 않고 자유롭게 누리고 싶은 욕구가 생겨나기 때문이다. 경제적 자유라는 관념은 결국 근로소득만으로는 더 이상 결혼 — 출산 — 양육 — 노후로 이어지는 전 생애 주기를 준비하기에 충분하지 않은 사회를 방증한다. 그 속에서 돈 버는 데 소중한 젊음을 헌납하며 생존하는 청년들의 반대급부인 셈이다. 주식투자는 바로 이 경제적 자유라는 매력적인 이상을 실현할 기회가 남아 있는 마지막 희망의 서사다. 청년투자자들이 원하는 성공사례만을 조명하는 미디어와 우리 사회의 분위기 속에서 그 희망은 꽤나 설득력 있게 느껴진다. 하지만 주식시장은 이런 계층 상승의 가능성이 이론적으로만 존재하는 절반의 낙원인 것 같다. 경제적 자유가 종종 '일도 하지 않고, 금융소득으로만 놀고, 먹는 삶'을 지향하는 '바람직하지 못한' 청년을 수식하는 용어로 차용되곤 하지만 경제적 자유라는 관념은 사실 일을 하지 않는 것과는 큰 연관성이 없다. 경제적 자유를 얻은 뒤에도 경제 외적 가치를 위해 일을 그만두지 않겠다는 청년의 목소리를 미루어 볼 때, 경제적 자유라는 관념은 목구멍이 포도청이라 어쩔 수 없이 돈을 주인으로 섬기는 게 아닌, 내가 하고 싶은 일을 하며 살고 하기 싫은 일은 하지 않겠다는 단순하고 자연스러운 본능의 표현이다.

언제부터가 '예전'일까. 시간의 경계는 언제나 모호하다.

그렇지만 1990년대 중반에 태어난 내가 20대 후반이 된 2021년에 과거를 돌아봤을 때, 예전에 우리는 꿈을 통해서 돈을 추구하도록 교육받은 것 같다. 돈을 벌기 위해 하기 싫은 일을 하기보단 좋아하는 일을 해서 실력을 키우면 돈은 자연히 따라오는 거라고 배웠다. 하지만 어느덧 이 또한 '라떼는 말이야' 급의 낡은 생각이 되어 버렸다. 청년투자자들에게 돈은 그 자체로서 목적이 되었다. 돈을 직접적으로 추구하는 게 불확실한 미래를 대비하는 '쿨'한 생각으로 여겨진다. 더 이상 꿈꾸는 것만으로는 충분하지 못하다. 아니, 돈이 새로운 꿈이 되었다.

　한때 나도 '경제적 자유'에 심취해 그 말을 떠올리기만 해도 설렜던 때가 있었다. 하지만 나를 비롯한 청년들이 왜 그토록 돈에 매달리고 돈으로부터의 자유를 갈망하는지 곰곰이 생각해 보니 요즘은 자주 씁쓸해진다. '내가 쉴 때, 잘 때도 돈이 일하게 만든다.'라는 효율적이고 똑똑한 생각의 그늘엔 자신의 능력을, 자신의 연봉을, (법정 정년이 아닌) 권고 퇴직 연령을 더 늘릴 수 없다는 패배감이 가려져 있기 때문이다. '계층 이동을 위해' 혹은 '부동산 투자를 할 시드머니를 모으기 위해' 또는 '평범한 삶을 살기 위해' 주식만이 유일한 답이라는 청년세대의 목소리에서 우리가 사는 사회를 다시 한번 생각해 보게 된다.

　코로나의 종식을 기원하긴 하지만 내가 산 진단키트주 주가가 떨어질까 두려운 마음은 누가 빚은 모순인가? 누구를 탓

해야 할지, 무엇을 어디서부터 어떻게 바꿔야 할지 점점 더 꿰뚫어 보기 어려운, 복잡하게 뒤얽힌 세상이 되어 가는 것 같다.[99] 그리고 투쟁과 저항에 드는 비용을 치를 여유가 없어 그 사회에 순응하며 열심히 살아가는 개인에게 가장 간편하고 만만한 시비 대상은 바로 그 자신이다. 화살은 자신에게 돌려지고, 청년투자자는 장난기 섞인 일차원적 자조로 손실에 대처한다. "X신", "한강 가야죠.", "넌 크게 되거나 서울역 가거나." 그리고 또다시 투자를 한다. 조금 잃어도 많이 잃어도 다시 투자를 한다. 믿지 않으면 견딜 수가 없어서. 이 꿈에서 깨어나 믿지 않기를 선택할 때 우리는 과연 무엇에 기댈 수 있을까?

*

지금까지 몇 가지 질문에 대한 2020년 이후 새로이 주식시장에 등장한 청년투자자의 생각을 살펴봤다. 물론 내가 만나 본 청년들의 생각과 일상이 청년투자자의 전형이라고 단언할 수는 없을 것이다. 나는 900만 개인투자자 중 극히 일부를 만나

---

99 이와 관련해 영화감독 봉준호는 2020년 산타바바라 국제영화제에서 한 외신과의 인터뷰 중 영화 '기생충'(2019)은 혁명의 시작을 예고한다기보다 "오히려 혁명을 통해 깨뜨려야 되는 게 뭔지 파악하기가 되게 힘들고 복잡한 세상이 되고 있다."며 자신의 영화는 "그런 복잡한 상황을 표현한다."고 말했다. 우리 사회의 복잡다단함과 그로 인해 빚어지는 모순과 역설은 오늘날의 금융시장에서도 통용된다.

면담했을 뿐이기 때문이다. '이런 약점을 어떻게 보완할 수 있을까?' '보완이 가능하긴 한 걸까?' 고민하던 중 문득 재밌게 읽었던『당선, 합격, 계급』의 서문 끝자락[100]이 떠올랐다.

어쨌거나, 내 의견은 의견일 뿐이다. 그것이 정답이라고 주장할 생각은 없다. 나로서는 이 책이 논쟁거리가 됐으면 좋겠다. 치열하고 생산적인 토론의 물꼬가 열리면 좋겠다.

때로는 정답을 찾는 것보다 모두가 당연하다고 수용해 온 시스템과 사회적 과제에 질문을 던지는 게 더 가치 있는 일이 될 수도 있다고 생각한다. 나는 책에 담긴 소수 개인투자자의 답변이 '정답'이라고 주장할 생각도 없고, '정답'을 내는 게 그토록 중요한 일이라고 생각하지도 않는다. 더욱이 한국 개인투자자의 900만 가지 다양성으로부터 한 가지 단일한 정답을 이끌어 내는 것은 불가능하지 않을까? 다만, 이 책에서 로알매매방 입실자들에게 그리고 청년투자자들에게 던졌던 질문을 독자들도 스스로에게 한 번 던져 보길 바랄 뿐이다. 그래서 이 책이 사회가 권하고 요구한 과제를 충실히 이행하기 위해 내 안에서 외면받았던 무언가를 회복하기 위한, 한 인간으로서 자신

---

100   장강명,『당선, 합격, 계급』(민음사, 2018), 11쪽.

의 목소리를 듣고, 찾아가는 여정의 시자이 되었으면 좋겠다.

한 명의 개인투자자로서 치열하게 살아가는 동시에 한 명의 인간으로서 수익의 논리에 자신을 잃지 않기 위해 애쓰는 당신에게, 자신의 불완전함을 매서운 질책 대신 감싸 안아 줄 수 있는 당신에게 따뜻한 응원의 박수를 보낸다.

개인투자자, 경제인류학을 만나다

"인류학이 뭐예요?" "경제학과가 아니라 인류학과에서 개인투자자를 연구한다고요?"

대학원에 다니던 시절, 새로운 사람을 만나 자기소개를 하면 열이면 아홉, 이렇게 되묻곤 했다. 인류학이란 인간을 의미하는 그리스어 안트로포스(anthropos)와 학문을 의미하는 로고스(logos)가 합쳐진 단어로, 문자 그대로 '인간을 연구하는 학문'이다. 원래 인류학은 제국주의 시대 영국과 프랑스 등 서구 열강이 (대개 식민지였던) 비서구권 국가나 민족의 문화와 사회제도를 연구(하여 더 잘 통치)하기 위해 등장한 학문이었다. 그래서 한때 '제국주의의 시녀'라는 오명을 쓰기도 했다. 그러나 오늘날엔 현대사회의 전 인류로 대상이 확장되어 활발히 연구가 이루어지는 중이다. 인류학도 여러 분과로 나눌 수 있는데, 그중 하나인 문화인류학만 하더라도 정치, 사회, 의료, 종교, 경제 등 그 분야도 광범위하다. 그렇다면 인류학과 그 분야의 다른 학문(정치학, 사회학, 의학, 종교학, 경제학 등)과는 무슨 차이가 있을까? 여러 가지가 다르겠지만, 가장 핵심적인 차이점은 바로 연구자가 직접 장기간의 현지조사(fieldwork)를 통해 민족지(ethnography)라고 불리는 인간 집단의 삶을 생생하게 드러내는 글을 논문으로 작성한다는 것이다. 이것이 인류학이 질적 연구로 분류되는 이유이며, 인류학의 가장 큰 방법론적 특징이자 매력이다. 그래서 경제학뿐 아니라 경제인류학에서도 충분히 개인 투자자를 연구 대상에 포함해 다룰 수 있다. 다만 경제학과 경제인류학 간에는 연구방법론상의 차이 이외에도 인간의 선택을 이해하는 관점에 근본적인 차이가 있다.

프랑스의 실존주의 철학자 장 폴 사르트르는 "인생은 B와 D 사이의 C"라는 말을 남겼다. 인생은 태어남(Birth)과 죽음(Death) 사이의 선택(Choice)으로 이루어진다는 뜻이다. 엥? 프랑스 철학자가, 그것도 미국을 죽도록 혐오한 공산주의자가 저 말을 굳이 영어로 했다고? 살짝 의심이 가긴 하지만 여기에서 중요한 건 그게 아니다. 인간은 무엇을 바탕으로 선택을 할까? 당신은 이성에 따라 합리적으로 판단해 선택하는가? 아니면 감성과 직감에 따라 결정을 내리는가?

주류경제학(그리고 경영학)은 인간이란 철저히 이성과 합

리, 효율성에 입각한 선택을 내린다는 입장에 서 있다.[101] 실물
경제와 금융경제로 양분되는 전체 경제에서 금융경제의 비중
이 커지고[102], 개인투자인구가 늘어나면서 이들이 주식시장에
서 차지하는 비중도 커졌다. 그래서 2000년대 이후부터 개인
투자자의 매매 행태와 매매 성향에 대한 연구가 나오기 시작
했다. 그러나 인간은 언제나 모든 가능성과 기회비용을 고려해
최선의 이익을 가져다주는 선택을 내리기에 '시장은 언제나 옳
다'는 효율시장 가설은 우리가 발 디딘 현실과는 다소 괴리되
어 보인다. 이러한 대전제에서 출발하는 경제경영학계의 입장
에선 개인투자자의 저조한 투자 실적과 역사적으로 수차례 불
어닥친 경제대공황을 이해하기란 쉽지 않다.

　　이러한 갈증을 해소하기 위해 등장한 학문이 바로 행동경

101　경제인류학 내에도 이러한 관점을 공유하는 학자들이 있는데, 이들을 형식
론자(formalist)라고 부른다. 대표적인 형식론자이자 영국의 인류학인인 라이오넬
로빈스(Lionel Robbins, 1898~1984)는 경제를 "한정된 자원으로 물질적 풍요를 얻
기 위한 것"(Economics is concerned with the causes of material welfare)으로 정의했다. 목
적을 달성하기 위해 최소비용을 가장 효율적으로 활용해 한정된 자원으로부터 얻
어 낼 수 있는 이익을 극대화(maximization)하는 것을 뜻한다. 형식론자는 산업자본
주의가 태동하는 서구 사회뿐 아니라, 비시장경제와 전자본주의 사회, 경제 외 사
회의 영역에서도 인간은 언제나 최소비용으로 최대효용을 얻는 합리적 선택을 해
왔다고 주장한다. Robbins, Lionel 1968(1932) "The Subject Matter of Economics,"
in E. LeClair & H. Schneider(eds.) *Economic Anthropology*, pp. 88~100 중 91쪽에
서 인용.

102　이를 '경제의 금융화(financialization of economy)'라고 부른다.

제학(behavioral economics)이다. 행동경제학은 주류 경제학에 반기를 들며, '인간은 그렇게 늘 합리적으로만 행동하지 않는다.'라고 주장한다. 이성과 합리성의 소관이었던 개인의 경제적 선택에 선입견과 충동과 같이 '비이성적'으로 여겨지는 감정적 요소를 더한 것이다. 특히 행동재무학(behavioral finance)에서는 이런 가정에 기반해, 개인투자자의 투자 위험을 인간으로서 가질 수밖에 없는 인지 심리적 편향 때문이라고 이해하며, 이와 관련해 다양한 이론을 내놓았다. 주류 경제학이 설명하지 못하는 개인투자자의 행태와 투자 성과를 설명할 창구를 마련한 것이다. 하지만 인간의 심리에 뿌리를 둔 행동재무학의 관점에서도 설명할 수 없는 것이 있다. 바로 이 책의 핵심 질문인, 개인투자자가 왜 실패 이후에도 다시 투자에 뛰어들게 되는지다. 투자 위험에 취약한 개인이 손실을 보고 실패하는 것까지는 설명할 수 있을지 몰라도, 그 이후 이들이 왜 또다시 투자의 굴레에 들어오게 되는가 하는 모순적인 행동에 대해서는 뚜렷한 답을 내놓고 있지 못하기 때문이다. 이 문제에 답하기 위해서는 인간의 경제 행위가 개인적 차원의 이익을 극대화하는 것이 아니라 사회문화적 선택이라고 주장한 실체론자의 관점을 검토할 필요가 있다.

실체론자(substantialist)[103]는 주류 경제학이나 형식론자가 주장하는 경제합리성은 보편적인 게 아니라 오늘날 비시장주의 경제를 잠식하며 전 지구적으로 확산되는 자본주의 시장경제만의 특수한 원리라고 본다. 경제를 "신체적 욕구와 사회적 욕구를 충족하기 위한 물질적 수단의 조달"로 본 조지 달튼의 정의[104]는 경제가 사회와 밀접하게 연관되었음을 드러낸다. 즉, 경제는 문화, 정치, 법, 종교, 친족 등 다른 사회제도들과 유기적으로 연결되어 있으므로 경제를 이해하기 위해서는 사회 모든 영역에 대한 총체적인 접근이 필요하다는 입장이다. 형식론자의 주장처럼 경제는 사회에서 분리하여 개인 차원에서 독자적으로 실행할 수 있는 것이 아니라 사회에 의해 만들어지고 작동한다는 주장이다. '사회적 경제'를 주장한 경제인류학자 칼 폴라니는 이것을 "제도화된 과정으로서의 경제"[105]라고 명명했다.

주류경제학과 행동경제학. 그리고 형식론과 실체론. 용어는 거창하지만 이 책의 로알매매방 개인전업투자자들의 이야기를 분석하는 데 가지는 의미는 단순명료했다. 우선 개인투자

---

103 실재론이라고 번역되기도 한다.

104 "In the substantive sense, economics refers to the provision of material goods which satisfy biological and social wants."
Dalton, George 1968(1961) "Economic Theory and Primitive Society" in E. LeClair & H. Schneider(eds.) *Economic Anthropology*, pp. 143-167 중 148쪽에서 인용.

105 "The Economy as Instituted Process"
Polanyi, Karl. 1968(1958) "The Economy as Instituted Process" in E. LeClair & H. Schneider(eds.) *Economic Anthropology*, pp. 122-143 중 122쪽에서 인용.

자의 행동 방식을 이해하기 위해 주류 경제학과 형식론의 경제 합리성 관점에서도 취할 점이 있다. 무엇이 '합리적'인가에 대해서는 논쟁의 여지가 있지만, 이들은 모두 각자가 정의하는 '합리성'의 기준에 부합하는 사고와 행동을 통해 매매하며, 수익을 극대화하는 데 최선을 다하기 때문이다. 그러나 대개 경우 '적자 수익률'로 수렴되는 저조한 투자 성과를 경제 인간의 관점에서 온전히 설명하기에는 논리적 모순이 있다. 하여 행동경제학계에서 인정하는 인간의 감정과 비합리적 편향이 이들의 매매 의사결정과 투자성과에 어떠한 영향을 미치는지 알아보았다. 그러나 궁극적으로 이들의 행동 방식을 면밀하게 이해하기 위해서는 경제인류학의 실체론적 접근이 필요하다. 계속된 손실에도 투자를 '할 만한 것'으로 재생산하는 개인투자자의 관념과 믿음, 문화가 어떻게 만들어지고 작동하는가를 완전히 이해하기 위해서는 사회 속에서 경제를 이해하는 실체론의 총체론적 관점이 필요하기 때문이다. 하여 이 책에서는 기존 학계에서는 배제되어 왔던 개인투자자의 사회문화적 영역이라는 마지막 퍼즐을 찾아 떠나 보았다.

물론 지금까지 경제인류학계에서 금융에 대한 실체론적 연구가 이뤄지지 않은 것은 아니다. 경제인류학에서는 현대 산업자본주의뿐 아니라 금융자본주의 영역까지 그 범위를 확장해 연구가 이뤄지고 있다. 대표적인 인류학자로는 미국 월스트리트 투자은행에서 현지조사를 한 캐런 호와 미첼 아볼라피아, 일본 파생상품 트레이더를 연구한 히로카주 미야자키가 있다. 이들의 연구는 공통적으로 금융업계 집단의 문화적 실천과 규범이 경제를 만들어 나간다고 주장한다. 경제란 인간의 행위를 초월한 보편의 원리로서 존재하며, 인간은 그 원리의 지배를 받는다는 우리에게 친숙한 경제 개념과는 사뭇 다르다. 이들의 설명에 따르면 금융계 인류의 집단 문화와 규범은 경제를 합리적으로 포장하기도 하며, 현실 속 경제위기를 발생시키기도 한다. 비록 개인이 이런 점을 부분적으로나마 간파할 수 있지만, 집단의 문화는 늘 개인을 압도하며, 개인으로 하여금 이러한 사실을 신비화 또는 은폐하도록 만든다. 그 과정에서 개인의 비합리적 행동은 집단의 문화를 통해 합리적인 근거를 갖추게 되기도 한다. 이 책 또한 개인투자자의 믿음과 문화가 이들의 실천에 영향을 미칠 것이라는 가정에서 출발했다. 다만 기존의 연구들이 대개 금융 패권을 장악하고 있는 선진국 기관투자자, 금융 이론을 내놓은 학자를 대상으로 삼은 것[106]에 반해, 이 책

---

[106]   하여 어쩌면 증권가 전문가와 금융이론을 내놓는 경제학자가 경제를 구성한다고 믿는 그들의 주장이 맞을지도 모르겠다. 그만큼 지금까지 경제인류학의 연구 대상이 되어 온 이들의 영향력이 대단하고, 운용하는 천문학적 액수의 돈이 가진 힘이 막강하기 때문이다. 경제학 이론이 현실을 설명하는 게 아니라 반대로 현실에 영향을 주고 구성한다는 개념을 경세인류힉계에서는 '경제학 이론의 수행성(Performativity of Economics)'이라 부른다.

은 금융시장의 변화에 너무도 쉽게 영향 받는(것으로 여겨지는),
한국의 개인투자자를 대상으로 삼았다. 이들이 어떠한 일상의
경험을 통해 금융 세계의 규칙과 이념을 체화하는지 보려고 했
다. 그 결과 이들이 금융시장의 구조적 제약 속에서도 능동적
행위성과 '간파'를 통한 주체성을 발현하는 과정과 그 한계를
보여 주고자 했다.

　아직까지 경제인류학계에서는 개인투자자에 대해 주목하
지 않았음이 사실이다. 하지만 국내주식시장만 보더라도 개인
투자자가 점하는 총 규모는 기관과 외국인에 비해 절대 미미하
지 않다. 예탁원 통계에 따르면, 2019년 12월 기준, 국내 주주
수는 개인투자자가 무려 98.9%를 차지해 압도적이었으며, 기
관과 외국인은 각각 0.4%, 0.3%를 차지했다. 보유 주식 수 역
시 개인투자자(46.8%), 기관(38.0%), 외국인(14.8%) 순으로 개
인이 1등이었다. 2013년 통계이긴 하지만, 국내주식시장 시가
총액 1305조 원 중 개인투자자는 약 24%인 308조 원을 소유했
다. 308조라니, 절대로 '개미'라는 이름처럼 보잘것없고, 존재
감 없는 시장 참여자가 아니다. 국내 경제에서 금융의 영향력
이 더 커질 뿐 아니라 가계금융자산 규모도 증가하는 추세임을
고려했을 때 이제는 국내 경제인류학계도 개인투자자에 대해
주목해야 할 때다. 왜냐고? 인류학 최고의 장기를 개인투자자
연구에서 가장 잘 발휘할 수 있기 때문이다.

인류학은 여느 학문처럼 보편 일반의 법칙을 도출하는 게 아니라 각 사회와 집단의 문화적 특수성을 밝히는 데 특화된 학문이다. 그런데 주식시장의 시장 참여자인 900만의 사람들을 정말 개인투자자라는 하나의 집단으로 뭉뚱그릴 수가 있을까? 비대면 투자가 늘어남에 따라 내가 어제 산 'SK바이오팜'을 나에게 판 사람이 누구인지 우리는 하나도 알지 못한다. 얼굴도, 나이도, 성별도, 나라도, 지역도. 무슨 생각을 하는지, 어디서, 어떻게, 도대체 왜 투자를 하는지. 그저 수급에 맞춰 차례차례 종목을 사고, 팔면, 이 관계는 종료된다. MTS 화면 속에서는 애덤 스미스가 말한 '이기적 인간'으로 존재할 수 있을지언정, 우리는 모두 현실을 살고 있다. 경제인류학은 모바일 스크린을 매개로 지워지는 개인투자자의 사회경제적 다양성을 세상 밖으로 가장 잘 드러내 보여 줄 수 있다. 그것이 세상에 어떤 의미를 다시 던져 줄지, 또 다른 어떤 질문에 답해 줄 수 있을지 아직은 미지수이지만, 희귀하고 곱씹어 생각해 봄직한 시선임은 틀림없을 것이다. 지금까지 인류학이 그래 왔듯이 말이다.

개미는 왜
실패에도 불구하고
계속 투자하는가

1판 1쇄 펴냄 2021년 9월 3일
1판 3쇄 펴냄 2023년 1월 17일

지은이 김수현
발행인 박근섭 · 박상준
펴낸곳 (주)민음사

출판등록 1966. 5. 19. 제16-490호
주소 서울시 강남구 도산대로 1길 62(신사동)
강남출판문화센터 5층 (우편번호 06027)
대표전화 02-515-2000 | 팩시밀리 02-515-2007
홈페이지 www.minumsa.com

ⓒ 김수현, 2021. Printed in Seoul, Korea

ISBN 978-89-374-4467-8   03300